UTB 3570

Eine Arbeitsgemeinschaft der Verlage

Böhlau Verlag · Köln · Weimar · Wien
Verlag Barbara Budrich · Opladen · Farmington Hills
facultas.wuv · Wien
Wilhelm Fink Verlag · München
A. Francke Verlag · Tübingen und Basel
Haupt Verlag Bern · Stuttgart · Wien
Julius Klinkhardt Verlagsbuchhandlung · Bad Heilbrunn
Mohr Siebeck · Tübingen
Nomos Verlagsgesellschaft · Baden-Baden
Orell Füssli Verlag · Zürich
Ernst Reinhardt Verlag · München · Basel
Ferdinand Schöningh Verlag · Paderborn · München · Wien · Zürich
Eugen Ulmer Verlag · Stuttgart
UVK Verlagsgesellschaft · Konstanz, mit UVK/Lucius · München
Vandenhoeck & Ruprecht · Göttingen · Oakville
vdf Hochschulverlag AG an der ETH · Zürich

Sven Grampp

Marshall McLuhan

Eine Einführung

UVK Verlagsgesellschaft mbH · Konstanz

Sven Grampp ist wissenschaftlicher Mitarbeiter am Institut für Theater- und Medienwissenschaft der Universität Erlangen-Nürnberg.

Bibliografische Information der Deutschen Bibliothek
Die Deutsche Bibliothek verzeichnet diese Publikation in der
Deutschen Nationalbibliografie; detaillierte bibliografische Daten sind im
Internet über <http://dnb.ddb.de> abrufbar.

ISBN 978-3-8252-3570-3

Das Werk einschließlich aller seiner Teile ist urhberrechtlich geschützt. Jede Verwertung außerhalb der engen Grenzen des Urheberrechtsgesetzes ist ohne Zustimmung des Verlages unzulässig und strafbar. Das gilt insbesondere für Vervielfältigungen, Übersetzungen, Mikroverfilmungen und die Einspeicherung und Verarbeitung in elektronischen Systemen.

© UVK Verlagsgesellschaft mbH, Konstanz und München 2011

Titelabbildung: SZ Photo
Einbandgestaltung: Atelier Reichert, Stuttgart
Lektorat: Susanne Ilka Tidow, Freising
Druck: fgb · freiburger graphische betriebe, Freiburg

UVK Verlagsgesellschaft mbH
Schützenstr. 24 · 78462 Konstanz
Tel. 07531-9053-0 · Fax 07531-9053-98
www.uvk.de

Inhalt

Wege zu McLuhan 7

1. Lesart: Rhetorik – McLuhan singen 25

1.1	Close Reading	26
1.2	Lesarten der Form	44
1.2.1	Pop	46
1.2.2	Medienreflexion	52
1.2.3	Hypothesenbildung	56
1.2.4	Gott	59

2. Lesart: Hermeneutik – McLuhan verstehen 67

2.1	These 1: Medien sind Körperausweitungen	74
2.2	These 2: Wir leben in einem globalen Dorf	89
2.3	These 3: Das Medium ist die Botschaft	121
2.4	Everything is connected	139

3. Lesart: Kritik – McLuhan zerstören 141

3.1	Einfache Kritik	146
3.2	Komplexe Kritik	156
3.2.1	Ideologiekritische Kritik	156
3.2.2	Dekonstruktivistische Kritik	163

4. Lesart: Pragmatismus – McLuhan nutzen 175

4.1	McLuhan und die Massenmedien	177
4.2	McLuhan und die Avantgarde	184
4.3	McLuhan und die Forschung	190
4.4	McLuhan und das Leben	213

Literatur 219

Personenindex 225
Sachindex 227

Wege zu McLuhan

Get a Life! McLuhan im Schnelldurchlauf

Wie kein anderes Jahrzehnt vor ihm wurden die 1960er Jahre durch massenmediale Spektakel und technologische Vernetzungsprozesse geprägt. Das Fernsehen avancierte in diesem Jahrzehnt endgültig zu *dem* ‚Leitmedium' der westlichen Hemisphäre. Damit brachte der Vietnamkrieg seine Schrecken nun auch direkt in die nordamerikanischen Wohnzimmer. Die Studentenrevolte wurde zu einer nahezu globalen Angelegenheit. Pop-Art war die dominierende Kunstrichtung, die sich vorrangig mit Motiven und Materialien aus der Alltagskultur wie den Massenmedien beschäftigte. Am Ende dieses Jahrzehnts fand die Hippie-Bewegung ihren friedlichen Höhepunkt im Woodstock-Festival. Kurz davor, im Juli 1969, verfolgten knapp eine halbe Milliarde Menschen den ersten Schritt eines Menschen auf dem Mond live am Fernsehen. Währenddessen kreisten bereits knapp 400 Satelliten um die Erde, unablässig Daten empfangend, speichernd, verarbeitend und versendend.

Dieses Jahrzehnt, das in amerikanischen Fernsehserien wie WUNDERBARE JAHRE häufig nostalgisch verklärt wird, hat mit Sicherheit auch einige von Marshall McLuhans ‚wunderbarsten Jahre' gesehen. Zumindest war es mit Abstand das erfolgreichste Jahrzehnt des kanadischen Medienforschers. Das Geheimnis seines Erfolges lag wohl nicht zuletzt darin, für all die oben angeführten Ereignisse (und noch für vieles andere, ja, wie zu sehen sein wird, eigentlich für buchstäblich „Alles"[1]) pointierte, mitunter erstaunlich einfache, meist provokative wie irritierende Erklärungen bereitzuhalten. Diese Erklärungen standen unmittelbar oder mittelbar so gut wie immer mit dem neuen Zauberwort des Jahrzehnts in Verbindung, ein Zauberwort, das seither selten in Beschreibung gesell-

---

[1] Siehe für diese treffende Wendung in Bezug auf McLuhans Zugriffsweise und die Rezeption von McLuhan in den 1960er Jahren: Brigitte Weingart, Alles (McLuhans Fernsehen im Global Village), in: Irmela Schneider u.a. (Hg.), Medienkultur der 60er Jahre. Diskursgeschichte der Medien nach 1945. Bd. 2, Opladen 2003, S. 215-240.

schaftlicher Befindlichkeit fehlen darf und das bis dato wenig an seiner Zauberkraft eingebüßt zu haben scheint, nämlich ‚die Medien'.[2] Zwar wusste man damals (wie im Übrigen auch heute noch) nicht recht, was genau mit ‚die Medien' gemeint sein soll (und was eigentlich nicht). Noch weniger wusste (und weiß) man, was sie mit uns eigentlich tun, während wir etwas mit ihnen tun. Dass ‚die Medien' aber ‚magische Kanäle' sind, die undurchsichtige, geheimnisvolle Effekte auf uns ausüben, diesen Verdacht artikulierte McLuhan wie kaum ein Zweiter.[3] Dass er den Menschen damals (und uns auch heute noch) überdies verspricht, man könne ‚die Medien' dennoch verstehen und so auch letztlich kontrollieren, dürfte die Attraktivität seiner Beobachtungen über ‚die Medien' nicht gerade geschmälert haben.

Der Hohepriester der Popkultur

Im Jahr 1969 bezeichnete das PLAYBOY-Magazin McLuhan als „Hohepriester der Popkultur und Metaphysiker der Medien".[4] Das ist für ein ‚Herrenmagazin', das sich in weiten Teilen ganz anderen Bedürfnissen widmet, eine erstaunlich hellsichtige Beschreibung. Hat doch McLuhan die mediale Signatur seiner Gegenwartskultur immer wieder in kühnen metaphysischen Spekulationen umrissen, die eigentümlich zwischen Kalauern, Pop-Jargon, Aphorismen, New-Age-Vokabular, hanebüchenen Assoziationen, labyrinthischen Verzweigungen voller Widersprüche, weitsichtigen Analysen, historischen Tiefenbohrungen und theologischer Spekulation oszillieren. Die abenteuerlichsten Behauptungen konnte er dabei im Brustton vollkommener Gewissheit äußern. Genau damit trägt McLuhan durchaus Züge eines ‚Hohepriesters'.

Wie es sich für einen erfolgreichen Hohepriester gehört, war McLuhan anscheinend in jenen Jahren, zumindest verbal, in Bestform. Man lud ihn gern und häufig als Gastredner ein. Auch in Wirtschaftskreisen war man von ihm augenscheinlich so angetan, dass man ihn häufig bat, vor Unternehmerverbänden oder vor Managern von Firmen wie IBM zu sprechen. Ab Mitte der 1960er

---

[2] Siehe dazu ausführlicher: Martin Lindner, Das Fernsehen, der Computer und das Jahrhundert von ‚die Medien'. Zur Konstruktion der *mediasphere* um 1950: Riesman, McLuhan, Bradbury, Orwell, Leinster, in: Archiv für Mediengeschichte – 1950, hrsg. von Lorenz Engell/ Bernhard Siegert/ Joseph Vogl, Weimar 2004, S. 11-34.

[3] Siehe zu dieser Wendung die deutsche Ausgabe von McLuhans heute wohl bekanntestem Buch: Magische Kanäle. Understanding Media [1968], Dresden/ Basel 1995 (engl. Original: Understanding Media. The Extensions of Man [1964]).

[4] Siehe dazu: Marshall McLuhan, Geschlechtsorgan der Maschinen. PLAYBOY-Interview mit Eric Norden, in: ders., absolute McLuhan, S. 7-55 (engl. Original: A Candid Conversation with the High Priest of Popcult and Metaphysician of Media, in: Playboy 3/16, 1969, S. 53-74, S. 58; auch online zugänglich unter: http://www.digitallantern.net/mcluhan/mcluhanplayboy.htm [16.12.10]).

war er zudem Dauergast in Fernsehtalkshows, was für die damaligen Verhältnisse durchaus ein Novum bedeutete. Denn es war verpönt, sich als Akademiker *dem* Medium populärkultureller Unterhaltung allzu häufig auszuliefern. Auch umgekehrt kam es normalerweise, zumindest was die kanadischen und US-amerikanischen Fernsehanstalten betraf, nicht gerade zu Begeisterungsstürmen, wenn ein Akademiker sich televisuell zu Wort melden wollte. Doch bei dem eloquenten wie gewitzten kanadischen Professor für englische Literatur, der sich in kurzen, dennoch druckreif dichten Sätzen zu artikulieren wusste, war das augenscheinlich anders.[5]

McLuhan war ganz ohne Zweifel ein Mann mit einer Mission. Aber, und hier enthüllt sich die tiefere Bedeutung der Bezeichnung McLuhans durch den PLAYBOY, er war nicht einfach irgendein Hohepriester, sondern eben einer *der Popkultur*. Damit ist nicht nur gemeint, dass McLuhan die Populärkultur seiner Zeit deutete und dies auch noch häufig in populärkulturellen Medien wie dem Fernsehen tat. Darüber hinaus füllte er sein Hohepriesteramt mit einer der Popkultur entsprechenden selbstironischen Distanz und Gelassenheit aus, die mitunter clowneske Züge annehmen konnte. Legendär ist etwa seine Standardantwort, wenn er gebeten wurde, den einen oder anderen Gedanken noch einmal genauer zu erläutern, den er in einem Vortrag äußerte, oder ihm ein Widerspruch in der Argumentation vorgehalten wurde. McLuhan pflegte auf solche Einwürfe achselzuckend zu antworten: „Wenn Ihnen das nicht gefällt, erzähle ich Ihnen etwas anderes."[6] Nicht weniger legendär ist seine Aussage: „Ich behaupte nicht, meine Theorien zu verstehen – schließlich sind sie ziemlich schwierig."[7] Vor allem gegen Ende der 1960er Jahre schien der ‚Hohepriester der Popkultur und Metaphysiker der Medien' so hoch im Kurs zu stehen, dass ein deutscher Rezensent, der Schriftsteller Helmut Heißenbüttel, bereits ein Jahr vor dem angeführten PLAYBOY-Interview in einem Radio-Feature über McLuhan von einem „Zeitalter des McLuhanismus"[8] sprechen konnte.

Der Aufstieg

McLuhan erfuhr in den 1960er Jahren einen geradezu kometenhaften Aufstieg. 1941 hatte er über einen eher unbekannten Satiriker aus dem 17. Jahrhundert,

---

[5] Siehe dazu ausführlicher: Philip Marchand, Marshall McLuhan. Botschafter der Medien. Biographie, Stuttgart 1999, S. 79, S. 216ff. und S. 245ff.
[6] Zitiert nach: Neil Postman, Vorwort, in: Marchand, McLuhan, S. 7-15, hier: S. 8; zu einer ähnlichen Aussage siehe: Marchand, McLuhan, S. 192.
[7] Zitiert nach: ebd., S. 280.
[8] Helmut Heissenbüttel [sic!], Die totale Vermittlung. Von Walter Benjamin zu Marshall McLuhan. Ein kritischer Vergleich [Manuskriptvorlage zur Sendung vom 25.2.1968 auf SENDER FREIES BERLIN], S. 2.

nämlich Thomas Nashe, in englischer Philologie promoviert. Diese Doktorarbeit ist für McLuhans Verständnis der ‚Grammatik der Medien' zwar retrospektiv äußerst aufschlussreich; damals jedoch interessierte sich für diese Arbeit außer deren Gutachtern wohl kaum jemand. Anfang der 1950er Jahre veröffentlichte der inzwischen immerhin zu Professorenehren gekommene McLuhan ein Buch, an dem er knapp zehn Jahre (wenngleich sporadisch) gearbeitet hatte. DIE MECHANISCHE BRAUT, so der Titel, gewählt in Anlehnung an Marcel Duchamps Kunstwerk DIE MECHANISCHEN JUNGGESELLEN, enthielt eine Reihe von Werbeanalysen mit dezidiert kulturkritischem Unterton. Vor allem die Form dieses Buchs ist ungewöhnlich: Beim Blättern findet man auf den linken Seiten jeweils eine Werbeanzeige, einen Zeitungsausschnitt oder eine Comicseite, auf der rechten McLuhans Analysen und Assoziationen dazu. Obwohl sich McLuhan in dieser Art Auseinandersetzung mit der Gegenwartskultur intellektuelle Anerkennung und öffentliche Aufmerksamkeit erhoffte, blieb beides weitgehend aus. Der Autor selbst führte das auf die Eingriffe und Beschneidungen des Verlages zurück. In einem Brief an Ezra Pound heißt es diesbezüglich 1951 sichtlich frustriert und unverhohlen chauvinistisch: „Publishers offices now are crammed with homosexuals who have a horror of any writing with balls to it."[9]

Erst mit der Zeitschrift EXPLORATIONS, die sich aus Geldern der Ford-Stiftung finanzierte und die McLuhan (mit Unterbrechungen) gemeinsam mit dem Anthropologen Edmund Carpenter zwischen 1953 und 1959 herausgab, sollte sich die intellektuelle Anerkennung in einem größeren Umfang einstellen.[10] In Wissenschaftskreisen machten Carpenter und McLuhan im Rahmen der EXPLORATIONS mit ungewöhnlichen und innovativen Ideen auf sich aufmerksam. Sollte doch in dieser Zeitung nicht weniger als die ‚Grammatik der neuen Medien' untersucht werden, wie es bündig im Vorwort zu einer Anthologie heißt, die zentrale Texte der Zeitschrift versammelt: „Without an understanding of media grammars, we cannot hope to achieve a contemporary awareness of the world in which we live."[11] Um die Strukturen der gegenwärtigen Medienwelt verstehen zu können, versammelten Carpenter und McLuhan diverse namhafte Forscher aus unterschiedlichen disziplinären Zusammenhängen wie etwa den Architekturhistoriker und Wölfflin-Schüler Siegfried Giedion oder McLuhans Kollege an der Universität in Toronto, den Literatur-

---

[9] Marshall McLuhan, Letters of Marshall McLuhan, hrsg. von Matie Molinaro u.a., Oxford u.a. 1987, S. 217.
[10] Siehe dazu ausführlicher: Marchand, McLuhan, S. 172ff. oder auch: W. Terrence Gordon, Marshall McLuhan. Escape into Understanding. A Biography, New York 1997, S. 160ff.
[11] Edmund Carpenter/ Marshall McLuhan, Introduction, in: dies. (Hg.), Explorations in Communication. An Anthology [1960], London 1970, S. ix-xii, hier: xii.

wissenschaftler Northrop Frye oder auch einen der damals führenden Experten für Zen-Buddhismus, Daisetz Teitaro Suzuki. Diese Art der (interdisziplinären) Medienanalyse war für Geisteswissenschaftler, allen voran Philologen, ziemlich neu. Der ganz große Durchbruch jenseits des akademischen Elfenbeinturmes war für McLuhan damit jedoch immer noch nicht verbunden. Dieser erfolgte erst in den 1960er Jahren.

Der Durchbruch

1962 erschien DIE GUTENBERG-GALAXIS.[12] Darin präsentierte McLuhan zum ersten Mal, nachdem er die Thesen des Wirtschaftshistorikers Harold A. Innis zur tragenden Rolle von Medientechnologien für Geschichtsverläufe kennen gelernt hatte, seine Vorstellung kulturgeschichtlicher Prozesse als *medienbestimmter* in Buchform. Für dieses Buch, das größtenteils wie eine kommentierte Zitatencollage wirkt und dessen Titel im populärkulturellen Gedächtnis der folgenden Jahrzehnte seinen festen Platz einnehmen sollte, erhielt McLuhan den in Kanada angesehenen GOVERNOR-GENERAL'S AWARD für kritische Prosa. Im selben Jahr wurde eigens für den Professor für englische Literatur das CENTRE FOR CULTURE AND TECHNOLOGY an der Universität in Toronto gegründet.[13] Damit sollten die Abwanderungspläne zerstreut werden, die McLuhan durchaus hegte. Wurde er doch nun auf einmal von anderen Universitäten, vor allem aus den USA, umworben. Die Strategie der Universität Toronto hatte Erfolg: Bis zu seinem Tod im Jahre 1980 sollte McLuhan, abgesehen von einigen Gastdozenturen, das Center leiten.

1964 wurde dann das Buch veröffentlicht, das wohl bis dato McLuhans berühmtestes, auf jeden Fall wissenschaftlich einflussreichste sein dürfte, nämlich UNDERSTANDING MEDIA. Dieses Buch ging weg wie die sprichwörtlichen warmen Semmeln. Binnen kürzester Zeit waren bereits knapp 100.000 Exemplare verkauft.[14] Das ist durchaus erstaunlich. Handelt es sich doch um ein inhaltlich recht sperriges Werk, das aus knapp 400 eng bedruckten Seiten besteht. In den Folgejahren wurde es in viele Sprachen übersetzt. Die deutsche Übersetzung, im Übrigen die erste Übersetzung eines Buches von McLuhan ins Deutsche, wartete mit einem noch verheißungsvolleren Titel als das Original auf. UNDERSTANDING MEDIA wanderte in den Untertitel und als Haupttitel wählte man stattdessen: DIE MAGISCHEN KANÄLE. Das entsprach durchaus präzise der Zielrichtung des Buches. Ging es doch darin primär um die Beob-

---

[12] Marshall McLuhan, Die Gutenberg-Galaxis. Das Ende des Buchzeitalters [1968], Dresden/Basel ²1995 (engl. Original: The Gutenberg Galaxy. The Making of Typographic Man [1962]).
[13] Siehe dazu ausführlicher: Marchand, McLuhan, S. 221ff. und: Gordon, McLuhan, S. 185ff.
[14] Siehe: Marchand, McLuhan, S. 244.

achtung und Erläuterung, wie Medien, quasi hinter unserem Rücken und scheinbar wie eine übernatürliche Instanz, unsere Wahrnehmungen, Erkenntnisse und Kommunikationsweisen beeinflussen, ja regelrecht umformen. Das Buch wurde zwar nicht nur gefeiert, vor allem europäische Intellektuelle reagierten darauf äußerst skeptisch, aber eben beinah weltweit als eine Position wahrgenommen, zu der man sich zumindest zu verhalten hatte, wollte man im akademischen Diskurs Schritt halten.

Zur Steigerung des Bekanntheitsgrades in der Öffentlichkeit trug Mitte der 1960er Jahre wohl noch sehr viel mehr als dieses Buch ein Porträt bei, das kurz nach der Veröffentlichung von DIE MAGISCHEN KANÄLE erschien und aus dem noch Jahre später immer wieder zitiert wurde.[15] Dieser Artikel prägt McLuhans Bild in der Öffentlichkeit wie wohl kein anderer. Der Journalist und Schriftsteller Tom Wolfe, der vor allem bekannt wurde aufgrund seines Romans FEGEFEUER DER EITELKEITEN und der Verfilmung seines Berichts über die Frühphase des amerikanischen Weltraumprogramms THE RIGHT STUFF, veröffentlichte im November 1965 ein längeres Porträt über McLuhan in einer Sonntagsbeilage der Zeitung WORLD JOURNAL TRIBUNE Unter dem Titel: WHAT IF HE IS RIGHT? entwirft Wolfe das Bild eines typischen zerstreuten Professors, der sich um sein Aussehen keine Sorgen macht. Ein charakteristisches Detail hebt Wolfe dabei hervor, nämlich einer speziellen Krawatte: „If he feels like it, he just puts on the old striped tie with the plastic neck band. You just snap the plastic band around your neck and there the tie is, hanging down and ready to go, Pree-Tide."[16] Für diese Art von Krawatte wurde McLuhan in der Folge nachgerade berühmt. Nachdem Wolfe zu Beginn seines Porträts das schrullige und clowneske an McLuhans Auftreten mit milder Ironie beschrieben hat, folgt im nächsten Abschnitt, der Satzteil, der eine erfolgreiche Karriere in der nordamerikanischen und der europäischen Presse machen sollte. Darin wird das gängige Klischee des zerstreuten Professors mit einer nicht weniger gängigen Erweiterung versehen. Es handelt sich um den Topos des herausragenden Genies, das von Normalsterblichen nicht recht verstanden werden kann und aufgrund seiner neuartigen Gedanken zunächst einmal verlacht wird. Über kurz oder lang werden sich aber die revolutionären Gedanken Bahn brechen. „Suppose he is what he sounds like, the most important thinker since Newton, Darwin, Freud, Einstein, and Pavlov, studs of the intelligentsia game suppose he is the oracle of the modern times – *what if he is right?*".[17] In dieser Ahnengalerie

---

[15] Siehe auch: ebd., S. 251f.
[16] Tom Wolfe, What if he is right?, in: New York (Sonntagsmagazinsektion von World Journal Tribute), Nov. 1965; auch online zugänglich: http://www.digital-lantern.net/mcluhan/course/spring96/wolfe.html [11.12.2010].
[17] Ebd.

fühlte sich McLuhan durchaus wohl, wie er dem Verfasser des Artikels in einem Brief versicherte.[18]

1967 veröffentlichte McLuhan sein bis heute auflagenstärkstes Buch. Es trägt den Titel THE MEDIUM IS THE MASSAGE (dt.: DAS MEDIUM IST MASSAGE).[19] Dies ist ein Wortspiel, das auf dem bekanntesten Slogans McLuhans aus DIE MAGISCHEN KANÄLE referiert, nämlich „The Medium is the Message".[20] Aus der ‚M*e*ssage' wird hier die ‚M*a*ssage'. Das Buch beinhaltet Textausschnitte und Thesen aus McLuhans vorhergehenden Büchern und kombiniert diese mit Fotografien, Collagen, Zeichnungen und Letterdruck-Experimenten, die der Publizist und Autor Jerome Agel gemeinsam mit dem Buchdesigner Quentin Fiore entwarf. Dieses kleine Buch, das man innerhalb einer bis zwei Stunden durchgeblättert hat, verkaufte sich sage und schreibe über eine Million Mal.[21]

Mit unterschiedlichen Kooperationspartnern und Verlagen waren zudem Ende der 1960er Jahre mindestens acht weitere Buchprojekte angedacht. Ferner war eine Buchreihe geplant, DIE MARSHALL MCLUHAN BIBLIOTHEK, die von McLuhan ausgewählt die maßgeblichen Texte für das Verständnis der Gegenwartskultur umfassen sollte. Der Unternehmer Eugene Schwarz konzipierte für McLuhan gar eine Art Late-Night-Talkshow: In der MARSHALL MCLUHAN SHOW sollte der Medienforscher Gäste aus Kunstkreisen, Wissenschaft und Wirtschaft empfangen und in lockerer Atmosphäre mit diesen über die wichtigen Dinge der Zeit plaudern. Aus den meisten dieser Projekte wurde schließlich nichts, wohl auch, weil McLuhan beinah obsessiv immer weitere Projektideen in immer kürzeren Abständen entwarf, für deren tatsächliche Realisierung dann aber immer weniger Zeit blieb. „I wish I had time to go into it in detail, but […]."[22] Diese Wendung findet sich häufig in McLuhans Briefen. Kaum war ein Projekt kurz skizziert, hetzte McLuhan zum nächsten. Zusehends verzettelte er sich – ganz buchstäblich.[23] Jedenfalls zeigt die Existenz solcher Projekte und Kooperationspläne auch, welch hohe Popularität McLuhan zu dieser Zeit genoss oder zumindest, welche Anziehungskraft man ihm von unterschiedlicher Seite zutraute.

---

[18] Siehe: McLuhan, Letters, S. 330.
[19] Marshall McLuhan/ Quentin Fiore, Das Medium ist Massage [1969], Frankfurt u.a. 1984 (engl. Original: The Medium is the Massage [1967]).
[20] McLuhan, Magische Kanäle, S. 21.
[21] Siehe dazu ausführlicher: Marchand, McLuhan, S. 272ff.
[22] McLuhan, Letters, S. 267.
[23] Allein in McLuhans Büro an der Universität von Toronto wurden nach seinem Ableben ca. 800.000 lose dicht beschriebene Blätter gefunden – siehe dazu Matie Molinaro, Preface I, in: McLuhan, Letters, S. vii-ix, hier: S. viii.

Der Absturz

Entsprechend der klassischen Dramaturgie einer Geschichte von Aufstieg und Fall folgt dem kometenhaften Aufstieg in den *swinging sixties* der Niedergang in den 1970er Jahren – ein sehr rascher Niedergang im Übrigen. Sicherlich hat dieser Abstieg vielfältige Gründe, denen man eigentlich länger nachgehen müsste, als es hier der Fall sein wird. Denn obwohl McLuhan weitere Bücher veröffentlichte, Vorträge hielt und im Fernsehen auftrat, wurde seine Popularität immer geringer. Es sei dahingestellt, ob das daran lag, dass McLuhan nichts wirklich Neues mehr lieferte oder seine Ideen immer krudere Formen annahmen oder man einfach seiner Clownerie überdrüssig war. Sei es, dass er körperlich wie geistig durch einige Schlaganfälle geschwächt, nicht mehr den Esprit früherer Tage versprühte. Vielleicht hatte sich auch einfach der Zeitgeist verändert. Wie dem auch immer sei, der Widerstand aus der Wissenschaft jedenfalls wuchs in dieser Zeit enorm und kulminierte bereits 1971 in einem Buch von Jonathan Miller.

Millers Buch war die erste Monografie zu Marshall McLuhans Werk überhaupt – und beinhaltete ein vernichtendes Urteil. McLuhan habe auf die Besonderheit von Medien hingewiesen, das sei unbestritten sein Verdienst, so Miller. Doch im Resümee heißt es dann, McLuhans größte Leistung bestünde darin, „uns mit einem gigantischen System von Lügen erschreckt"[24] zu haben. Zwar gab es auch davor sehr viele kritische Stimmen zu McLuhan, besonders aus dem wissenschaftlichen Lager. Die Kommentatoren hoben immer wieder den wirren Stil, die Redundanz, die fehlende empirische Sättigung, das vermeintlich Apolitische und Affirmative des Werkes von McLuhan hervor. So umfassend und systematisch wie in Jonathan Millers Monografie wurden McLuhans Thesen und Behauptungen jedoch zuvor nicht durchleuchtet und argumentativ durchaus überzeugend für unwissenschaftlich erklärt. McLuhan selbst reagierte auf dieses Buch merklich irritiert; er sprach von einem „anti-McLuhan crusade".[25] Ja, er ließ sich sogar hinreißen, von einem „anti-Catholic-crusade"[26] zu sprechen, warf Miller vor, ihn als „undercover agent for Rome"[27] zu verunglimpfen, weil dieser ihm den Vorwurf gemacht hatte, religiöses Gedankengut als wissenschaftlich valide hinzustellen. Argumentativ ging McLuhan auf diese Kritik jedoch, zumindest strategisch gesehen, eher suboptimal ein. Auf Millers Vorwurf, er habe keine Beweise oder Bestätigungen für seine Behauptungen, antwortet McLuhan schlicht: „The last thing in the world that anybody wants is proof of anything I

---

[24] Jonathan Miller, Marshall McLuhan [1971], München 1972, S. 116.
[25] McLuhan, Letters, S. 238.
[26] Ebd.
[27] Ebd., S. 435.

am saying. The evidence is plentiful for those who are interested."[28] Zumindest unter Forschern, die sich auch nur ein klein wenig um wissenschaftliche Redlichkeit scheren, dürfte sich McLuhan mit diesem rüden Verweis auf Evidenz nicht gerade neue Freunde gemacht haben.

Millers Buch wurde schnell populär. An einigen wenigen Hinweisen lässt sich das veranschaulichen: Vier Jahre gingen ins Land, bis die deutsche Übersetzung von UNDERSTANDING MEDIA publiziert wurde. Die deutsche Ausgabe von Millers Buch stand dagegen schon ein Jahr nach dem Original in den Regalen. Zudem erschien es dort in der Reihe MODERNE THEORETIKER und war damit dezidiert als eine Einführung in McLuhans Werk ausgewiesen. Schon ein Jahr zuvor, 1970, war McLuhan von Hans Magnus Enzensberger in seinem, im deutschsprachigen Bereich wahrscheinlich noch wirkungsmächtigeren Text BAUSTEINE ZU EINER THEORIE DER MEDIEN ganz ähnlich beurteilt worden. Dort heißt es, McLuhan sei ein Autor, dem „alle analytischen Kategorien zum Verständnis gesellschaftlicher Prozesse fehlen."[29] McLuhan wird schlicht die wissenschaftliche „Satisfaktionsfähigkeit"[30] aberkannt. 1977 veröffentlichte der berühmte italienische Semiotiker und Romanschriftsteller Umberto Eco seine Sicht auf McLuhan. Wenngleich seine Kritik weit weniger polemisch ausfiel als die Enzensbergers und Millers, war sie dennoch ähnlich vernichtend.[31] Für den wissenschaftlichen und kritisch-intellektuellen Bereich war McLuhan damit von der Agenda gestrichen. In der öffentlichen Wahrnehmung sank der Stern McLuhans sogar noch schneller. Indiz dafür ist ein Cartoon aus dem NEW YORKER vom 26. September 1970. Dort ist eine Frau abgebildet, die zu ihrem Mann beim Verlassen einer Cocktailparty leicht vorwurfsvoll sagt: „Ashley, bist du sicher, dass es nicht zu früh ist, auf Partys herumzulaufen und die Leute zu fragen: ‚Was ist eigentlich aus Marshall McLuhan geworden?'"[32]

---

[28] Ebd., S. 426. Millers Kritik löste bei McLuhan augenscheinlich nicht weniger als eine paranoide Obsession aus. Das lässt sich besonders gut ablesen an Briefen, die McLuhan an das Magazin THE LISTENER schrieb und aus denen die hier angeführten Zitate stammen. Der erste Brief McLuhans wurde von THE LISTENER kurz nach seinem Eintreffen veröffentlicht. Danach entwickelte sich ein regelrechter Schlagabtausch an Briefen zwischen McLuhan und Miller, die in dem Magazin abgedruckt wurden. Siehe zu McLuhans Briefen: ebd., S. 435 und S. 442ff. Aber auch bei anderen Briefadressaten beschwerte sich McLuhan bitterlich über Miller, siehe bspw.: ebd., S. 425f. und S. 440f.

[29] Hans Magnus Enzensberger, Baukasten zu einer Theorie der Medien [1970], in: ders., Baukasten zu einer Theorie der Medien. Kritische Diskurse zur Pressefreiheit, hrsg. von Peter Glotz, München 1997, S. 97-132, hier: S. 121.

[30] Ebd.

[31] Siehe: Umberto Eco, Vom Cogito interruptus [1977], in: ders., Über Gott und die Welt. Essays und Glossen, München 1988, S. 245-266.

[32] Zitiert nach: Marchand, McLuhan, S. 312f.

Die Renaissance

Ja, was ist eigentlich aus Marshall McLuhan geworden, nachdem er in den 1970er Jahren in der Bedeutungslosigkeit verschwunden ist?[33] Physisch lässt sich das ziemlich genau beantworten: In der Silvesternacht 1980 ist er an den Folgen eines wiederholten Hirnschlages gestorben. Doch gerade gegen Ende dieser Dekade, an deren Beginn McLuhan starb, erfuhren seine Ideen eine ungeahnte Renaissance, sowohl in der Öffentlichkeit als auch in der Forschung. Zu tun hat das wohl nicht zuletzt mit neuen, dramatischen medientechnischen Entwicklungen und dem Bedürfnis, diese irgendwie fassbar zu machen. So wurde seit den 1980er Jahren allmählich die Computertechnologie auch jenseits von Großrechenanlagen etabliert und in den 1990er Jahren die digitale Vernetzung auch außerhalb von universitären und militärischen Zirkeln durch das Internet vorangetrieben. McLuhan selbst hat diese Entwicklungen nur noch sehr sporadisch miterlebt und wahrscheinlich noch weniger verstanden. Seine Beschreibungen der Gegenwartskultur bezogen sich auf ein mit der Telegrafie aufgekommenes Zeitalter der Elektrizität, an deren Endpunkt tatsächlich der Computer als Medium totaler Vernetzung in einem globalen Dorf aufscheint. Aber geprägt werde das Zeitalter, das die Gutenberg-Galaxis verabschieden sollte, laut McLuhan vor allem durch das Fernsehen. Im Fernsehen habe das Zeitalter sein ideales Leitmedium gefunden, verändere sich doch mit dem Fernsehen unsere Wahrnehmung, unsere Beziehung zur Welt und zu den anderen Menschen radikal.[34]

Viele Kommentatoren seit den 1980er Jahren wollten in McLuhan indes einen Vordenker des vernetzten Computers und damit einen Visionär des *digitalen* Zeitalters erkennen – ohne dass er dies selbst klar hätte sehen können. McLuhan wird so zu einem Vordenker der globalen Vernetzung, der seine Visionen

---

[33] Es gibt jedoch eine wichtige Ausnahme im fiktionalen Bereich: McLuhan hatte 1977 einen viel beachteten (und bis heute gern angeführten und auf YOUTUBE abrufbaren) Auftritt in Woody Allens oscarprämierten Spielfilm ANNIE HALL (dt.: DER STADTNEUROTIKER, USA 1977). Dort erklärt er einem sich selbst als McLuhan-Experte bezeichnenden Dozenten, dass dieser sein Werk vollkommen falsch verstehe. Das war eine recht prophetische Aussage: Bis heute scheiden sich die Geister, wie McLuhan angemessen zu verstehen ist. Auch vorliegende Einführung legt davon Zeugnis ab. Auf McLuhan wird im Übrigen bis heute gern in fiktionalen Werken verwiesen. Vor allem in den international erfolgreichen TV-Serien von HBO scheint ein solcher Verweis inzwischen fester Bestandteil des Drehbuchs zu sein, siehe bspw. die Folge HOUSE ARREST der Serie THE SOPRANOS (USA 1999-2007; Staffel 2, Folge 11) oder auch die Folge BABYLON der Serie MAD MEN (USA 2007-; Staffel 1, Folge 6). Diese Referenzen sind ein Indiz dafür, dass McLuhan inzwischen tatsächlich einen festen Platz im populärkulturellen Gedächtnis einnimmt.

[34] Siehe dazu bspw.: McLuhan, Magische Kanäle, S. 466ff.

eben nur (historisch bedingt) auf das falsche Medium bezogen hat.³⁵ Der kanadische Medienforscher wird seither zu einer Art Moses stilisiert, der zwar den Weg in das gelobte Land weist, dieses aber selbst nie zu Gesicht bekommt. Das Computermagazin WIRED erhob McLuhan dementsprechend konsequent zu ihrem „patron saint",³⁶ also zu ihrem Schutzheiligen. So wurde der Professor für englische Literatur vom Hohepriester der 1960er Jahre zum Schutzheiligen des Computerzeitalters am Ende des Jahrtausends.

Die Renaissance McLuhans lässt sich auch ganz einfach daran ablesen, dass seine Schriften in den 1980er und 1990er Jahren neu aufgelegt wurden.³⁷ Allmählich wurde McLuhan in den Stand eines Klassikers erhoben und dementsprechend philologisch bearbeitet. Zentrale Stellungnahmen zu McLuhans Werk aus knapp 40 Jahren wurden in einer dreibändigen Publikation gesammelt.³⁸ Nicht weniger als drei umfangreiche Biografien erschienen in den letzten Jahren über ihn.³⁹ Seit 2002 liegt eine kritische Ausgabe von UNDERSTANDING MEDIA vor.⁴⁰ Eine Auswahl seiner Briefe wurde veröffentlicht und im Jahr 2003 sogar seine bis dahin noch niemals publizierte Dissertation gedruckt. Man machte sich Gedanken über den DIGITAL MCLUHAN;⁴¹ im Schloss Thurnau bei Bayreuth fand 2007 ein großes internationales Symposium statt, auf dem man McLuhan hinsichtlich der Aufgaben, die da im 21. Jahrhundert auf uns warten, „neu le-

---

³⁵ Um nur zwei Beispiele aus den Feuilletons zu nennen: Alexander Stille, Marshall McLuhan Is Back From the Dustbin of History; With the Internet, His Ideas Again Seem Ahead of Their Time, in: The New York Times, 14.10.2000; auch online zugänglich unter: http://www.nytimes.com/2000/10/14/arts/marshall-mcluhan-back-dustbin-history-with-internet-his-ideas-again-seem-ahead.html [12.12.10]; oder auch im deutschsprachigen Kontext jüngst wieder: Uwe Justus Wenzel, Eine Ausdehnung des Nervensystems. Das Internet als Medium der Bewusstseinserweiterung und als Medium der Bewusstseinstrübung, in NZZ online 27.10.10. Online zugänglich: http://www.nzz.ch/ nachrichten/kultur/literatur_und_kunst/ eine_ausdehnung _des_ nervensystems_ 1.8109516.html [11.11.10].
³⁶ Zur näheren Erklärung dieser Wahl siehe: Gary Wolf, The Wisdom of the Saint Marshall, the Holy Fool, in: Wired, 4.01 (Jan. 1996), auch online zugänglich unter: http://www.wired.com/wired/archive/4.01/saint.marshall_pr.html [12.12.10].
³⁷ DIE GUTENBERG-GALAXIS wurde 1992 (und 1995), DIE MAGISCHEN KANÄLE 1995 neu aufgelegt – um nur zwei Beispiele aus dem deutschsprachigen Kontext anzuführen.
³⁸ Siehe: Gary Genosko (Hg.), Marshall McLuhan. Critical Evaluation in Cultural Theory, Bd. I-III, London/ New York 2005.
³⁹ Siehe: Marchand, McLuhan; Gordon, McLuhan und jüngst: Douglas Coupland, Marshall McLuhan. You Know Nothing of My Work!, Ashland 2010.
⁴⁰ Marshall McLuhan, Understanding Media. The Extensions of Man, hrsg. von W. Terrence Gordon, Berkley 2002.
⁴¹ Siehe: Paul Levinson, Digital McLuhan. A Guide to the Information Millennium, London 1999.

sen" wollte.[42] Zu seinem 100. Geburtstag, 2011, trifft man ebenfalls allerorten auf Tagungen und Publikationen zu McLuhan und den ‚neuen Medien'.[43]

Dass McLuhan kanonisch geworden ist, zeigt sich recht klar auch daran, dass mittlerweile jeder Medienwissenschaftsstudent wissen muss, was das Ende der Gutenberg-Galaxis bedeutet oder was mit der paradoxen Formel von dem Medium, das die Botschaft sein soll, gemeint ist. Medienwissenschaftsstudenten, die das nicht wissen, haben es schwer, überhaupt über die Grundkurse ihres Studienfaches hinauszugelangen.

Über die Schwierigkeit McLuhan zu lesen – vier Lesarten

Nicht zuletzt in deutschsprachigen Forschungsgefilden wurde McLuhan seit Ende der 1980er Jahre als wichtiger Medienforscher wiederentdeckt. Vor allem für die sich allmählich konstituierenden Medienwissenschaften erhielt McLuhan, mancherorts zumindest, eine ganz ähnliche Position, wie für das Computermagazin WIRED. In vielen Publikationen figuriert McLuhan nämlich als *der* (wenngleich etwas wilde und wirre) Gründungsvater der Medienforschung. Seither werden Generationen von Studenten, vorrangig der Medienwissenschaften, mit McLuhans Thesen und Behauptungen konfrontiert – ja geradezu malträtiert; ist es doch recht mühsam, sich durch das Gestrüpp von McLuhans Texten zu kämpfen.

Kaum ein Medienforscher ist so widerborstig, verworren, enzyklopädisch angelegt und gleichzeitig den technikutopischen wie medienkritischen Szenarien seiner Zeit verhaftet wie McLuhan. Zudem sind seine Texte, was man auf den ersten Blick vielleicht gar nicht vermuten würde, vergleichsweise voraussetzungsreich. Um ihn einigermaßen zu verstehen oder doch zumindest einordnen zu können, sollte man nicht nur die maßgeblichen Texte von McLuhan kennen, und derer gibt es nicht wenige. Ein wenig Bescheid sollte man auch darüber wissen, was in den 1960er Jahren kulturell, medientechnisch und gesellschaftspolitisch vor sich ging. Darüber hinaus – und das ist noch weit wichtiger –,

---

[42] Siehe den Tagungsband: Derrick de Kerckhove u.a. (Hg.), McLuhan neu lesen. Kritische Analysen zu Medien und Kultur im 21. Jahrhundert, Bielefeld 2008. Ein Versuch, McLuhan systematisch für die digitale Kultur zu aktualisieren, findet sich auch in: Robert K. Kogan, Understanding New Media. Extending Marshall McLuhan, New York u.a. 2010.
[43] Vgl. bspw. die Tagung MCLUHAN GALAXY, UNDERSTANDING MEDIA, TODAY in Barcelona vom 23.-25. Mai 2011 oder auch vorliegenden Band.

sollte man ebenfalls ideen- und wissenschaftsgeschichtlich beschlagen sein. Es ist beispielsweise zur Einordnung McLuhans sehr hilfreich zu wissen, was der New Criticism ist und worauf der Wirtschaftshistoriker Harold A. Innis abzielte. Daneben sollte man am besten zumindest die Grundzüge der Theologie Thomas von Aquins kennen, ebenso das antike Trivium aus Dialektik, Rhetorik und Grammatik, das für McLuhans Forschungs- und Schreibverständnis von zentraler Bedeutung ist. Die Kenntnis grundlegender Darstellungsprinzipien der künstlerischen Avantgarde, allen voran die von James Joyce, sind ebenfalls sehr hilfreich, um zu verstehen, warum McLuhans seine Texte so seltsam gestaltet und sich wenig um argumentative Kohärenz gekümmert hat. Freilich ist es mühsam, sich solch ein Wissen anzueigen. Man weiß ja nicht, ob die Mühe überhaupt lohnt. Genau deshalb gibt es schließlich Einführungsliteratur.

McLuhan zur Einführung – ein Literaturbericht

An einführenden Texten zu McLuhan herrscht im deutschsprachigen Raum deshalb auch kein wirklicher Mangel. Wenngleich es nach Millers oben angeführter ‚Einführung', die 1972 ins Deutsche übersetzt wurde, bis dato kein Buch gibt, ja nicht einmal ein Büchlein, das sich einführend ausschließlich mit McLuhan beschäftigt, so gibt es zumindest etliche Einführungen in die Medienwissenschaft bzw. Medientheorie, aber auch in die Kommunikationswissenschaft, die sich mehr oder minder ausführlich McLuhans Gedankengebäuden widmen. Zumeist findet man dort eine von zwei Darstellungsvarianten. Entweder wird McLuhan in der Tradition Millers und Enzensbergers kurzerhand als unwissenschaftlich oder gleich als „Schwätzer"[44] abgetan. Oder aber er wird als Gründungsvater bzw. Ideengeber der Medienforschung gefeiert, um dann, nach einem kurzen Exkurs über die seltsame Schreibweise McLuhans, seine Ideen anhand von wahlweise zwei,[45] drei[46] oder vier[47] Slogans zu erläutern, zumeist anhand von kurzen Textpassagen aus DIE MAGISCHEN KANÄLE.

Radikale Komplexitätsreduktion ist als Maßnahme bei solch einem Autor durchaus nachvollziehbar. Und schließlich greift man ja zu einer Einführung, damit man eine systematische, kompakte Reduktion auf das Wesentliche und/oder eine kritische Einschätzung des Gegenstands erhält. Nur leider geht dabei, zumindest im Fall McLuhans, allzu oft der Spaß oder doch zumindest die Faszination an der intellektuellen Auseinandersetzung mit dem Autor allzuschnell verloren. Dass McLuhan – um in der Sprache seiner Zeit zu sprechen – ‚irre

---

[44] Werner Faulstich, Einführung in die Medienwissenschaft, München 2002, S. 22.
[45] Bspw.: Frank Hartmann, Medienphilosophie, Wien 2000, S. 248ff.
[46] Bspw.: Rainer Leschke, Einführung in die Medientheorie, München 2003, S. 245ff.
[47] Bspw.: Angela Spahr, Magische Kanäle. Marshall McLuhan, in: Daniela Kloock/ Angela Spahr, Medientheorien. Eine Einführung, München 1997, S. 39-76.

Texte' schrieb, ist schwer zu bestreiten. Dass er sie so schrieb, wie er sie schrieb, liegt aber nicht einfach daran, dass er irre war, von daher seine Thesen und Argumente einfach nicht ordnen konnte. Diesen Irrsinn zu verwerfen, hat man freilich alles Recht der Welt. Nur sollte man es, zumindest als Wissenschaftler, aus den richtigen Gründen tun. Man sollte sich klar machen, dass dieser Irrsinn Methode hat (oder zumindest haben könnte), zudem eine Geschichte, die über das hinausgeht, was man durch die Lektüre von ein oder zwei kurzen Textpassagen aus DIE MAGISCHEN KANÄLE vermuten würde. Darüber hinaus eignet sich die Lektüre McLuhans bestens zur Auseinandersetzung mit Positionen heutiger Medienforschung. Ist doch in seinem Werk, wenn schon nicht alles, so doch vieles angelegt, das gegenwärtig immer noch diskutiert wird. Überdies bezieht sich beinah jeder Medientheoretiker auch heute noch mehr oder minder ausführlich, mehr oder weniger abfällig oder aber enthusiastisch auf McLuhans Ideen.

Zugriffsweisen

Woher McLuhans Ideen kamen, wie sie organisiert sind, wie unterschiedlich sie rezipiert wurden, ob und wenn ja, was man damit auch heute noch anfangen kann, darüber möchten die folgenden Seiten Aufschluss geben. Es soll aber *nicht* um eine chronologische Darstellung der Entwicklung McLuhans gehen, weder ideengeschichtlich noch biografisch fundiert. Was ich zu McLuhans Biografie zu sagen habe, wurde bereits mit dem vorliegenden Kapitel weitestgehend erschöpft. Es werden also nicht Quellen fein säuberlich nacheinander ausgebreitet, aus denen sich McLuhan bediente und dann die einzelnen Werke McLuhans in ihrem zeitlichen Verlauf vorgestellt und interpretiert, um daran anschließend darzustellen, wer sich nun wieder der Ideen McLuhans bediente usw.[48] Anstatt einer solchen geradlinigen, diachronen Darstellungsform habe ich eine andere – und wie ich hoffe, auch spannendere und zumindest für wissenschaftliche Interessen aufschlussreichere – Zugangsweise gewählt.

McLuhans Werk möchte ich aus verschiedenen Perspektiven in den Blick nehmen, um unterschiedliche Facetten und Lesarten vorstellen zu können. ‚Verschiedene Zugänge' zu wählen heißt in diesem Fall auch, *widerstrebende* Facetten und Lesarten vorzustellen, die in einigen Fällen sogar untereinander inkompatibel sind. Damit wähle ich im Übrigen eine Herangehensweise, die McLuhan selbst immer wieder forderte. Im Sinne McLuhans sind solche Zugänge Proben oder Tests, die einer Experimentalanordnung gleichen: Man fordert den Untersuchungsgegenstand durch die Schaffung künstlicher, am besten extremer Rah-

---

[48] Für solch eine Darstellung (samt genauen bibliografischen Angaben zu den Publikationen McLuhans wie zu Texten über McLuhan) siehe: Gordon, McLuhan.

menbedingungen (beispielsweise eine überspitzte Hypothese) heraus und schaut dann, wie der Gegenstand darauf regiert, was er von sich preisgibt. Anschließend wählt man eine weitere, nicht weniger extreme Rahmenbedingung, die möglichst wenig mit der ersten zu tun hat usf. Daraus ergibt sich dann eine Art Mosaik, vor dem sich der Gegenstand, wenngleich gebrochen und unscharf, abzuzeichnen beginnt.[49] Wichtig sind nach McLuhan an dieser Methode vor allem zwei Aspekte. Erstens muss man sich von dem Glauben an die eine, vermeintlich richtige Herangehensweise verabschieden, also konsequent *multiperspektivisch* arbeiten. Zweitens sollte man sich mit endgültigen Urteilen über seinen Gegenstand zurückhalten, da sonst der Erkenntniswert und die Komplexität des Gegenstandes unangemessen eingeschränkt werden. Deshalb nennt McLuhan diese von ihm präferierte Herangehensweise auch „Technik des schwebenden Urteils".[50]

Die McLuhans

Konstruktivistisch gewendet heißt das: Jeder Zugang entscheidet zuallererst, was und wie ein Gegenstand überhaupt in den Blick genommen werden kann, damit eben auch: was und wie nicht. Ja, noch radikaler: Es werden mit unterschiedlichen Zugangsweisen nicht einfach unterschiedliche Aspekte eines Gegenstands beleuchtet. Vielmehr verändert jede Zugriffsweise die Wahrnehmbar- und Erkennbarkeit der untersuchten Phänomene *qualitativ*. Mit anderen Worten: Jeder Zugriff erschafft seinen ganz eigenen McLuhan. Gerade an den unterschiedlichen Zugängen zu dem Forschungsobjekt McLuhan möchte ich das konkret nachvollziehbar machen. Dazu gehört auch, dass der jeweils in den unterschiedlichen Ansätzen gepflegte *Jargon* aufgegriffen wird. So argumentiert ein Ideologiekritiker beispielsweise nicht nur anders als ein Pragmatiker, hat nicht nur andere Ziele, sondern formuliert diese auch in einem ganz anderen Vokabular und bedient sich eines anderen Stils. Durch die Übernahme der unterschiedlichen Argumentationsweisen, Vokabulare und Sprechweisen sollen die gewählten Zugänge eindeutig unterscheidbar gemacht werden. Das scheint mir insofern sinnvoll, als so die unterschiedlichen ‚McLuhans' möglichst klar Kontur annehmen können.

Mit dieser Ausrichtung verfolgt die Einführung zwei eng zusammenhängende Ziele. Mein erstes Ziel ist es, das facettenreiche Werk McLuhans vorzustellen, dessen Grundlagen, Wirkungsgeschichte und Relevanz für eine

---

[49] Siehe bspw.: McLuhan, Geschlechtsorgan der Medien, S. 169f.; oder: ders., Die mechanische Braut. Volkskultur des industriellen Menschen, Amsterdam 1996, S. 8f. (engl. Original: The Mechanical Bride. Folklore of Industrial Man [1951]); oder: ders., Gutenberg-Galaxis, S. 269.
[50] Ebd., S. 89.

kulturwissenschaftlich ausgerichtete Medienforschung möglichst verständlich darzulegen. Leisten werde ich das, eben indem ich unterschiedliche Zugriffsweisen auf das Werk wähle. Damit ist denn auch das zweite Ziel benannt: Nicht nur soll McLuhan als ein Autor vorgestellt werden, der facettenreich ist bzw. aus vielen ‚McLuhans' besteht. Darüber hinaus soll andersherum gezeigt werden, dass die jeweilige Zugriffsweise erst entscheidet, welche Facetten überhaupt beobachtbar werden, welcher ‚McLuhan' also durch welchen Zugriff zuallererst ‚erschaffen' wird. So werden *en passant* Begrenzungen, Relativität, Unvereinbarkeit, aber auch Produktivität differenter wissenschaftlicher Zugriffsweisen konkret und exemplarisch veranschaulicht – und damit deren zentralen Operationsweisen einführend vorgestellt. Dem Leser wird es dabei überlassen bleiben, Verbindungslinien zwischen den einzelnen Lesarten herzustellen, Widersprüche zwischen ihnen aufzulösen oder auszuhalten, Vor- und Nachteile der einzelnen Ansätze zu beurteilen etc.[51]

Vier Lesarten

Doch wie sehen diese Zugangsweisen denn nun genau aus? Vier mitunter recht unterschiedliche Zugriffe habe ich gewählt. Sie sind in den Geistes- und Kulturwissenschaften beheimatet und dort, so möchte ich behaupten, gängige oder doch zumindest traditionelle Grundlagen für Analysen. Gewählt wurden genau diese Vier, weil sie es möglich machen, sehr unterschiedliche Facetten von McLuhans Werk zu betrachten und zu beleuchten. Im Einzelnen sind das: erstens eine *rhetorische* Lesart, zweitens eine *hermeneutische*, drittens ein *kritische* und viertens eine *pragmatische*. Diese Lesarten sollen auch und gerade in ihrer Inkommensurabilität ein Spannungsfeld erzeugen, in dem zumindest einige wichtige Umrisse von McLuhans Werk sichtbar werden. Zwar können die einzelnen Zugriffsweisen, unabhängig voneinander rezipiert werden. Ihre Abfolge im Text ist aber nicht zufällig gewählt. Diese folgt vielmehr einer sukzessiven Reihe von Irritationen, die die Lektüre von McLuhans Werk auszulösen imstande ist, und den Versuchen, auf diese Irritationen zu reagieren.

In der ersten Lesart werde ich mich mit den *rhetorischen* Strategien auseinandersetzen, derer sich McLuhan bedient; vor allem auf die *Darstellungsform* möchte ich mich hier konzentrieren. Die Analyse der Schreibweise soll am Anfang stehen, da hier unmittelbar Verwirrungen des Lesers zu erwarten sind. McLuhan schreibt keine klassischen wissenschaftlichen Texte. Kohärente Argumentation,

---

[51] Einzig: In den jeweiligen Kapiteln wird via Fußnoten auf die anderen Lesarten (samt genauer Seitenangabe) verwiesen, in denen der gerade im Fließtext behandelte Aspekt ebenfalls diskutiert wird. Damit sollen Ähnlichkeiten und Differenzen der Zugriffe direkt und konkret vergleichbar gemacht werden.

Diskussion seiner Thesen, Plausibilisierung mittels Beispiele – all das sucht man (zumeist) vergeblich in McLuhans Texten. Seine Argumentation ist ganz im Gegenstil sprunghaft; unterschiedliche Diskurse werden collagenartig vermischt; die Texte sind voller rhetorischem Schmuck; Wortspiele, Alliterationen, Ellipsen, Metaphern und Paradoxien. Auf diese Irritation gilt es zuerst einzugehen, um herauszufinden, welches Strukturierungsverfahren dem Ganzen zugrunde liegt und welche Funktion diese Darstellungsform haben könnte.

Im zweiten Kapitel wird daran anschließend eine *hermeneutische* Perspektive eingenommen. Dabei wird das angewandt, was man in der Philosophie als *Prinzip der wohlwollenden Interpretation* kennt. Es handelt sich um die Unterstellung, dass das Gegenüber überwiegend wahre und rationale Gründe für seine Handlungen und Aussagen hat. Damit ist zunächst die Aufgabe des Rezipienten, aktiv und wohlwollend die bestmögliche, kohärenteste und sinnvollste Interpretation der Äußerungen des Gegenübers zu liefern. Aus dieser Perspektive wird der Versuch unternommen, McLuhans Texte als ein in sich geschlossenes, kohärentes und sinnvolles Werk zu verstehen. Eine hermeneutische Herangehensweise bedeutet für mich dementsprechend hier zweierlei: Erstens soll McLuhan innerhalb seines historischen Kontextes verortet und gefragt werden, auf welche Traditionen er zurückgreift, vor welchem Hintergrund er überhaupt erst zu verstehen ist. Zweitens wird McLuhans Werk als eines verstanden, das (trotz aller Brüche, scheinbaren Widersprüchlichkeiten und Wandlungen) als eine kohärente Entfaltung einiger grundlegender Gedanken und Argumente zur ‚Grammatik der Medien' gelesen werden kann, deren Bedeutungsgehalt man sich im sukzessiven, interpretativen Nachvollzug annähert und letztlich auch versteht.

Das genaue Gegenteil wird mit der dritten Lesart versucht. In einer Art dialektischem Umschlag soll hier vor allem darauf geachtet werden, was brüchig ist, inkonsequent, aporetisch, ideologisch bedenklich. Und dafür scheinen McLuhans Texte das ideale Übungsfeld; denn es gibt kaum etwas in diesen Texten, das nicht kritisierbar wäre. Insbesondere *ideologiekritische* und *dekonstruktivistische* Argumente *gegen* McLuhan sollen vorgestellt und so plausibel als möglich gemacht werden. Gerade in der Differenz der Herangehensweisen der zweiten und dritten Lesart zeigt sich, dass in den einzelnen Kapiteln nicht einfach unterschiedliche Facetten des Werks von McLuhan beleuchtet werden. Vielmehr zeigt sich hieran deutlich, dass ein und derselbe Sachverhalt, der in der hermeneutischen und in der kritischen Lektüre auftaucht, jeweils so unterschiedliche Deutungen erfährt, dass schwerlich noch von demselben McLuhan zu sprechen ist.

In der letzten Lesart wird erneut eine Kehrtwendung vollzogen. Hier wird nach den *pragmatischen* Aspekten in McLuhans Texten gefragt. So geht es denn nicht mehr darum, Analysen der rhetorischen Strategien McLuhans zu betreiben, aus hermeneutischer oder kritischer Perspektive zu fragen, was McLuhans Werk eigentlich ausmacht. Vielmehr wird gefragt, welche Aspekte von unterschiedlichen Rezipienten nutzbar gemacht wurden bzw. heute noch nutzbar zu machen sind, völlig unabhängig von Fragen der Schlüssigkeit des Gesamtwerks, dessen Widersprüche oder ideengeschichtlicher Kontextualisierung. McLuhans enigmatisches, je nach Interpretation faszinierend facettenreiches oder einfach nur wirres Werk ist, um hier nur ein Beispiel anzuführen, nützlich allein schon deshalb, weil es denjenigen, der in das Werk einführen will, dazu provoziert, eine ungewöhnliche Darstellungsweise zu wählen.

1 Lesart: Rhetorik – McLuhan singen

Rhetorik der Form

Das erste massive Problem, mit dem sich ein Leser konfrontiert sehen dürfte, wenn er einen Text von McLuhan liest, betrifft die ungewöhnliche *Form*. Argumentative Folgerichtigkeit, sukzessive Entfaltung des Gegenstandes oder eine klare Fragestellung – solche Dinge scheinen McLuhan kaum zu kümmern. Das hat im Laufe der Rezeption seines Werkes zu einigen Irritationen geführt (um es zurückhaltend zu formulieren).[1] Nicht, dass McLuhans Werk mit vielen Sentenzen aufwartet, die sich in endlosen Satzwindungen verzweigen. McLuhan ist meilenweit entfernt von den syntaktischen Girlanden eines Jacques Derridas oder den verschachtelten Genitivungetümen Martin Heideggers. Ganz im Gegenteil sogar: McLuhans Schreibweise ist eher geprägt von vergleichsweise kurzen, prägnanten Formulierungen. Andere Dinge sind es, die eine Lektüre von McLuhans Texten anstrengend machen und frustrieren können: Es sind die wilden Assoziationsketten und kühnen Analogien, der permanente Einsatz von sloganfähigen (und damit notorisch unscharfen) Formulierungen, die elliptische, sprunghafte Darstellungsform, nicht zuletzt der Metaphernreigen mit einem Faible für die Paradoxie und den Kalauer. Darüber hinaus beinhalten McLuhans Bücher einen für wissenschaftliche Texte erstaunlich hohen Redundanzanteil. So kann man sich bei der Lektüre eines Buches von McLuhan trotz aller Sprunghaftigkeit und Uneindeutigkeit kaum des Eindrucks erwehren, in einer Endlosschleife gefangen zu sein. Die immer gleichen Slogans und Plattitüden verfolgen einen auf Schritt und Tritt.

Diese eigentümliche Form – und das hat der kanadische Medienforscher selbst immer wieder betont[2] – ist wichtig für das Verständnis von McLuhans Texten. Was mit einigem Recht durchaus als wirr und unwissenschaftlich be-

---

[1] Siehe dazu ausführlicher → 3. Lesart: Kritik.
[2] Siehe bspw.: Marshall McLuhan, Testen, bis die Schlösser nachgeben. Gespräch mit Gerald Emanuel Stearn [1967], in: ders., Das Medium ist die Botschaft – The medium is the message, Dresden 2001, S. 55-107, hier: S. 80f. und S. 94; oder auch: ders, Letters, S. 448.

zeichnet werden kann,³ lässt sich zwar kaum in etwas umdeuten, das auch nur entfernt wissenschaftstheoretischen Minimalstandards genügt. Nichtsdestotrotz folgt die Form einer *rhetorischen* Strategie, der nachzugehen lohnenswert ist. Die Sprunghaftigkeiten und Redundanzschleifen sind durchaus kalkuliert. McLuhan will auf seine Rezipienten mit der eigentümlichen Organisation seiner Texte eine bestimmte, noch näher zu klärende Wirkung ausüben. Der Leser soll im klassisch rhetorischen Sinne überredet, statt argumentativ überzeugt werden. Diese ‚Überredungskunst' erfolgt aber weniger auf inhaltlicher Ebene als vielmehr auf der der Form. Dass die Form generell das Entscheidende ist bei der Rezeption von Artefakten – und damit eben auch bei der Lektüre von Texten –, und weniger ihr Inhalt, dieser Kardinalsatz der Ästhetik (und spätestens seit McLuhan auch der Medienforschung) gilt in einem besonderen Sinne gerade für McLuhans Werk selbst. Hier wird nämlich die Form zu einer rhetorischen Strategie, die jenseits argumentativer Inhalte alle nur denkbaren Phänomene zwischen Pop und Gott vernetzt. Eine rhetorische Strategie ist das deshalb, weil der Rezipient dazu gebracht werden soll, selbst solch einen vernetzten und vernetzenden Standpunkt einzunehmen. Insofern betrifft die Rhetorik der Form einen wichtigen, vielleicht sogar den entscheidenden Aspekt der ‚McLuhan'schen Botschaft'. Das heißt dann ebenfalls, dass jeder Lektüre, die McLuhans Texte vor allem im Hinblick auf ihre inhaltlichen Argumentationen liest und beurteilt, die eigentliche Pointe dieses Oeuvres entgehen muss.

1.1 Close Reading

‚Wilde Assoziationen', ‚kühne Analogien', ‚Ellipsen', ‚Metaphern', ‚Paradoxien', ‚Kalauer', ‚Wiederholungsschleifen', ‚sloganfähige Formulierungen' – solche Bezeichnungen wurden eingangs gewählt, um die stilistische Eigentümlichkeit der McLuhan'schen Texte zu beschreiben. So etwas schreibt sich leicht und schnell hin (und verkürzt McLuhans Werk selbst auf einige wenige, inzwischen in der Forschungsliteratur gängige ‚sloganfähige Formulierungen'). Um aber diesen Formulierungen mehr Substanz zu verleihen, soll die Funktionsweise der Form genauer beschrieben werden und zwar an einem konkreten Beispiel. Dabei werde ich jedoch zunächst *nicht*, wie in der Sekundärliteratur zu McLuhan sonst üblich, auf die wenigen bekannten Slogans McLuhans eingehen. Dort wird gern auf den Hang McLuhans zur paradoxen Formulierung verwiesen, wie er

---

³ Siehe dazu bspw.: Enzensberger, Bausteine, S. 121 oder: Faulstich, Einführung, S. 22.

sich idealtypisch zeigt in der Wendung „Das Medium ist die Botschaft". Oder man macht darauf aufmerksam, dass der Slogan „Gutenberg-Galaxis" eine Alliteration und überdies hochgradig metaphorisch ist.[4] Zusätzlich wird noch auf die mosaikartige Struktur der Texte McLuhans verwiesen,[5] um sich dann aber rasch in Richtung des vermeintlich eigentlichen Gegenstands, eben den inhaltlichen Thesen, von der Beschreibung der Form zu verabschieden.

Für eine angemessene Beschreibung der Textorganisation sind aber solche kurzen Verweise auf die Form einiger prägnanter Slogans nicht ausreichend. Erfolgsversprechender scheint es zu sein, eine längere Textpassage einem *close reading* zu unterziehen.[6] Denn überhaupt erst im genaueren Nachvollzug eines längeren Textabschnitts kann gezeigt werden, wie die Darstellungsformen McLuhans spezifische Konturen gewinnen und sich entfalten. Zu diesem Zwecke wurde aus McLuhans bis dato bekanntestem Buch, nämlich DIE MAGISCHEN KANÄLE, das 19. Kapitel ausgewählt; es trägt den Titel „Rad, Fahrrad und Flugzeug".[7] Ein anderer Ausschnitt hätte zur Veranschaulichung ebenfalls gewählt werden können. Denn der spezifische ‚McLuhan-Sound' findet sich, so zumindest meine Unterstellung, überall in den ‚Magischen Kanälen', ja, mehr oder weniger ausgeprägt in jedem Buch des Medienforschers. Aus einem einfachen Grund wurde aber genau dieses Kapitel gewählt: Es ist kein herausragendes Kapitel, kein besonders klares, aber umgekehrt auch nicht voller ungewöhnlich wilder Textpassagen. „Rad, Fahrrad und Flugzeug" ist ein Kapitel wie viele andere im Textuniversum McLuhans und eben genau deshalb besonders exemplarisch.

„Rad, Fahrrad und Flugzeug"

Auf gerade einmal knapp 12,5 Seiten legt McLuhan in diesem 19. Kapitel einen durchaus beeindruckenden Parforceritt hin: Nahezu die gesamte Kultur- und Technikgeschichte wird durchkämmt. Vom „Nahrungssammeln der Noma-

---

[4] Siehe bspw.: Sven Grampp, Das Buch der Medientheorie. Zum Jargon der Uneigentlichkeit, in: Ursula Rautenberg (Hg.), Buchwissenschaft in Deutschland: Ein Handbuch, Berlin/ New York 2010, S. 111-137, v.a.: S. 125ff.
[5] Siehe bspw.: Spahr, Magische Kanäle, S. 41f.
[6] Ein Verfahren, das der sogenannte New Criticism literaturtheoretisch fundierte. McLuhan besuchte bei einigen Vertretern dieser Schule noch Vorlesungen und Seminare – siehe dazu ausführlicher → 3. Lesart: Hermeneutik, S. 86f. und 123.
[7] Siehe: McLuhan, Magische Kanäle, S. 275-287. (Da es hier um Fragen der Form geht und dementsprechend auch um Wortrhythmus, Klang etc., wird neben der angeführten deutschen Übersetzung, wenn nötig, das englischsprachige Original angeführt. Zitiert wird nach der kritischen Ausgabe: McLuhan, Understanding Media; das Kapitel lautet dort: „Wheel, Bicycle, and Airplane", S. 243-253.)

den"⁸ bis zur vermeintlich kurz bevorstehenden „elektromagnetische[n] Automation"⁹ mithilfe des Computers geht die Reise. Dabei schreitet der Text aber keineswegs chronologisch voran. Es wird also nicht eine Kultur- und Technikgeschichte erzählt, die sukzessive von der Erfindung des Rades über das Fahrrad hin zum Flugzeug voranschreitet, wie es doch die Überschrift „Rad, Fahrrad und Flugzeug" nahelegt. Vielmehr wird ständig die Perspektive gewechselt und neu angesetzt. Oder anders formuliert: McLuhan schlägt horizontale Schneisen durch das Dickicht der Kultur- und Technikentwicklung, anstatt seinem Gegenstand in der historischen Entwicklung linear zu folgen. Dabei verkettet er unterschiedliche Phänomene in Folgebeziehungen. Schematisch lassen sich mindestens zehn solcher Schneisen unterscheiden, die Folgebeziehungen ausbilden und im Text nacheinander entfaltet werden (siehe Abb. 1).

1. Steigbügel › Feudalsystem (S. 275f.)
2. Radpflug › Veränderung der Ernährungsgewohnheiten im Mittelalter (S. 276)
3. Pferdegeschirr › Pferdewagen › Stadt › Pferdeomnibus › Straßenbahn › Auto › Flugzeug › elektromagnetische Automation (S. 275ff.)
4. Rad › Filmkamera/ -projektor (S. 278f.)
5. Auto(bahn) › Flugzeug (S. 279)
6. Rad › Fahrrad › Flugzeug (S. 280)
7. Fahrrad › Spezialisierung › elektronisches Zeitalter (S. 280ff.)
8. Töpferscheibe › sesshafte Menschen › Schlitten › Rad › Straße (S. 282ff.)
9. Rad › Zentralismus › Stadt › Spezialistentum › Gewalt (S. 284f.)
10. Auto › Flugzeug › Dezentralismus (S. 285ff.)

Abb. 1: Folgebeziehungen im Kapitel „Rad, Fahrrad und Flugzeug"

Diese Liste von Folgebeziehungen soll hier nicht auf ihre inhaltliche Plausibilität hin überprüft werden.¹⁰ Wichtiger ist die Präsentation und Organisation des Materials. Auffällig ist zunächst: Immer ein *technisches Artefakt* bildet den Ausgangspunkt einer Entwicklungslinie. Häufig werden dabei sehr ungewöhnliche

---

⁸ McLuhan, Magische Kanäle, S. 282.
⁹ Ebd., S. 281.
¹⁰ Darstellung inhaltlicher Aspekte des Werkes McLuhans sind ausführlich nachzulesen in → 2. Lesart: Hermeneutik und → 3. Lesart: Kritik.

Folgebeziehungen behauptet. Dass die Töpferscheibe verantwortlich für die Sesshaftigkeit des Menschen sei (siehe Folgebeziehung 8) oder dass das Feudalsystem ein Resultat der Erfindung des Steigbügels darstelle (siehe Folgebeziehung 1); das sind aber nicht nur recht exotische und erklärungsbedürftige Kausalverkettungen. Sie sind überdies in ihrer *sprachlichen Pointierung* irritierend, jedoch auch durchaus betörend: „[D]as Feudalsystem als gesellschaftliche Erweiterung des Steigbügels"[11] zu bezeichnen, hat geradezu aphoristische Qualität, die viele Formulierungen McLuhans, gerade auch seine bekanntesten Slogans, auszeichnet. Darauf wird zurückzukommen sein.

Die einzelnen Folgebeziehungen sind weder chronologisch angeordnet noch auf derselben Ebene angesiedelt. So ist die sechste Folgebeziehung von der Erfindung des Rades über das Fahrrad zum Flugzeug vielleicht erklärungsbedürftig, zumindest jedoch noch chronologisch nachvollziehbar. Zudem sind Rad, Fahrrad und Flugzeug kategorial auf derselben Ebene angelegt, sind doch alle Fortbewegungsmittel. Mit dem Übergang zur siebten Reihe greift McLuhan jedoch das Thema Fahrrad noch einmal auf, geht also chronologisch gesehen wieder einen Schritt zurück. Das Fortbewegungsmittel Fahrrad wird dann mit gesellschaftlichen Spezialisierungstendenzen in Zusammenhang gebracht, deren Resultat Wahrnehmungs- und Übertragungsmedien wie Telegrafie, Radio und Fernsehen seien, die wiederum die Tendenzen der Spezialisierung im elektronischen Zeitalter umkehren sollen. In der achten Reihe erfolgt demgegenüber ein zeitlicher Sprung von einigen tausend Jahren zurück zur Töpferscheibe. Diese Rückkehr in die Vergangenheit wird nicht eigens begründet oder gar direkt mit der zuvor dargelegten Reihe verknüpft. Überdies wird hier die Kategorie gewechselt: Geht es doch nun nicht mehr, wie zuvor noch, um Fortbewegungs-, Wahrnehmungs- oder Vermittlungsmedien, sondern um ein technisches Hilfsmittel zur Herstellung von Haushaltswaren. Gegen Ende dieser Folgereihe kommen wir aber wieder zum Rad, also dem Ausgangspunkt der sechsten Reihe zurück. Indes wird hier aber nicht mehr die Linie Rad > Fahrrad verfolgt. Vielmehr wird die Entwicklung eines Straßennetzes als Resultat der Erfindung des Rades nachgezeichnet. Eine andere Entwicklungslinie wird, erneut ausgehend vom Rad, in der nächsten Sequenz verfolgt. Geht es doch in der neunten Folgebeziehung um die Effekte des Rades auf Zentralismus und Städteentwicklung. Dabei landet McLuhan, über den Umweg des Autos, letztlich wieder, wie bereits in Reihe sechs, beim Flugzeug und dessen Effekten.

---

[11] McLuhan, Magische Kanäle, S. 275.

‚Forschungsreisen'

McLuhans Geschichtsschreibung operiert in dem Kapitel „Rad, Fahrrad und Flugzeug" also ganz augenscheinlich mit Brüchen, zeitlicher wie kategorialer Art. Immer wieder wird neu angesetzt, verschiedenste Folgebeziehungen werden ausgebildet und neue Zusammenhänge ausprobiert. Der Text scheint damit, auf den ersten Blick zumindest, eine rastlose, ja ziellose Suchbewegung zu dokumentieren, die immer wieder neu ansetzt und weitere Bahnen zieht, die sich überschneiden und verzweigen. In einem Interview, das mit McLuhan geführt wurde, wird diese Herangehensweise von ihm selbst sehr präzise formuliert:

> Ich begebe mich auf Forschungsreisen, bei denen ich nie weiß, wohin sie mich führen werden. [...] [M]eine Bücher zielen eher darauf, den *Prozeß des Entdeckens offenzulegen*, als mit einem fertigen Ergebnis aufzuwarten. Statt meine Ergebnisse traditionsgemäß steril in schön geordnete Versuchsreihen, Kategorien und Schubladen zu stecken, verwende ich sie wie *Probebohrungen*, um Einblick in gewisse Dinge zu gewinnen und Strukturen zu erkennen.¹²

Nicht die Ergebnisse einer ‚Forschungsreise' werden also in einem ‚Forschungsbericht' vorgestellt. Vielmehr wird eine ‚Forschungsreise' selbst, samt deren ausufernden Verzweigungen, im Text selbst in Szene gesetzt. Damit ist nicht nur gemeint, dass Mc-

Solch eine Darstellungsform ist aber keineswegs einfach chaotisch oder wirr. Denn, wenn auch McLuhans ‚Probebohrungen' nicht systematisch aufeinander aufbauen und keine kontinuierlichen Kausalketten bilden, so heißt das noch lange nicht, dass die einzelnen Segmente untereinander ohne Zusammenhang sind. Im Gegenteil sogar: Zwischen den einzelnen Folgereihen sind mannigfaltige Verbindungsmöglichkeiten angelegt. Damit ist nicht nur gemeint, dass Mc-

---

[12] McLuhan, Geschlechtsorgan der Maschinen, S. 171; Hervorhebungen von mir. Dieses Interview wird im Übrigen sehr oft zitiert und zwar wohl nicht nur, weil es im PLAYBOY erschien, sondern weil es für McLuhans Verhältnisse seine Position argumentativ erstaunlich klar entfaltet, zu klar vielleicht, wenn man dieses Interview mit anderen vergleicht, die McLuhan gegeben hat und wenn man sich zusätzlich vor Augen hält, welche ablehnende Einstellung McLuhan zur klaren Entfaltung von Argumenten immer wieder artikulierte. Diese Skepsis ist durchaus begründet, so schreibt etwa Edmund Carpenter, ein enger Mitarbeiter und Freund McLuhans in seinen Erinnerungen: „Everything [...] got mauled, including a PLAYBOY interview, often cited at the instance when Marshall was understandable. First attempted by Jean Shepard in 1967, the interview was successfully concluded by Gerald Stearn in 1969. I wasn't present, but I was told that Marshall's monologs left Stearn stunned. He solved this problem by excerpting phrases & ideas from Marshall's sources & writings, as well as from writings about him, translated these into conventional prose, then organized the whole as question & answers. The result satisfied the many." (Edmund Carpenter, That Not-So-Silent-Sea, in: Donald F. Theall, The Virtual Marshall McLuhan, London/ Ithaca 2001, S. 236-261, hier: S. 254.) Nichtsdestotrotz bringt dieses ‚Interview' viele wichtige Aspekte präzise auf den Punkt. Dementsprechend ist es auch nicht so wichtig, ob McLuhan tatsächlich all die dort zu findenden Formulierungen tatsächlich so von sich gegeben hat oder nicht.

Luhan im Text immer wieder aus unterschiedlichen Perspektiven auf Rad, Fahrrad und Flugzeug zu sprechen kommt. Einige Segmente sind darüber hinaus chronologisch wie kausal zu verbinden. So lässt sich etwa retrospektiv die achte Folgereihe vor die sechste setzen und damit zeitlich, wie kausal mit dieser verbinden. Bildet doch das Rad das Ende der einen Folgereihe und den Ausgangspunkt der anderen. Damit geht es dann von der Töpferscheibe zum Rad und von dort zum Flugzeug. In diesem Sinne lassen sich auch die achte und die zehnte Reihe verbinden. Das letzte Element der achten Reihe, die Straße, lässt sich nämlich direkt an den Ausgangspunkt der zehnten Reihe, das Auto, andocken.

Die Appellstruktur der Texte

Entscheidend dabei ist jedoch: Ordnen muss diese Segmente der Rezipient. Der Leser erhält also unterschiedliche Folgereihen, die nicht chronologisch oder gar kausal angeordnet sind. Sie sind Elemente wie in dem Computerspiel TETRIS: Der Spieler erhält relativ willkürliche Bausteine, die er zu Reihen ordnen muss. Dabei entstehen immer wieder unvollständige Reihen und Lücken. Durch das Schließen nachfolgender Reihen erhält der Spieler jedoch wieder die Möglichkeit, die Lücken mit anderen Teilen aufzufüllen. Ganz ähnlich muss der Leser bei McLuhan unterschiedliche Reihen resp. Bausteine selbst zusammensetzen, um chronologische und kausale Ordnung herzustellen. Zudem, und das zeigt das Beispiel eben auch, hat der Leser unterschiedliche Möglichkeiten, die Folgereihen zu verbinden und kommt so zu unterschiedlichen ‚Geschichten'. Wenn er etwa die achte Reihe vor die sechste setzt, dann erhält er eine andere Folgebeziehung, als wenn er stattdessen die achte Reihe mit der zehnten verbindet. Verzweigt sich der Weg doch vom Rad ausgehend einmal hin zum Fahrrad und das andere Mal hin zum Auto (ohne dass dies wiederum in eine Folgebeziehung gebracht wird). Einige Teile passen also zwar zueinander, können aber unterschiedlich ineinander gesteckt werden. Oder um es mit einer sehr viel mechanischeren Metapher zu beschreiben, die der Medienforscher selbst gewählt hat: McLuhan formulierte einmal, er fühle sich wie ein Panzerknacker. „Ich weiß nie, was ich innen finden werde. Ich setze mich einfach hin und beginne zu arbeiten. Ich *suche herum*, ich höre hin, ich *teste etwas aus* [...]. Ich *probiere es in einer anderen Reihenfolge* [...]."[13] Genau solch ein Panzerknacker soll augenscheinlich der Leser McLuhans ebenfalls werden. Er muss suchen, testen, unterschiedliche Reihenfolgen ausprobieren „bis sich das Schloß öffnet und die Tür aufspringt."[14]

---

[13] McLuhan, Geschlechtsorgan der Medien, S. 170.
[14] Ebd.

Wenn das Schloss denn aufspringt. Denn so leicht macht es einem McLuhan nicht. Es bleiben, selbst wenn man die Reihen akribisch neu geordnet und unterschiedliche Verzweigungen bedacht hat, erhebliche (Verständnis-)Lücken. Auch bei einer einigermaßen chronologischen Gruppierung der Segmente muss beispielsweise die Folgebeziehung von Radpflug und Steigbügel weiterhin ein Rätsel bleiben. Ebenso bleibt das Verhältnis der Effekte untereinander, die das Rad in seinen unterschiedlichen Funktionen und zu unterschiedlichen Zeiten ausgelöst haben soll, ungeklärt: Was Ernährungsveränderung, Zentralisierung oder Spezialisierung miteinander zu tun haben, verharrt im Unbestimmten. Es werden also in diesem Kapitel viele Verbindungen nahegelegt, aber die genaue Verbindung der Textsegmente bleibt zumeist unscharf.

McLuhan operiert hier mit einer vor allem von fiktionalen Texten bekannten Strategie, die der Literaturwissenschaftler Wolfgang Iser als „Appellstruktur" literarischer Prosa versteht.[15] Fiktionale Texte operieren nämlich vornehmlich mit sogenannten Leerstellen. Mit Isers Beschreibung dieser Leerstellen scheint aber auch ziemlich genau der Appellcharakter der Texte McLuhans beschreibbar zu sein: „Immer dort, wo Textsegmente unvermittelt aneinanderstoßen, sitzen Leerstellen, die die erwartbare Geordnetheit des Textes unterbrechen."[16] Die Pointe solcher Leerstellen besteht also darin, eine relative *Unbestimmtheit* zu erzeugen. Ein weites Beziehungsgeflecht ist angelegt, das nur teilweise expliziert wird. Damit sind dem Text auch viele Beziehungs*möglichkeiten* eingeschrieben, die im ‚Akt des Lesens', also zuallererst durch den Rezipienten, aktualisiert bzw. realisiert werden. Dem Leser wird in McLuhans Texten, analog zur modernen Literatur, die nach Iser mit einem hohen Anteil an Leerstellen operiert, eine *aktive Rolle* zugewiesen. Der Leser muss selbst sehr kreativ mit dem Text umgehen und ein, zumindest im Vergleich zu konventionellen wissenschaftlichen Texten, hohes Maß an Fantasie und kombinatorischem Geschick aufbringen, will er die Leerstellen sinnhaft schließen. Oder um es mit McLuhans Vokabular zu formulieren: Der Leser von McLuhans Texten muss ein recht gewiefter und geduldiger Panzerknacker sein. Und selbst, wenn er das Schloss tatsächlich knackt und die Tür aufspringt, besteht immer noch eine Gefahr, wie McLuhan selbst nicht ohne Ironie betont: „der Safe" könnte durchaus „leer"[17] sein.

---

[15] Siehe: Wolfgang Iser, Die Appellstruktur der Texte. Unbestimmtheit als Wirkungsbedingung literarischer Prosa [1970], in: Rainer Warning (Hg.), Rezeptionsästhetik: Theorie und Praxis, München 1975, S. 228-252.
[16] Wolfgang Iser, Der Akt des Lesens. Theorie ästhetischer Wirkung, München 1976, S. 302; Hervorhebungen von mir.
[17] McLuhan, Geschlechtsorgan der Medien, S. 170.

Auf der Suche nach Ähnlichkeit

In dem hier näher zu untersuchenden Textabschnitt wird Kultur- und Technikgeschichte aber nicht nur mittels diverser Folgebeziehungen vorgestellt, die mehr oder minder aneinander anschließbar sind und unterschiedlichen Interpretationen offen stehen. Ein weiteres Merkmal, das im Kapitel „Rad, Fahrrad und Flugzeug" omnipräsent ist, ist die Perspektive, aus der McLuhan die Kultur- und Technikgeschichte durchforstet. Unablässig scheint er auf der Suche nach *Ähnlichkeiten* zu sein. So wird beispielsweise eine Ähnlichkeit hergestellt zwischen der Mobilität eines europäischen Bauern im 13. Jahrhundert, der seinen Wagen von einem Ochsen ziehen lässt, und der Mobilität eines „motorisierten Farmer[s]"[18] im Kanada des 20. Jahrhunderts. Dabei wird keine wie auch immer geartete Folgebeziehung behauptet, sondern eben nur eine Strukturanalogie: Spezifische Prinzipien der Landwirtschaft des 13. Jahrhunderts sollen dieselben sein wie die im 20. Jahrhundert.

Universeller und um einiges verschachtelter funktioniert eine Analogie, die für das 19. Kapitel der ‚Magischen Kanäle' relevant ist, aber bereits im ersten Kapitel eingeführt und erläutert wird:[19] Alle technischen Artefakte sind laut McLuhan Ausweitungen des menschlichen Körpers. Dabei erfüllten sie in strukturell *ähnlicher Weise* (wenngleich meist jedoch sehr viel effizienter) bestimmte Funktionen von Körperteilen oder Sinnen.[20] So sei etwa das Rad, wie McLuhan im 19. Kapitel nicht müde wird zu betonen, die mechanische Erweiterung des Bewegungsablaufs der Füße. Das Rad funktioniere also ähnlich *wie* die Füße und ist gleichzeitig entwicklungslogisch deren Fortsetzung. Dasselbe gelte für architektonische Einrichtungen, wie beispielsweise Städte: Ihre Entwicklung und Aufteilung entspräche der des menschlichen Organismus. Demgemäß werden die Städte als die technik- und kulturhistorische Ausweitung des Körpers verstanden.[21] Also auch hier: Körper und Städte werden strukturanalog gesetzt und in eine Folgebeziehung gebracht.

Um einiges kühner noch werden Rad und Töpferscheibe im 14. Abschnitt des Kapitels „Rad, Fahrrad und Flugzeug" ins Verhältnis gesetzt. Die horizontale Drehbewegung der Töpferscheibe wird mit der vertikalen Drehbewegung des Fortbewegungsmittels Rad analog gesetzt. Nachdem die Strukturanalogie gefunden ist, werden Töpferscheibe und Rad in einer (doch recht kühnen) Kausalket-

---

[18] McLuhan, Magische Kanäle, S. 277.
[19] Eigentlich findet man die These bereits im Untertitel: Wo es in der deutschen Übersetzung „Die magischen Kanäle. Understanding Media" heißt, steht im englischsprachigen Original „Understanding Media. *The Extensions of Man*" (Hervorhebung von mir).
[20] Siehe: McLuhan, Magische Kanäle, S. 15ff.
[21] Siehe: ebd, S. 286.

te verbunden: Die Töpferscheibe ermöglicht es uns, Gefäße aus Ton herzustellen. Das wiederum macht es möglich, Dinge länger zu lagern, zu horten und gegen andere Dinge in großen Mengen zu tauschen. Für diesen Austausch wiederum ist ein geeignetes Transportmittel nötig, was letztlich zur Erfindung des Rades geführt haben soll. Durch das *tertium comparationis*, die Drehbewegung, werden also Dinge in Beziehung zueinander gesetzt, die zumindest nicht unmittelbar etwas miteinander zu tun haben.

Noch vertrackter als der Analogieschluss von der Töpferscheibe zum Rad ist der vom Rad zum Film, der in den Abschnitten 7 und 8 des 19. Kapitels entfaltet wird. McLuhan weist an dieser Stelle darauf hin, dass in Filmkameras und -projektoren das Prinzip des Rades Anwendung findet. Was schlicht heißt: Es finden sich Rädchen in Kameras und Projektoren. So weit, so trivial. Der Analogieschluss zwischen Rad und Film wird auf einer anderen Ebene gezogen. Der Film wird dafür zunächst in Verbindung zu einer natürlichen Bewegung gebracht, genauer der Bewegung eines Pferdes. Der Erfindungslegende des Films entsprechend greift McLuhan dabei auf ein häufig kolportiertes Ereignis zurück: Der Fotograf Eadweard Muybridge wurde von Leland Stanford 1872 engagiert, um herauszufinden, ob ein galoppierendes Pferd alle vier Füße gleichzeitig von der Erde hebt oder eben nicht. Für die Beantwortung dieser Frage entwickelte Muybridge die Serienfotografie, die das Pferd in kurzen Zeitintervallen nacheinander im Galopp fotografierte. Dadurch konnte nicht nur bewiesen werden, dass Pferde im Galopp tatsächlich alle vier Füße von der Erde heben, sondern es war damit gleichzeitig ein Grundprinzip des Films gefunden: Bewegungsabläufe müssen zuerst in Einzelbilder segmentiert werden, bevor sie wieder zur Bewegungsillusion des Films synthetisiert werden können.[22]

---

[22] Bei der Verarbeitung dieser Ereignisse zeigt sich im Übrigen, zumindest am Rande sei das erwähnt, noch ein ganz anderes Merkmal McLuhan'scher Prosa: Neigt sie doch nicht nur, wie vielfach vermerkt, zur sloganhaften Pointierung, sondern ebenso zu *dramaturgischen Zuspitzungen* im Detail. So wird aus dem *Auftrag* an Muybridge in McLuhans Version eine *Wette* zwischen diesem und Stanford. Diese Wette wird außerdem auf das Jahr *1889* verlegt (der Auftrag erfolgte indes bereits 1872). Historische Sachverhalte werden also modifiziert bzw. falsch wiedergegeben. Es ist keineswegs unplausibel, ja sogar wahrscheinlich, den Grund dafür in mangelnder Recherche seitens McLuhans zu finden. (McLuhan wurde die Missachtung von Details häufig, und häufig zu Recht vorgeworfen; er selbst gab gleichfalls immer wieder freimütig zu, dass seine Forschung vorrangig den ‚großen Mustern' folge und eher Entdeckungsreisen glichen; genaue Daten und Fakten seien dabei eher nebensächlich, wenn nicht sogar hinderlich (siehe bspw.: McLuhan, Geschlechtsorgan der Medien, S. 169ff., ders., Letters, 426.) Nichtsdestotrotz ist aber durchaus bezeichnend, in welcher Weise McLuhan die Ereignisse falsch wiedergibt. Sie gewinnen so nämlich an Dramatik und symbolischem Wert: Dass der *Auftrag* zu einer ‚*Wette* unter Gentlemen' umgemünzt wird, nimmt sich aus wie die Szene eines Abenteuerromans von Jules Verne. Man denke nur an den exzentrischen Millionär Phileas Fogg, der mit seinen Kollegen aus dem britischen REFORM CLUB wettet, dass es möglich sei, in 80 Tagen

Die Reihenfotografie Muybridges wird in Analogie zur Körperausweitung durch das Rad gesetzt. Wie aber lässt sich das verstehen? In der Reihenfotografie Muybridges wird ein Pferd im Galopp aufgenommen. Da es dabei darum ging, ob alle vier Füße zur selben Zeit von der Erde gehoben werden, kann McLuhan schreiben: „Die Filmkamera und der Projektor entwickelten sich aus dem Gedanken, den Bewegungsablauf der *Füße* zu rekonstruieren."[23] Da McLuhan das Rad als technische Erweiterung der Füße, genauer der Füße in Bewegung betrachtet, kann er die Filmaufnahme von Füßen, die in Bewegung sind, und die Ausweitung der Bewegung der Füße zum Rad in ein Ähnlichkeitsverhältnis bringen. Gleichzeitig vernetzt er beides kausal (ohne zu vergessen, noch ein Wortspiel einzubauen): „Das Rad, das als Ausweitung der Füße begonnen hatte, macht einen großen Schritt [sic!] nach vorne zum Filmtheater."[24] Kategorial unterschiedliche Dinge, Fortbewegungs- und Aufzeichnungsmittel, werden durch das *tertium comparationis* ‚Füße in Bewegung' ähnlich gemacht, obwohl die Bezugnahmen auf die Füße ganz offensichtlich auf unterschiedlichen Ebenen erfolgen. Ist es doch im ersten Fall historischer *Ausgangspunkt* der Entwicklung eines Fortbewegungsmittels, im zweiten Fall hingegen *Objekt* eines Aufzeichnungs- bzw. Darstellungsmittels. Fuß, Rad und Film werden aber trotz aller kategorialen Differenzen via Analogie in eine durchaus ungewöhnliche Folgebeziehung gebracht.

Im darauffolgenden Abschnitt geht McLuhan vom Film aus und entwickelt eine Analogiekette, bei der er am Ende bei Flossen und Flügeln ankommt. Da der Film Fotografien aneinanderreihe, funktioniere er *wie* ein „Fließband [...]".[25] Gleichzeitig finde aber beim filmischen Prinzip eine „gewaltige Beschleunigung" statt: „organische Prozesse und Bewegungen" werden sichtbar. Strukturanalog dazu funktioniere wiederum das Flugzeug: „Durch Beschleunigung rollt das Flugzeug die Autobahn in sich selbst auf. Die Straße verschwindet im Flugzeug,

---

um die Welt zu reisen. Die Datierung der Wette auf das Jahr 1889 (statt 1872) fällt wiederum genau auf das 100-jährige Jubiläum der französischen Revolution, ein Jubiläum des fundamentalen Wandels, den in Analogie auch die Erfindung des nicht minder revolutionären Filmprinzips in Gang gesetzt hat.
[23] McLuhan, Magische Kanäle, S. 279; Hervorhebung von mir.
[24] Ebd. Dieses Wortspiel findet sich auch im Original: „The wheel, that began as extended feet, took a great evolutionary *step* into the movie theater." (McLuhan, Understanding Media, S. 247f.; Hervorhebung von mir.) Die deutsche Übersetzung entscheidet sich im Übrigen dafür „into the movie theater" als zeitliche Abfolge zu deuten: „zum Filmtheater" hin. Näher am Orignal wäre aber wohl eine Übersetzung, die den räumlichen Aspekt betont, also: „in das Filmtheater [hinein]". Solch eine Übersetzung würde der Plaszitität wie der Bewegungsdynamik des Bildes eher gerecht werden – und damit den rhetorischen Wortwitz McLuhans noch klarer konturieren.
[25] Ebd.

wenn es sich von der Rollbahn abhebt [...]. In diesem Stadium wird das Rad wieder von der Vogel- oder Fischform aufgenommen, die das Flugzeug annimmt, wenn es sich in die Lüfte hebt."[26] Die Analogiekette reicht also von Rad und Fließband über den Film zum Flugzeug und zu Flossen und Flügeln. In dieser Kette werden die Phänomene nicht etwa alle gleichgemacht. Ähnlichkeiten sind eben keine Identitäten. Mit den Analogien werden hier vielmehr sogar Differenzen modelliert. Wie gerade an den letzten Zitaten zu sehen ist, kann die Bedeutung innerhalb der Analogiekette geradezu ins Gegenteil umschlagen: vom mechanischen Prinzip ins organische, vom Rad zurück zu Flosse und Flügel. Damit macht McLuhan seine Analogien auch fruchtbar für seine Kultur- und Technikgeschichte: Impliziert doch seine Analogiekette eine Rückkehr zu quasi-organischen Formen und eine Verabschiedung mechanischer Prinzipien.

Auf der Suche nach Querverbindungen

Per Analogien werden bei McLuhan aber nicht nur Folgereihen generiert, sondern ebenfalls „Querverbindungen"[27] hergestellt und zwar mitunter zwischen sehr unterschiedlichen Dingen und Phänomenen, die räumlich wie zeitlich weit voneinander entfernt sein können. ‚Querverbindungen' zwischen Fuß und Rad, Rad und Fahrrad, zwischen Töpferscheibe und Fortbewegungsmittel, Stadt und Zentralismus, zwischen Film, Flugzeug und Fischflosse. Diese ‚Querverbindungen' sollen die untergründigen ‚Wechselwirkungen' der Dinge beleuchten, die, so zumindest McLuhans Einschätzung, in der Wissenschaft bisher vernachlässigt wurden. Er schreibt: „Die verschiedenen *Wechselbeziehungen* zwischen Rad, Fahrrad und Flugzeug überraschen jene, die noch nie darüber nachgedacht haben. Die Gelehrten neigen zur Arbeitshypothese, daß Dinge isoliert betrachtet werden müssen."[28] Das heißt: McLuhan will keine Isolation und keine Analyse, die die Phänomene in Einzelteile segmentiert, keine lineare Kultur- und Technikgeschichte, die fein säuberlich Ereignis an Ereignis reiht. Und das heißt dann umgekehrt eben auch: Suche nach Querverbindungen und Wechselwirkungen! Anstelle linearer Darstellungen von Geschichtsprozessen geht es also um Vernetzung qua Analogie.

Diese Vernetzungsstrategie zeigt sich aber nicht nur in der Analogiebildung. Ebenso ist sie in der *assoziativen Reihenbildung* zu finden. Im Grunde geht es auch hier um Ähnlichkeiten. Nur werden nicht einzelne Dinge explizit in ein Ähnlichkeitsverhältnis gesetzt (‚das Rad ist wie der Fuß'), sondern Phänomene,

---

[26] Ebd.; im Original: „the wheel is *reabsorbed*". (McLuhan, Understanding Media, S. 248; Hervorhebung von mir.)
[27] McLuhan, Magische Kanäle, S. 275.
[28] Ebd.; Hervorhebung von mir.

Merkmale oder auch Handlungen implizit aus einem Kontext in einen anderen übertragen und dabei von einem Textsegment in das nächste überführt. Mit Jacques Lacan könnte man so etwas eine *metonymische Reihe* nennen, die die syntagmatischen Beziehungen, also die Art und Weise der Wort- und Satzfolge des Textes regelt:[29] Ein Element aus dem einen Bereich wird herausgenommen und in einen benachbarten überführt; dort wird wiederum ein Element herausgegriffen und in einen weiteren benachbarten Kontext überführt usf. Hierbei finden sukzessive Verschiebungen der Bedeutungen und Kontexte statt, die nicht auf argumentativen Ableitungen oder kausalen Folgebeziehungen beruhen, sondern eben auf Assoziationen.

Ein Beispiel aus dem Kapitel „Rad, Fahrrad und Flugzeug" soll dieses Prinzip der metonymischen Reihe verdeutlichen: In Abschnitt 10 beschäftigt sich McLuhan mit der Rolle des Fahrrades in Samuel Becketts Theaterstücken. Er deutet es als „Ursymbol des cartesianischen Geistes".[30] Als solches soll es als Ausdruck der Entfremdung des modernen Menschen verstanden werden. Wie fragwürdig solch eine Deutung auch sein mag, hier ist etwas anderes wichtiger: McLuhan kommt in diesem Kontext darauf zu sprechen, dass der Mensch in Becketts Stücken als *Clown* in Szene gesetzt werde. In Abschnitt 11 wird genau dieser Aspekt aufgegriffen und auf Humpty Dumpty, eine fiktive Figur bezogen, die aus einem populären Kinderreim stammt und in der nicht minder bekannten Erzählung ALICE IM WUNDERLAND einen kurzen, aber wichtgen Auftritt hat. Das menschenähnliche Ei Humpty Dumpty ist nach McLuhan ein Clown, der auf einer *Mauer* sitzt. In Abschnitt 12 wird dann das Thema Mauer näher entfaltet. Die Mauer wird als Zeugnis menschlicher Spezialisierung und Entfremdung interpretiert, die das Schicksal Humpty Dumpties besiegelt: Es fällt von der Mauer und zerspringt. „Mauern sind aus einheitlichen Ziegelsteinen gemacht, die mit der Spezialisierung und den Bürokratien aufkommen. Sie sind Todfeinde ganzheitlicher Wesen, wie es das Ei ist. Humpty Dumpty antwortete auf die Herausforderung der Mauer mit einem aufsehenerregenden *Sturz*."[31] Der Sturz bildet im nächsten Abschnitt den Ausgangspunkt für den Verweis auf den Roman FINNEGANS WAKE von James Joyce. Nach McLuhan ist das große Thema des Romans das „Zeitalter der Elektrizität", in dem ganzheitliches Denken, nach einer langen Zeit der Spezialisierung und Entfremdung, wieder möglich sei. Joyce betrachtet also aus dieser Perspektive ein Zeitalter, das dabei ist – und hier kommt McLuhan in Form einer Metapher auf das menschen-

---

[29] Siehe dazu bspw.: Jacques Lacan, Das Drängen des Buchstabens im Unbewussten oder die Vernunft seit Freud [1973], in: ders., Schriften II, Berlin ³1999, S. 15-55.
[30] McLuhan, Magische Kanäle, S. 281.
[31] Ebd.; Hervorhebung von mir.

ähnliche Ei zurück – „Humpty-Dumpty wieder zusammenzusetzen"[32] (siehe zu dieser metonymischen Reihe: Abb. 2).

> Abschnitt 10: Becketts Theaterstücke › Fahrrad › Mensch als *Clown*
> Abschnitt 11: Humpty Dumpty als *Clown* › Humpty Dumpty sitzt auf der *Mauer*
> Abschnitt 12: Humpty Dumpty sitzt auf der *Mauer* › Humpty Dumpty *stürzt* von der Mauer
> Abschnitt 13: *Sturz* als Thema in FINNEGANS WAKE › (metaphorisch) Zusammensetzung von Humpty Dumpty
> ---
> Abschnitt 14: Töpferscheibe als Agens geschichtlicher Entwicklung

Abb. 2: Metonymische Reihung und Leerstellen

Ist die assoziative Reihe von Abschnitt 10-13 noch vergleichsweise stabil und findet mit der Interpretation künstlerischer Darstellungen ein einigermaßen homogenes Themenfeld, so fällt indes der Übergang zu Abschnitt 14 sehr hart und unvermittelt aus. Von Humpty Dumpty, dem Zeitalter der Elektrizität und FINNEGANS WAKE wird nämlich mit einem harten Schnitt einige Jahrtausende zurückgesprungen, nämlich zur Töpferscheibe als Agens geschichtlicher Entwicklung (siehe Abb. 2). Damit wären wir wiederum bei dem bereits genannten formalen Aspekt von McLuhans Texten angelangt, dem Einsatz von Leerstellen: Abschnitt 13 stößt unvermittelt an Abschnitt 14, „die *erwartbare Geordnetheit*" des Textes wird „unterbrochen."[33]

Auf der Suche nach Zuspitzung

Neben Leerstellen, assoziativen Reihen und Analogien findet sich in McLuhans Texten, darauf wurde am Rande bereits immer wieder hingewiesen, ein Faible für pointierte, aphoristische, ja kalauernde Formulierungen und dramatische Zuspitzungen. McLuhans bekanntester Slogan legt dafür beredtes Zeugnis ab. „Das Medium ist die Botschaft"[34] – diese Sentenz ist nicht nur kurz und knackig (und im englischen Original als „The Medium is the Message"[35] noch mit einer Alliteration versehen). Sie irritiert darüber hinaus durch ihr augenscheinliches

---
[32] Ebd.
[33] Iser, Akt des Lesens, S. 302; Hervorhebungen von mir.
[34] McLuhan, Magische Kanäle, S. 21.
[35] McLuhan, Understanding Media, S. 17.

Paradox und beinhaltet ein immenses wortspielerisches Potenzial, das McLuhan im Laufe seiner Veröffentlichungen auch weidlich zu nutzen wusste (*message* wird da beispielsweise zu *massage*, *mass-age* und *mess-age*).³⁶ Aber auch jenseits dieses Slogans findet man allerorten rhetorischen Wortschmuck und dramatische Zuspitzungen, so auch zuhauf im Kapitel „Rad, Fahrrad und Flugzeug". Um nur ein Beispiel anzuführen: In einer Passage vergleicht McLuhan die entwicklungsgeschichtlichen Folgen der Ausweitung des Fußes durch das Rad mit der Ausweitung des menschlichen Hinterteils. Dieser Vergleich wird in die grammatikalische Metapher einer lateinischen Partizipialkonstruktion gewendet, um letztlich in einer universellen medientheoretischen These zu münden. Was so aufgeschlüsselt recht kompliziert und gewunden klingen mag, liest sich bei McLuhan selbst durchaus eingängig:

> Das Rad [als] Beschleunigung der Füße machte Straßen notwendig, genauso wie mit der Ausweitung unseres Hinterteils in Form von Stühlen Tische notwendig wurden. Das Rad ist ein Ablativus absolutus der Füße, wie der Stuhl ein Ablativus absolutus des Hinterns ist. Aber wenn solche Ablative eindringen, ändern sie die Syntax der Gesellschaft. [...] Jede Ausweitung oder Beschleunigung bewirkt sofort eine Neugestaltung der Gesamtsituation.³⁷

McLuhans Rhetorik – ein Zwischenfazit

Die ausführlichen Analysen zeigen recht deutlich, dass im Grunde drei Prinzipien die Texte McLuhans organisieren: (1) Pointierung in sloganfähigen Aussagen bzw. dramatische Zuspitzungen, (2) häufiger Einsatz von Leerstellen und (3) Ausbildung von vernetzenden Analogien und Assoziationsketten. Alle drei Punkte stehen in harschem Gegensatz zu konventioneller wissenschaftlicher Schreibweise oder zumindest zu traditionellen Forderungen der Wissenschaftstheorie an wissenschaftliche Prosa. Sollen doch diesen Forderungen zufolge Leerstellen möglichst vermieden, Analogien und Assoziationen in einen argumentativen, kohärenten Zusammenhang aufgelöst werden, damit die Thesen überhaupt erst verifizierbar bzw. falsifizierbar gemacht werden, also zu bestätigen oder zu widerlegen sind.³⁸ Zudem sind sloganartige Pointierung und dramatische Zuspitzungen in diesem Zusammenhang suspekt. Denn sie stehen – wohl nicht ganz zu Unrecht – unter dem Verdacht, komplexe Sachverhalte unangemessen zu vereinfachen oder gar zu verfälschen. Vor allem dann wird Unmut geäußert, wenn die Zuspitzungen, wie im Falle McLuhans, im Metapherngeng-

---

[36] Zur Entstehung dieser Phrase und ihren Variationen siehe: Carpenter, That Not-So-Silent-Sea, S. 244.
[37] McLuhan, Magische Kanäle, S. 282f.; ‚eine Neugestaltung bewirken' heißt im Original: „effects new configurations" (McLuhan, Understanding Media, S. 250).
[38] Siehe dazu ausführlicher → 3. Lesart: Kritik, S. 141ff.

wand daherkommen. ‚Sprache zu feiern', um eine Wendung Ludwig Wittgensteins aufzugreifen, gilt es aus dieser Perspektive für wissenschaftliche Beschreibungsformen zu vermeiden.[39] McLuhans Rhetorik verstößt geradezu mutwillig gegen alle diese Regeln. Dementsprechend ließ Kritik an seinen Texten nicht lange auf sich warten.[40]

Für die Weigerung, klassisch wissenschaftliche Anforderungen zu erfüllen, hat McLuhan aber jedoch ebenfalls einigen Beifall erhalten, auch aus dem wissenschaftlichen Milieu. So wird er etwa von den französischen Poststrukturalisten Gille Deleuze und Felix Guattari 1972 in ihrem damals recht Aufsehen erregenden Buch ANTI-ÖDIPUS *gerade* für die Verweigerung traditioneller wissenschaftlicher Schreibformen regelrecht gefeiert.[41] Sei doch der traditionelle Forschungsdiskurs einer, der seine Gegenstände unablässig starr klassifiziere und hierarchisiere und damit, Deleuze und Guattari zufolge, illegitim beschneide, begrenze, ja zurichte. So sei indes gerade McLuhans verrätselnde, weit verzweigte Schreibweise entgrenzend und befreiend. Damit sei diese Schreibweise eben auch ein Mittel, eine kreative Denkweise einzuüben, die starre und illegitime Denk- und Machtgefüge aufzulösen helfe, auch und gerade in Wissenschaft und Forschung.

Auf der Suche nach Wiederholung

Leider wird bei dieser Art, McLuhan zu feiern, häufig ein wichtiger Sachverhalt unterschlagen: Zwar ist es vollkommen richtig, dass McLuhans Texte sich traditionellen wissenschaftlichen Schreib- und Argumentationsweisen verweigern. Auch bewirken die Assoziationsreihen, Analogien, Leerstellen und Slogans eine komplexe Vernetzung unterschiedlicher Phänomene wie massive Unbestimmtheiten. Aber McLuhans Texte weisen ein entscheidendes Merkmal auf, das zu dieser Interpretation eines ‚öffnenden', ungeordneten, auf Informationsvielfalt ausgelegten Diskurses nicht recht passen will: McLuhans Texte sind extrem *redundant*, voller Wiederholungsschleifen und scheinen so immer wieder nur dasselbe zu erzählen. Statt Öffnung also Schließung, statt Chaos Wiederholung, anstelle neuer Botschaften immer wieder die alten.

Wie zeigen sich diese Wiederholungsschleifen aber konkret? Zur Beantwortung dieser Frage soll erneut auf eine Passage aus dem 19. Kapitel der ‚Magi-

---

[39] Bei Ludwig Wittgenstein ist dieses Feiern der Sprache geradezu der Ausgangspunkt philosophischer Probleme: „Denn die philosophischen Probleme entstehen, wenn die Sprache *feiert*." (PHILOSOPHISCHE UNTERSUCHUNGEN, §38.) So gesehen ist McLuhan ein zuverlässiger Lieferant philosophischer Probleme.
[40] Siehe dazu ausführlicher → 3. Lesart: Kritik.
[41] Siehe: Gilles Deleuze/ Felix Guattari, Anti-Ödipus. Kapitalismus und Schizophrenie. Bd. I [1972], Frankfurt am Main 1977, S. 309.

schen Kanäle' zurückgegriffen werden. Wiederholt wird darin vor allem die Körperextensionsthese, die McLuhan bereits auf der ersten Seite des Buches einführt hat.⁴² Diese These besagt (um es in aller Kürze noch einmal zu wiederholen): Technische Artefakte sind Ausweitungen unserer Sinnesleistungen bzw. Körperfunktionen.⁴³ So ist, um ein einfaches Beispiel zu wählen, die Brille eine Ausweitung des Sehvermögens der Augen oder, um näher an McLuhan zu bleiben, die Kleidung eine Erweiterung unserer Haut. Die Körperextensionsthese wird in den ‚Magischen Kanälen' auf den Seiten 275 bis 283 nicht weniger als acht Mal (!) angeführt. Einmal wird sie in Form eines generellen Ausweitungs*bedürfnisses des Menschen* angeführt: „In allen Arten von Geräten kommt zum Ausdruck, daß wir diesem körperlichen Drang in den Erweiterungen des Körpers nachgehen."⁴⁴ An anderer Stelle zeigt sie sich in einer Variante, in der eine *permanente Fortsetzung* der Ausweitung behauptet wird: „Die Reaktion auf die gesteigerte Kraft und Geschwindigkeit unserer eigenen erweiterten Körper ist derart, daß sie neue Erweiterungen erzeugt. Jede Technik bringt neue Belastungen und Bedürfnisse für die menschlichen Wesen, die sie gezeugt haben."⁴⁵ In einer dritten Passage werden die *Veränderungen* in den Blick genommen, die mit einer Körpererweiterung zusammenhängen: „Es gibt kein *ceteris paribus* in der Welt der Medien und Technik. Jede Ausweitung oder Beschleunigung bewirkt sofort eine Neugestaltung der Gesamtsituation."⁴⁶ Die These findet sich auch auf einzelne Beispiele heruntergedekliniert. So führt McLuhan das Rad als Ausweitung des Fußes an,⁴⁷ den Film als Ausweitung des Rades,⁴⁸ die Straßenbahn als Ausweitung der Pferdeomnibusse,⁴⁹ das Feudalsystem als Ausweitung des Steigbügels,⁵⁰ den Stuhl als Erweiterung des Hinterns⁵¹ usf.

Die Körperextensionsthese wird also extrem häufig wiederholt, insofern scheint mir die Bezeichnung Wiederholungsschleife hier nicht abwegig. Jedoch – und das ist nicht unerheblich – wird die Körperextensionsthese nicht einfach identisch wiederholt, sondern tritt eben in unterschiedlichen Varianten auf. Unterscheiden lässt sich zunächst einmal die universale These von der Anwendung auf konkrete Fälle wie Füße, Räder und Hintern. Zudem sind bei den

---

[42] McLuhan, Magische Kanäle: „In den Jahrhunderten der Mechanisierung hatten wir unsren Körper in den Raum hinaus ausgeweitet." (S. 15.)
[43] Siehe dazu ausführlicher → 2. Lesart: Hermeneutik, v.a.: These 1.
[44] McLuhan, Magische Kanäle, S. 278.
[45] Ebd, S. 280.
[46] Ebd., S. 283.
[47] Siehe: ebd.
[48] Siehe: ebd., S. 279.
[49] Siehe: ebd., S. 277.
[50] Siehe: ebd., S. 275.
[51] Siehe: ebd., S. 283.

Wiederholungen unterschiedliche Aspekte und Implikationen der Körperextensionsthese virulent. In einem Fall ist zentral, dass der Mensch ein Bedürfnis nach Erweiterung hat, in einem anderen Fall dagegen, dass jede Ausweitung zwangsläufig eine weitere nach sich zieht. Und in einem dritten Fall ist vor allem von Belang, dass jeder technischen Erweiterung unmittelbar gesellschaftliche Veränderungen folgen. Auf der Anwendungsebene wiederum werden einmal Menschen und technische Artefakte vernetzt (Fuß › Rad), aber auch technische Artefakte mit technischen Artefakten (Pferdeomnibus › Straßenbahn) und unterschiedliche technische Artefakte in ein Verhältnis gesetzt (Fortbewegungsmittel Rad › Darstellungsmittel Film). Es gibt also mit der Körperextensionsthese eine Art Zentrum, das aber in mannigfaltigen Variationen erscheint und unterschiedlich ausgedeutet wird. Dementsprechend ist dieses Ordnungsprinzip des Kapitels „Rad, Fahrrad und Flugzeug" als Spiel von Wiederholung und Variation zu begreifen.

Dieses Spiel von Wiederholung und Variation ist aber nicht nur auf das 19. Kapitel der ‚Magischen Kanäle' beschränkt, sondern findet sich im gesamten Buch. DIE MAGISCHEN KANÄLE tragen im englischsprachigen Original nicht umsonst den Untertitel THE EXTENSIONS OF MAN: Von der ersten Seite an durchzieht diese These in unterschiedlichsten Facetten das gesamte Buch. Aber nicht nur das universelle Thema der Körpererweiterung wird immer wieder aufgegriffen und variiert. Ebenso kehren Detailbeobachtungen und Formulierungen wieder. So wird auf den ersten Seiten der ‚Magischen Kanäle' „Becketts Clown"[52] angeführt, der dann in Kapitel 19 wiederkehrt. Genauso wiederholen sich Wortwitze: Die Ausweitung des Gesäßes als *ablativus absolutus* ist im 19. Kapitel beispielsweise solch ein Wiedergänger aus dem 1. Kapitel.[53]

McLuhans Spiralenrhetorik

Das Prinzip Wiederholung/Variation lässt sich auch mit den zuvor angeführten Prinzipien, die die Texte McLuhans organisieren, nämlich Leerstellen, pointierten Slogans und Analogien, zusammenbringen und löst damit ein Problem. War doch die Schwierigkeit folgende: Permanente Redundanz schirmt den Text gegen Neues ab; Wiederholung des Immergleichen hält den Text ‚geschlossen'. Wie sollte das mit den auf viele Kontexte hin öffnenden Prinzipien der Analogien, Leerstellen und Aperçus, die in McLuhans Texten ebenfalls ausfindig zu machen sind, zusammengehen? Da nun im Nachvollzug der Wiederholungsschleifen im Text McLuhans gezeigt werden konnte, dass es sich dabei eigentlich nicht um identische Wiederholungen handelt, sondern vielmehr um ein

---

[52] Vgl. bspw.: ebd., S. 17 und S. 281.
[53] Vgl. bspw.: ebd., S. 18 und S. 283.

Wechselspiel von Wiederholung und Variation, fällt dies nun um einiges leichter.

Am einfachsten lässt sich das an der Analogie zeigen. Dass es bei einer Analogie um die Konstruktion bzw. Entdeckung von Ähnlichkeiten geht, lässt sich auch anders formulieren: Unterschiedliche Dinge werden nicht nur ähnlich gemacht, sondern damit wird ja implizit auch behauptet, dass sich in ihnen zumindest bestimmte Aspekte des jeweils anderen wiederholen. Da die analogisierten Dinge aber nicht identisch sind, sondern eben ähnlich, treten sie dabei *per se* als Variation des jeweils anderen auf. Auf ein Beispiel McLuhans bezogen heißt das: Das Rad wiederholt in gewissem Sinne den Fuß *und* variiert ihn gleichzeitig. Formal wird das Analogieprinzip weitergeführt, wenn mittels Assoziationsfolgen bzw. metonymischen Reihen Textabschnitte ähnlich gemacht werden. Auch hier ist das Prinzip Wiederholung/Variation am Werke. Insofern ist das Prinzip von Wiederholung/Variation auch das zentrale Strukturgesetz für Analogien wie für metonymische Reihen.

Leerstellen wiederum sind in McLuhans Texten allerorten zu finden. Insofern *wiederholen* sie sich zumindest auf formaler Ebene. Sie *variieren* aber auch. Und zwar nicht einfach dadurch, dass es unterschiedliche Textsegmente gibt, an denen Leerstellen gebildet werden: vielmehr dadurch, dass die Unschärfe der Leerstellen variiert wird. Ist die Unschärfe an manchen Textsegmenten sehr hoch, etwa, wie gezeigt, beim Übergang von FINNEGANS WAKE/dem elektronischen Zeitalter zur Töpferscheibe, so ist sie an anderen Stellen vergleichsweise gering, etwa wenn der Mensch am Ende eines Abschnitts als Clown bezeichnet wird und im nächsten Abschnitt das menschenähnliche Ei Humpty Dumpty ebenfalls als Clown. Hier wiederholt und variiert sich das Leerstellenprinzip.

Pointierte Formulierungen durchziehen das Textkorpus McLuhans ebenfalls. Zum einen wiederholt sich dieses Prinzip formal. Zum anderen werden immer wieder ähnliche Pointierungen aufgegriffen und variiert. Man denke nur an die Formulierung bezüglich des Stuhls, der ein ablativus absolutus des Hinterns sein soll. Heißt es im ersten Kapitel der ‚Magischen Kanäle': „Als Ausweitung des Menschen ist der Stuhl eine spezialisierte Ablagerung des Gesäßes, eine Art ablativus absolutus des Hinterns, während das Sofa das ganze menschliche Wesen ausweitet."[54] So heißt es in Kapitel 19 ganz ähnlich: „Das Rad ist ein ablativus absolutus der Füße, wie der Stuhl ein Ablativus absolutus des Hinterns ist."[55] Die Formulierung wird also wiederholt aufgegriffen, jedoch hinsichtlich der Wortwahl und dem Vergleichsobjekt (einmal Sofa, einmal Rad) variiert.

---

[54] Ebd., S. 18.
[55] Ebd., S. 283.

Das Prinzip von Wiederholung und Variation lässt sich somit auch vom hier näher untersuchten Kapitel aus den ‚Magischen Kanälen' auf das gesamte Buch ausdehnen, ja auf das gesamte Oeuvre McLuhans anwenden. Erfolgt doch im gesamten Werk ein massiver Einsatz von Analogisierung, Leerstellen und Slogans, die nach dem Prinzip von Wiederholung und Variation operieren. Damit lässt sich das Prinzip von Wiederholung und Variation als *das* zentrale Operationsprinzip schlechthin in McLuhans Werk verstehen.

McLuhans Schreibweise ist also weder radikal fragmentarisch, ungeordnet oder gar rhizomatisch, noch ist es klassisch wissenschaftlich argumentativ. Es funktioniert stattdessen nach einem Prinzip, das McLuhan selbst in den ‚Magischen Kanälen' formuliert: „Die ganze Botschaft wird [...] immer wieder entlang der Kurven einer konzentrischen Spirale mit sichtbarer Redundanz verfolgt und weiterverfolgt."[56] Zwar bezeichnet McLuhan mit dieser Formulierung nicht seine eigene Schreibweise. Er beschreibt damit vielmehr die spezifische Kommunikationsweise von Kulturen, die keine Schrift kennen und nur mündlich interagieren. Nichtsdestotrotz passt diese Formulierung wunderbar auf McLuhans eigene Schreibweise, verfolgt diese doch mit ‚sichtbarer Redundanz' Botschaften, wie die der Körperextensionsthese, die McLuhan auf unterschiedlichen Ebenen wiederholt und damit deren Bedeutungs- und Vernetzungsmöglichkeiten ‚spiralförmig' entfaltet. Eine winzige Modifikation wäre jedoch wohl einzufügen: Die konzentrische Spirale wird in McLuhans Werk *nicht* von ihrem Mittelpunkt her sukzessive nachgezeichnet oder auf ein Zentrum allmählich hingeführt. Vielmehr erhalten wir im Textverlauf immer wieder nur Ausschnitte aus der konzentrischen Spirale; McLuhan springt von Ebene zu Ebene, greift unterschiedliche Facetten auf, bringt sie in Wechselwirkung und variiert sie.

Zur Untermauerung der These, dass dieses Organisationsprinzip im gesamten Oeuvre zu finden ist und dass McLuhan dieses Prinzip durchaus strategisch einsetzt, lässt sich eine Passage anführen, die sich in McLuhans erstem Buch, DIE MECHANISCHE BRAUT, (und damit bereits dreizehn Jahre vor den ‚Magischen Kanälen') ausfindig machen lässt. In einer Leseanweisung zu Beginn des Buches heißt es: „Wegen seines *kreisenden* Blickwinkels muß das Buch in keiner bestimmten Reihenfolge gelesen werden. Jeder Abschnitt liefert eine oder mehrere Perspektiven auf die *gleiche* gesellschaftliche Landschaft."[57] Wiederholung und Variation allerorten. Und gerade weil Wiederholung und Variation allerorten zu finden sind, sind alle relevanten Aspekte der Prosa McLuhans noch in den kleinsten Einheiten virulent. So kann eben auch anhand einer Analyse des 19. Kapitels der ‚Magischen Kanäle' buchstäblich alles Wichtige dieser Schreib-

---

[56] Ebd., S. 50.
[57] Ebd., S. 9.

weise gezeigt werden. Aus dieser Perspektive heraus ließe sich durchaus die Konsequenz ziehen, die McLuhan selbst aus der Beschäftigung mit der Kommunikationsform oraler Kulturen gezogen hat: „Man kann nach den ersten Sätzen beliebig innehalten und hat schon die vollständige Botschaft [...]".[58] In McLuhans Fall ist das freilich eine ‚vollständige Botschaft', die ein „endlose[s] Ineinandergreifen von Ebenen"[59] und Variationsmöglichkeiten impliziert.

1.2 Lesarten der Form

Doch wie verhält man sich nun zu dieser Schreibweise? Was ist ihr Zweck, was ihr Ziel? Dass sie nicht wie herkömmliche wissenschaftliche Prosa funktioniert, solch eine Aussage ist trivial. Unmittelbar lassen sich daraus zwei Konsequenzen ziehen: Entweder entscheidet man sich, McLuhans Prosa einfach als wirr zu bezeichnen und beschäftigt sich nicht weiter damit. Oder aber man sieht darin eine bewusste Absage an wissenschaftliche Prinzipien. Das führt dann schnell zu Auslassungen über die subversive Kritik an wissenschaftlichen Grundsätzen bzw. über die künstlerische Kreativität, die dieser Darstellungsform eingeschrieben sein soll.[60] Interessanter als solche häufig sehr allgemein und recht vage gehaltenen Aussagen über die Schreibweise McLuhans dürfte vielleicht die Frage sein, welchen Mehrwert solch eine Schreibweise über die bloße Verweigerung wissenschaftlicher Standards hinaus noch haben könnte. Was kann sie oder zeigt sie, was vielleicht mit traditioneller wissenschaftlicher Prosa nicht getan oder gezeigt werden kann? Hierauf gibt es mindestens vier Antworten, die im Folgenden kurz skizziert werden sollen. Diese Antworten stehen, zumindest teilweise, durchaus im Spannungsverhältnis zueinander. Nichtsdestotrotz gibt es für alle vorgeschlagenen Deutungen gute Gründe. Und vielleicht sind es ja gerade die vielfältigen Deutungsmöglichkeiten, die McLuhan zumindest zeitweilig für eine große Leserschaft attraktiv gemacht haben.

---

[58] Ebd., S. 50.
[59] Ebd.
[60] Vgl. bspw.: Deleuze/ Guattari, Anti-Ödipus, S. 309.

1.2.1 Pop

Wenn man sich die Rezeption McLuhans anschaut, ist auffällig, dass er vor allem im *populärkulturellen* Milieu Aufmerksamkeit erzielen und Erfolge feiern konnte.[61] In den vielen Talkshows, in denen er zu Gast war, und in den unzähligen Interviews, die er für Zeitungen und Magazine gab, setzte sich dabei die Form seiner Prosa nahezu nahtlos fort: Die Aussagen drehen sich in einer Wiederholungsschleife um einige wenige Slogans, die mit Wortwitzen und vielfältigen Querverbindungen angereichert werden. Seine Interviews funktionieren genauso, wie McLuhan die Kommunikationsform oraler Kulturen beschreibt: „[I]mmer wieder entlang der Kurven einer konzentrischen Spirale mit sichtbarer Redundanz"[62] formulierte er knappe und prägnante Slogans. Beispielsweise wird die These von der Körpererweiterung (auch) in den Interviews ständig wiederholt und variantenreich ausgedeutet.[63]

Ewig stampft die McLuhan-Maschine

Das Organisationsprinzip von Wiederholung und Variation wird von einigen Theoretikern als die zentrale Strukturlogik massenmedialer Artefakte bzw. populärkultureller Phänomene betrachtet. So finden bereits Max Horkheimer und Theodor W. Adorno in den 1940er Jahren das Muster von Wiederholung und Variation in massenmedialen bzw. populärkulturellen – oder wie sie es nennen: kulturindustriellen – Erzeugnissen. Eine Perspektive, die bis heute zur Beschreibung der Massenmedien, insbesondere des Fernsehens in unterschiedlichen Varianten im medienwissenschaftlichen Diskurs herangezogen wird.[64] Zur Veranschaulichung ihrer These wählen Adorno und Horkheimer nicht minder sloganförmige Formulierungen wie McLuhan. Die Väter der modernen Medienkritik beschreiben die Strukturlogik massenmedial fundierter Populärkultur beispielsweise wie folgt: „Ewig grinsen die gleichen Babies aus den Magazinen, ewig stampft die Jazzmaschine."[65] Ersetzt man nun ‚Babies' etwa durch ‚These

---

[61] Siehe dazu ausführlicher → 4. Lesart: Pragmatismus, v.a.: Kap. „McLuhan und die Massenmedien".
[62] McLuhan, Magische Kanäle, S. 50.
[63] Siehe bspw.; McLuhan, Geschlechtsorgan der Medien, S. 233ff.
[64] Siehe bspw.: Umberto Eco, Serialität im Universum der Kunst und der Massenmedien, in: ders., Im Labyrinth der Vernunft. Texte über Kunst und Zeichen, Leipzig 1989, S. 301-324; oder auch: Knut Hickethier, The Same Pro-cedure. Die Wiederholung als Medienprinzip der Moderne. In: Jürgen Felix u.a. (Hg.), Die Wiederholung. Thomas Koebner zum 60. Geburtstag, Marburg 2001, S. 41-62.
[65] Max Horkheimer/ Theodor W. Adorno, Kulturindustrie. Aufklärung als Massenbetrug, in: dies., Dialektik der Aufklärung [1944/47], Frankfurt am Main ¹⁴2003, S. 144-198, hier: S. 157.

von der technischen Ausweitung des Körpers' und die ‚Magazine' durch ‚Texte und Interviews McLuhans', so ist diese Passage durchaus zur Beschreibung der Prosa McLuhans geeignet. Gerade die Metapher der ‚ewig stampfenden Jazzmaschine' bezeichnet das Strukturprinzip dieser Prosa besonders gut. Ist doch sowohl im Jazz als auch in McLuhans Texten ein sich beständig wiederholendes Grundschema auszumachen, auf dem ‚endlos' improvisiert wird.

In diesem Sinne bedient sich McLuhan, mit einer Wendung von Rainer Leschke formuliert, einer „medienaffine[n] Ästhetik".[66] ‚Medienaffin' erscheint McLuhan aber nicht einfach deshalb, weil er ständig in ‚den Medien' zu Gast war, sondern weil sich in seinem Werk die Strukturlogik der Massenmedien bzw. der Populärkultur wiederfindet. Oder sehr viel pragmatischer gedacht: Mit knappen, sich in Varianten wiederholenden Statements ist eine Forschungsposition in den Massenmedien vielleicht um einiges attraktiver zu vermitteln, als wenn sie in komplexen argumentativen Ableitungen und Fachtermini vorgetragen wird. Deshalb war wohl McLuhan in Fernsehstudios und Radiostationen ein gern gesehener Gast, dem man (eine Weile lang zumindest) mit Wohlwollen beim ‚endlosen Improvisieren' zuschaute bzw. zuhörte.[67]

McLuhans Popsongs

Bezüglich der Slogans, die sich in McLuhans Werk zuhauf finden, ist der Vergleich mit einem traditionellen Popsong wohl noch treffender. Gibt es doch in McLuhans Texten nicht nur ein Grundschema, das endlos variiert wird, sondern McLuhan'sche Slogans kehren häufig wortwörtlich wieder, eben wie im Refrain eines Songs. Zudem beinhalten Popsongs im Refrain nicht selten besonders prägnante, phrasenhaft und gleichzeitig konnotationsreiche Formulierungen, die ähnlich sloganfähig sind wie die McLuhans. So gesehen sind die Unterschiede sehr gering zwischen Songtiteln wie LIKE A ROLLING STONE oder ALL YOU NEED IS LOVE und „The Medium is the Message" (alles im übrigen Lied- und Textpassagen aus den 1960er Jahren, also aus dem Jahrzehnt, in dem sich die Popmusik international etablierte). Angesichts dieser ‚Popsong-Affinität' verwundert es wenig, dass vergleichsweise früh, nämlich bereits 1967, die erste ‚McLuhan-Schallplatte' auf den Markt kam. Dort ist eine psychodelische Soundcollage aus Pop- und Jazzrhythmen zu hören, die begleitet wird von Textpassagen aus McLuhans Werken, die dieser höchstselbst auf Tonband gesprochen hatte. Diese Platte erschien im selben Jahr wie eine ebenfalls von McLuhan

---

[66] Rainer Leschke, Vom Eigensinn der Medienrevolutionen. Zur Rolle der Revolutionsrhetorik in der Medientheorie, in: Sven Grampp u.a. (Hg.), Revolu-tionsmedien – Medienrevolutionen, Konstanz 2008, S. 143-169, hier: S. 166.
[67] Im CBC-Archiv finden sich einige aufschlussreiche Beispiele dafür. Online zugänglich unter: http://archives.cbc.ca/arts_entertainment/media/topics/342/ [10.01.11].

inspirierte und unter seinem Namen veröffentlichte Bild-Text-Collage. Beide Werke nehmen McLuhans populärsten Slogan, „The Medium is the Message", zum Ausgangspunkt und variieren ihn zur titelgebenden (Popsong-)Phrase: THE MEDIUM IS THE MASSAGE.[68]

Bild-Text-Collagen

Aus dieser Bild-Text-Collage soll ein Beispiel näher betrachtet werden, um zu zeigen, wie dort McLuhans Thesen *visuelle* Evidenz erhalten und damit auch noch einmal auf einer ganz anderen Ebene wiederholt und variiert werden. Die These von der Körperausweitung spielt über weite Passagen dieses Werkes eine große Rolle. Vor allem die Ausweitung des Fußes zum Rad findet sich über mehrere Seiten hinweg entfaltet. Auf Seite 26 ist zunächst eine vergleichsweise nüchterne Erklärung angeführt, warum das Medium die ‚Massage' sein soll (siehe: Abb. 3a). Abgesetzt von diesem Textblock, fett gedruckt und jeweils nur ein Wort pro Zeile, wird die Körperausweitungsthese benannt (siehe: Abb. 3a). Auf der gegenüberliegenden Seite ist schemenhaft ein kleiner Zeh in einer extremen Nahaufnahme eher zu erahnen als klar abgebildet. An dieser Stelle ist noch unklar, was die allgemeine These von der Körperausweitung mit diesem schemenhaften Zeh zu tun haben könnte. Blättert man um, dann ist auf einem Foto, das sich über zwei Seiten erstreckt, derselbe Fuß zu erkennen (siehe: Abb. 3b). Hier sehen wir drei Zehen, sehr deutlich nun tatsächlich als Zehen zu identifizieren. Blättert man dann noch eine Seite weiter, sieht man den großen Zeh dieses Fußes in Nahaufnahme (siehe: Abb. 3c). Rechts oben im Bild findet sich eine kleine Aufschrift „Das Rad". Eine Seite weiter ist dann ein Autorad abgebildet, das versehen ist mit der Aufschrift „...ist eine Erweiterung des Fußes" (siehe: Abb. 3d).

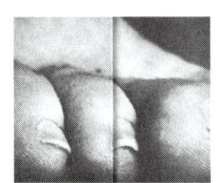

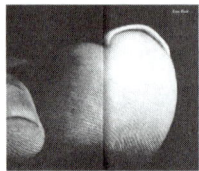

Abb. 3 a-d: Körperausweitung vom Fuß zum Rad im Daumenkinoprinzip

Die Abbildungen sind nacheinander angeordnet wie Einzelbilder aus einer filmischen Sequenz, die eine Kamerafahrt beinhaltet und insofern eine dynamisie-

---

[68] Siehe: The Medium is the Massage. With Marshall McLuhan (CBS, 1968); Ausschnitte auch online zugänglich: http://www.culturalfarming.com/McLuhan/ Extensions%20of%20McLuhan.mov [10.01.11].

rende Bewegung vom Fuß zum Rad nachzeichnet: Zu Beginn ist der kleine Zeh zu sehen, dann schwenkt die Kamera nach rechts auf die anderen Zehen bis zum großen Zeh. Mit einer Art *match cut* wird diese Kamerabewegung beibehalten und auf dem nächsten Bild weiterverfolgt, aber eben mit dem Autorad ein anderes Objekt an die Stelle des Fußes gesetzt. Der Fuß oder genauer eigentlich der Blick auf den Fuß wird mittels des Kameraschwenks dynamisiert, in eine Bewegung, die dann über einige Seiten hinweg selbstverständlich in die Bewegung eines Autorads mündet. Wir haben es hier mit einer Art kurzen Daumenkinoepisode zu tun. Der *match cut* vom Fuß zum Rad ist dabei das visuelle Äquivalent zur Analogie wie auch zur Genealogie von Fuß und Rad. Oder noch genauer: Diese Visualisierung ist der performative Vollzug der These von der Ausweitung des Fußes zum Rad. Das ist durchaus suggestiv und mehr als eine bloße visuelle Untermalung.

Andy Warhol/ Marshall McLuhan

Werbeinserate für Spülmittel, Pastillen, Filmplakate, Zeitungsseiten, Cartoons – als das sind Dinge, die in THE MEDIUM IS THE MASSAGE, aber auch bereits in DIE MECHANISCHE BRAUT abgebildet werden und auf die McLuhan in seinem gesamten Oeuvre reflektiert. Gegenstände und Phänomene der medialen Alltagswelt besetzen somit einen zentralen Ort in McLuhans Büchern. Und allein schon damit besteht eine gewisse Nähe zu Verfahrensweisen von Pop-Art-Künstlern, die sich seit den 1950ern, also zeitlich parallel zu McLuhan, daran machten, Phänomene der Alltagskultur zu sammeln und in ihren Werken zu verarbeiten.

Diese Nähe zur Pop-Art ist aber nicht nur auf die Wahl bestimmter Gegenstände der Populärkultur beschränkt. Noch wichtiger ist die Art und Weise dieser Aneignung. Der Aneignungsmodus besteht im Falle der Pop-Art als auch in dem McLuhans in einem schwer zu fassenden satirischen und cool-ironischen Distanzierungsgestus.[69] So ist etwa bei dem Pop-Art-Künstler Andy Warhol nie recht klar, ob er sich seinem Darstellungsgegenstand gegenüber nun affirmativ oder kritisch verhält. Feiert er, um nur ein bekanntes Beispiel zu nennen, CAMPBELL'S SUPPENDOSE in seinen Zeichnungen und Gemälden als ästhetischen Gegenstand? Verklärt er also, um eine Wendung des Kunstphilosophen Arthur Danto aufzunehmen, das Gewöhnliche?[70] Oder ist es vielmehr so, dass er damit die Fetischisierung der Warenwelt kritisch reflektiert? Oder macht er sich

---

[69] Dass McLuhan vor allem als Satiriker zu lesen ist und zwar als einer, der in die weite Tradition abendländischer Satiriker zu situieren ist, das macht Donald F. Theall in seiner Monografie zu McLuhan sehr plausibel – siehe: Theall, The Virtual Marshall McLuhan, v.a.: Kap. 11: „McLuhan as Modern Satirist", S. 187ff.

[70] Siehe: Arthur Danto, Die Verklärung des Gewöhnlichen, Frankfurt am Main ⁶1991.

vielleicht über die künstlerische Praxis der ‚Verklärung des Gewöhnlichen' im Zeitalter ihrer technischen Reproduzierbarkeit lustig? Die Antwort lautet wohl: Alle diese Deutungen treffen gleichermaßen zu. Und genau das soll gemeint sein mit der Bezeichnung des cool-ironischen Distanzierungsgestus. Diese Ironie ist nicht einfach eine Inversionsfigur; es geht nicht wie noch im antiken Verständnis von Ironie darum, dass das genaue Gegenteil von dem gemeint ist, was explizit ausgesagt wird. Vielmehr ist für diese Art von Ironie die Unschärfe bzw. das Moment der Indifferenz kennzeichnend: Ich meine das eine als auch das andere; ich meine ein wenig das eine, aber gleichzeitig auch ein wenig sein Gegenteil, zumindest vielleicht, möglicherweise...

Schon in McLuhans erstem Buch zeichnet sich solch ein unscharfer, indifferenter Aneignungsmodus ab. Er schreibt im Vorwort scheinbar unmissverständlich medien- und populärkulturkritisch: „Der Sinn vieler Werbeanzeigen sowie zahlreicher Produktionen der Unterhaltungsbranche besteht darin, jeden einzelnen durch permanente geistige Aufgeilung in einem Zustand der Hilflosigkeit verharren zu lassen."[71] Seine Analysen, so formuliert McLuhan explizit im Anschluss, sollen eine kritische Reflexion dieser ‚Aufgeilung' ermöglichen, sodass sich der Rezipient dagegen zur Wehr setzen kann Gleichwohl zeigt sich McLuhan aber äußerst fasziniert von diesen ‚Produktionen der Unterhaltungsbranche'. So wird die Zeitungsseite der Massenpresse als eine „symbolische Landschaft" gefeiert, die nicht nur zu „radikalen künstlerischen Entwicklungen geführt" haben soll, sondern zudem „den Geist dazu bringen kann, auf kosmische Harmonien einer besonders hohen Ordnung zu hören."[72] Bereits hier sind also Kritik und Affirmation der Alltagskultur unentwirrbar ineinander verwoben.

Dass McLuhans Hauptthesen, etwa *The Medium is the Massage*, selbst affin mit dem Duktus diverser Werbeslogans sind, muss wohl nicht eigens betont werden. Doch ist dabei mitunter nicht ganz klar, für was genau eigentlich Werbung gemacht wird bzw. wie ironisch der Werbeslogan gemeint ist. Wenn McLuhan beispielsweise seinen damals bereits berühmtesten Slogan, eben *The Medium is the Message/ Das Medium ist die Botschaft*, zu *The Medium is the Massage/ Das Medium ist Massage* umformuliert, ist das ein Wortspiel, mit dem er sich einerseits über seine eigene Hauptthese lustig macht. Anderseits scheint er die darin formulierte Idee der Masssage durch die Medien ganz ernst zu nehmen und als Erweiterung seiner Ausgangsthese zu verstehen (siehe bspw. die Formulierungen in Abb. 3a). Auch hier findet man also den ironisch-distanzierenden Gestus. Es wird in der Schwebe gehalten, was genau die Aussage bedeuten soll: Karikiert McLuhan

---

[71] McLuhan, Magische Kanäle, S. 7.
[72] Ebd., S. 14.

damit nun seine eigenen Forschungen und Behauptungen, karikiert er vielleicht sogar damit den Wissenschaftsbetrieb und dessen Wahrheitsansprüche oder handelt es sich einfach um eine wissenschaftlich ernstzunehmende Fortführung der Ausgangsthese?[73]

Nicht minder ironisch ist eine Aussage wie die bereits zitierte: „Das Rad ist ein Ablativus absolutus der Füße, wie der Stuhl ein Ablativus absolutus des Hinterns ist."[74] Vermischt doch solch eine Aussage die Beschreibung von Dingen und die von Satzeigenschaften und verunsichert den Leser gerade im Vergleich mit dem Hinweis auf den Hintern. Vielleicht wird man hier buchstäblich nur verarscht? Auch hier stellen Fragen, wie sie weiter oben bereits formuliert wurden: Macht sich McLuhan damit über seine eigene Forschung lustig, karikiert er vielleicht sogar damit den Wissenschaftsbetrieb und dessen Wahrheitsansprüche oder handelt es sich einfach um eine wissenschaftlich ernstzunehmende Konkretisierung seiner Körperextensionsthese?

In der Tradition der Pop-Art, lässig die Anforderungen einer zweiwertigen Logik hinter sich zu lassen, in der eine Aussage entweder a bedeutet oder b, lautet die Antwort wohl auch hier: sowohl als auch. Der Autor distanziert sich durch diese Art von Ironie von einem klaren Urteil. McLuhan selbst nennt so etwas „schwebende[s] Urteil".[75] Das meint nicht nur, dass man über ein Phänomen nicht vorschnell urteilen soll, sondern weit mehr: Die Bedeutung der jeweiligen Aussagen wird unbestimmt in der Schwebe gehalten. Der „Hohepriester der *Popkultur*"[76] ist so gesehen augenscheinlich auch ein Anhänger der *Pop-Art*-Philosophie.

Mit dem unangefochtenen Hohepriester der Pop-Art, nämlich Andy Warhol, verbindet McLuhan nicht nur die Verarbeitung von Materialien der Alltagskultur, nicht nur der ironische Gestus. Darüber hinaus findet man in beider Werke ein ganz ähnliches Organisationsprinzip. Warhol stellte zu Anfang seiner Karriere, in den 1960er Jahren, einige sehr bekannte Siebdrucke her. Beispielsweise fertigte er auf Grundlage einer Pressefotografie von Marilyn Monroe eine Siebdruckvorlage an, mit deren Hilfe das Porträt seriell reproduziert wurde. In dieser Reihe wird Monroes Gesicht aber nicht identisch reproduziert. Die einzelnen Exemplare weichen minimal voneinander ab, sei es in der Farbgebung, sei es in unterschiedlichen Verwischungen der Konturen (siehe: Abb. 4). Genau in dieser Art formiert auch McLuhan seine Texte. Ist doch deren Hauptorganisationsprinzip, wie oben anhand des 19. Kapitels der ‚Magischen Kanäle' aus-

---

[73] Siehe dazu ausführlicher: Johannes Meinhardt, Malerei nach dem Ende der Malerei, Ostfildern 1998.
[74] McLuhan, Magische Kanäle, S. 283.
[75] McLuhan, Gutenberg-Galaxis, S. 89.
[76] Siehe: McLuhan, Geschlechtsorgan der Medien.

führlich beschrieben, im Wechselspiel von Wiederholung und Variation zu finden. Damit finden denn auch das Strukturprinzip der Warhol'schen Siebdrucke, McLuhans Textorganisationsprinzip und die Strukturlogik der Massenmedien, wie sie im Eingang dieses Kapitels beschrieben wurde, zusammen: Geht es doch in allen drei Fällen um Wiederholung und minimale Differenz.

Abb. 4: Gesund ist, was sich (in minimaler Abweichung) wiederholt: Andy Warhols Siebdruckreihe MARYLIN DIPTYCH (1962) [Ausschnitt].

Somit hat McLuhan auch vergleichsweise viele Anschlussstellen innerhalb populärkultureller Diskurse: Seien es Massenmedien, Jazz, Pop oder Pop-Art, zu all diesen Feldern lassen sich in McLuhans Texten strukturelle Affinitäten ausmachen.

1.2.2 Medienreflexion

Dass McLuhan Elemente aus der Populärkultur, der Pop-Art und den Massenmedien aufnimmt und verarbeitet, sollte indes nicht als einfache Übernahme damals zirkulierender Praktiken verstanden werden oder gar als bloße Einschreibung des Zeitgeistes in das Werk McLuhans. Auch die Annahme, es handle sich letztlich nur um die Anbiederung an einen (vermeintlichen) Massengeschmack, ist kaum geeignet, McLuhans Texte angemessen zu deuten. Es zeigt sich vielmehr, dass McLuhan in der Darstellungsweise seine eigenen medientheoretischen und -historiografischen Axiome ernst nimmt. Gerade die Form seiner Texte trägt hochgradig *medienreflexive* Züge. In dieser Lesart lassen sich wiederum zwei Interpretationen differenzieren, eine moderate und eine radikale. Beide sollen kurz vorgestellt werden.

Moderate Lesart der Medienreflexion

Seine zentralen medientheoretischen und -historiografischen Axiome formuliert McLuhan gleich zu Beginn der ‚Magischen Kanäle'. Dort heißt es unter anderem:

> Nach dreitausendjähriger, durch Techniken des Zerlegens und der Mechanisierung bedingter Explosion erlebt die westliche Welt eine Implosion. In den Jahrhunderten der Mechanisierung hatten wir unseren Körper in den Raum hinaus ausgeweitet. Heute, nach mehr als einem Jahrhundert der Technik der Elektrizität, haben wir sogar das Zentralnervensystem zu einem weltumspannenden Netz ausgeweitet [...].[77]

Während der Zeit der Mechanisierung habe sich also der menschliche Körper durch technische Instrumente wie Hammer und Automobil oder auch durch Aufzeichnungsmedien wie der Schrift ausgeweitet. Damit sei allmählich eine distanziert-analytische Geisteshaltung etabliert worden. Im Zeitalter der Elektrizität, beginnend mit der Telegrafie und weitergeführt durch Radio und Fernsehen, habe sich dann das Zentralnervensystem des Menschen ausgeweitet. Damit seien letztlich alle Menschen miteinander vernetzt. In solch einem globalen Dorf, wie es McLuhan nennt, sei damit ein Prozess in Gang gekommen, der dem der Mechanisierung diametral entgegenstehe.[78] Nun sollen Dinge und Menschen, die zuvor getrennt wahrgenommen wurden, zum ersten Mal in einem ‚weltumspannenden Netz' verbunden betrachtet werden. Damit – und das ist hier entscheidend – habe sich eine Denkhaltung etabliert, die nicht mehr distanziert-analytisch sei, sondern vielmehr auf Interdependenz und Synthese ziele. Im Zeitalter der Elektrizität sei somit auch ein klassisch analytischer Zugriff, bei dem Argumente sukzessive entfaltet würden und kausale Erklärungen dominierten, obsolet geworden. Überholt sei solch eine Zugriffsweise erstens, weil sie selbst einen Effekt des mechanischen Zeitalters darstelle, und dementsprechend eben mit dem Aufkommen des Zeitalters der Elektrizität überholt sei. Zweitens könne solch ein Zugriff die komplexen, interdependenten und simultan ablaufenden Prozesse im globalen Dorf schlicht nicht mehr abbilden, geschweige denn erklären.

---

[77] McLuhan, Magische Kanäle, S. 15.
[78] Siehe dazu ausführlicher → 2. Lesart: Hermeneutik, v.a.: These 2.

Im globalen Dorf kehrten nach McLuhan in Folge der Vernetzungstendenzen Kommunikations-, Wahrnehmungs- und Denkformen wieder, die für die menschliche Kultur vor der Mechanisierung konstitutiv gewesen seien. Dieses orale Zeitalter sei nach McLuhan dadurch gekennzeichnet gewesen, dass alle Menschen zum einen ständig „gleichzeitig und gegenseitig in Wechselwirkung zueinander"[79] stehen. Zum anderen manifestierte sich eine solche Wechselwirkung in kommunikativen Wiederholungsschleifen mit minimalen Variationen. Diese Aspekte – Wechselwirkung, Wiederholung und Variation – seien nun ebenso für die Kommunikationsform des globalen Dorfs kennzeichnend. Das lässt sich an Überlegungen anschließen, die bereits weiter oben im Kapitel „Pop" formuliert wurden: Wenn es wahr sein sollte, was Medienforscher unterschiedlichster Provenienz behaupten, nämlich dass die Strukturlogik der Massenmedien, zuvorderst die des Fernsehens, zu finden ist in einem Wechselspiel von Wiederholung und Variation, so fügt sich diese Perspektive nahtlos in McLuhans Beschreibung des globalen Dorfs ein. Auch dort findet sich im Wechselspiel von Wiederholung und Variation das zentrale kommunikative Strukturprinzip. Freilich kommen dabei um einiges komplexere Wechselwirkungen zum Tragen als im oralen Zeitalter; Wechselwirkungen, die instantan und auf dem gesamten Globus Effekte zeitigen sollen und unvorhersehbar neue Variationen emergieren lassen. Doch das Grundprinzip von Wiederholung und Variation kehrt aus dem oralen Zeitalter im globalen Dorf wieder.

Um nun dieses Grundprinzip angemessen zu beschreiben, muss nach McLuhan die Erforschung des globalen Dorfs genau auf dieselben Formen zurückgreifen. Das heißt: In der Form der Forschungsprosa müssen nun Vernetzungen, Wiederholungen und Variationen virulent werden. ‚Understanding Media' hieße dann eben nicht mehr, klassische Analyse zu betreiben, den Gegenstand klar und deutlich zu bestimmen und die zentralen Punkte einsichtig zu machen. Das funktioniert in einer vernetzten, simultan operierenden holistischen Welt, wie sie McLuhan entwirft, nicht mehr. Vielmehr muss nun über angedeutete Verbindungen, Konnotationen, Wiederholungsschleifen und Variationen, also durch und in der Form der Textorganisation, einsichtig gemacht werden, wie im elektronischen Zeitalter kommuniziert, wahrgenommen und gedacht wird. Der Forscher soll seine Texte ungefähr so gestalten, wie die meisten Zuschauer ihre Fernsehabende. Zappen sich diese doch durch die Programme, stellen damit vorher unbedachte Zusammenhänge her und treffen aber immer wieder auf dieselben, sich wiederholenden Programme. Sie überlassen sich mitunter aber auch dem *flow* des heterogenen Programmablaufs, in dem unterschiedliche Formate sich ähnlich werden. Da McLuhan zufolge gerade das Fernsehen das Leit-

---

[79] McLuhan, Magische Kanäle, S. 50.

medium des Zeitalters der Elektrizität darstellt und damit die Struktur des Fernsehens eben dieses Zeitalter auch idealtypisch repräsentiert, so ist McLuhans eigener Schreibstil die konsequente Umsetzung der gegenwärtigen medialen Lage oder doch zumindest die Ausformulierung seiner eigenen medientheoretischen und -historiografischen Thesen. Insofern ist McLuhans Darstellungsweise hochgradig selbst- und medienreflexiv.

Radikale Lesart der Medienreflexion

Man könnte die Zielrichtung der McLuhan'sche Medienreflexion jedoch noch radikaler interpretieren. Dann nämlich, wenn man seine systematische Hauptthese tatsächlich ernst nimmt. Sollte es zutreffen, dass das Medium die Botschaft ist, dann bedeutet das: Der mediale Träger, mit dem eine Botschaft übermittelt werden soll, bestimmt, was übermittelt und wie es verstanden werden kann. Der vermeintliche Inhalt einer Botschaft ist irrelevant. Konsequent weitergedacht heißt das dann aber ebenso: Auch die Botschaften aus McLuhans Texten sind irrelevant, denn die eigentliche Botschaft liegt ja im gewählten Medium, in diesem Fall in den Büchern, und findet sich nicht in deren Inhalt – und sei dieser Inhalt auch eine These, die behauptet, der Inhalt sei irrelevant. Aus dieser Perspektive befindet sich McLuhan in der ungemütlichen Lage eines performativen Selbstwiderspruchs: Sollte das, was er sagt, wahr sein, dann könnte er das, was er sagt, nicht mit einem Wahrheitsanspruch formulieren bzw. es müsste schlicht falsch sein. Oder anders formuliert: Die Anweisung ‚Betrachte nicht den Inhalt des Mediums, denn dieser ist für die Wirkung des Mediums irrelevant, achte stattdessen auf seine Form, wenn Du etwas über die Wirkungsweise des Mediums erfahren möchtest', ist selbstwidersprüchlich, schlicht weil wir doch gerade, um diesen Satz überhaupt verstehen zu können, auf seinen Inhalt achten müssen und nicht auf seine Form.[80]

Genau hier aber wird die Form, die McLuhan wählt, um seine Thesen und Beobachtungen zu formulieren, interessant. Die Form von McLuhans Prosa bietet nämlich einen, wenngleich sehr indirekten, Ausweg aus dem eben beschriebenen Dilemma. Nach McLuhan gehen mit dem Medium Buch diverse Präfigurationen für die Textgestaltung einher. Beispielsweise impliziert dieser mediale Träger die Forderung nach kohärentem Textverlauf, argumentativer Folgerichtigkeit, sukzessiver Entfaltung eines Gegenstandes, Problemformulierung am Anfang und am Ende einen Lösungsvorschlag u.Ä. McLuhan selbst gestaltet indes seine Bücher genau gegen diese Präfigurationen. Dort wird der Gegenstand nicht kohärent entfaltet, vernetzt werden kategorial unterschiedliche Phänomene, verzichtet wird auf klare Problemstellungen wie auf eindeu-

---

[80] Siehe dazu ausführlicher → 3. Lesart: Kritik, S. 170f.

tige Lösungen, Formulierungen variieren und ziehen Redundanzschleifen. Den Sinn und Zweck dieser Maßnahmen könnte man sehen in der Absicht, die ansonsten selbstverständlich und wie natürlich ablaufenden medialen Prozesse zu stören, den Rezipienten zu irritieren, um genau dadurch auf die präfigurierenden Effekte des Mediums zu verweisen. Die Medialität des Buches wäre somit in der Form der Darstellung reflektiert und zwar dadurch, dass eine dem Medium unangemessene Form gewählt wird. Vielleicht weiß man dadurch noch immer nicht ganz genau, was die dem Medium angemessenen Formen sein könnten. Jedoch erkennt man zumindest, welche es nicht sind. So gesehen praktiziert McLuhan eine Art *negative Medientheorie der Form*. Er macht das, was nicht direkt sagbar ist, was sich immer schon dem Sagbaren entzieht – eben die Präfigurationen des Mediums – durch die Wahl unangemessener Formen *ex negativo* sichtbar.

1.2.3 Hypothesenbildung

Neben medialer Formreflexion und dem Zusammenhang mit populärkulturellen Phänomenen lässt sich noch eine weitere Affinität McLuhan'scher Prosa ausfindig machen, nämlich deren Nähe zur Kunst des ersten Drittels des 20. Jahrhunderts, zur sogenannten klassischen Avantgarde.[81] Diese Verbundenheit zeigt sich nicht nur dadurch, dass McLuhan selbst ständig Positionen und Werke der klassischen Avantgarde als maßgebliche Referenzfolien für seine eigenen kulturgeschichtlichen und medientheoretischen Thesen anführt. Vor allem James Joyce ist *die* Autorität für McLuhan, wenn es um die Reflexion medialer Effekte geht.[82] Die Affinität zeigt sich darüber hinaus in der Übernahme einiger formaler Prinzipien, die mit der klassischen Avantgarde stilbildend wurden. Wichtiger aber als der bloße Verweis darauf, dass McLuhan auch einige avantgardistische Verfahrensweisen übernommen hat, ist die Frage nach Sinn und Zweck dieser Übernahmen in einen wissenschaftlichen Text. Diese Frage lässt sich in aller Kürze wie folgt beantworten: Zum einen soll damit die Wahrnehmung der Rezipienten gestört werden. Der Rezipient soll regelrecht gezwungen werden, bei der Lektüre des Kunstwerkes selbst kreativ zu werden. Und genau diesen Effekt will auch McLuhan in seinen Büchern erzielen. Zum anderen ist es

---

[81] Siehe dazu ausführlich: Hubert van den Berg/ Walter Fähnders (Hg.), Metzler Lexikon Avantgarde, Stuttgart/ Weimar 2009.
[82] Siehe bspw.: McLuhan, Letters, S. 443ff.; ders., Magische Kanäle, S. 59 oder bereits 1954: ders., Joyce, Mallarmé und die Presse [1954], in: ders., Die innere Landschaft. Literarische Essays, Berlin 1974, S. 21-39.

McLuhan möglich, mit dem Einsatz von avantgardistischen Verfahrensweisen künstlerische Strategien als Mittel zur forschungsleitenden Hypothesenbildung einzusetzen und in der Textstruktur selbst als eine Art ästhetischer Entdeckungsmethode zu inszenieren. Beide Aspekte sollen im Folgenden etwas näher betrachtet werden.

Avantgarde

Was auch immer sonst noch die klassische Avantgarde ausmachen mag, ein zentrales Merkmal ist sicherlich die *Multiperspektivität* – sei es, dass im Kubismus ein Gegenstand aus unterschiedlichen Perspektiven simultan auf einer Bildfläche erscheint oder sei es, dass in Virginia Woolfs Romanen die Erzählperspektive durch unterschiedliche Figuren flaniert. Weiterhin operieren diese Werke mit einem massiven Einsatz von *Leerstellen*. So ist in James Joyce FINNEGANS WAKE von Abschnitt zu Abschnitt häufig ein abrupter Wechsel des Themas, der Perspektive, des Stils oder der zeitlichen Verortung auszumachen. Verbunden sind damit zumeist exzessive *Abschweifungen* vom ‚eigentlichen' Gegenstand, *Assoziationsreihen* und *Wortspiele*, die – und dafür ist wiederum vor allem die surrealistische Dichtung bekannt – auf dem Prinzip der *Kombinatorik* basieren. Phänomene werden hier zusammengebracht, die weder kausal aufeinanderfolgen noch kategoriale Gemeinsamkeiten aufweisen.

Damit, zumindest wenn man den Selbsteinschätzungen der Avantgardisten folgt, werden Wahrnehmungsstörungen provoziert. Der Rezipient soll regelrecht schockiert werden, um seinen Blick zu entautomatisieren, also die eingeübten, als quasi natürlich empfundenen, jedoch tatsächlich stereotypen Wahrnehmungsschemata zu zersetzen. Damit gehen mindestens drei hehre Ziele einher: Erstens soll Kritik geübt werden an konventionellen Darstellungsformen. Zweitens soll damit nicht weniger als eine Befreiung der Wahrnehmung von Zwängen und Zurichtungen einhergehen. Der Rezipient wird aufmerksam gemacht auf die Vielzahl der Betrachtungsmöglichkeiten bzw. die Heterogenität der Welt. In diesem Sinne beschreibt McLuhan Kunst generell als ein „Gegenmilieu",[83] das durch ihre Störungen (‚gegen') überhaupt erst auf die Bedingungen und Limitierungen der Umwelt bzw. unserer Lebenswelt, mitsamt ihren Wahrnehmungs- und Denkschemata, aufmerksam macht. Drittens wird dem Rezipienten eine kreative Rolle zugewiesen: Da diese Kunstwerke mit einem hohen Anteil an Leerstellen operieren und damit die semantische, sinnhafte Schließung der

---

[83] Marshall McLuhan, Probleme der Kommunikation mit Menschen mittels Medien [1969], in: ders., Wohin steuert die Welt? Massenmedien und Gesellschaftsstruktur, Wien/ München/ Zürich 1978, S. 42-72, hier: S. 49. Auch seine eigene Prosa beschreibt McLuhan ähnlich: „Wie auch immer, ich bin Anti-Umwelt." (McLuhan, Testen bis die Schlösser nachgeben, S. 93.)

Lücken zwischen einzelnen Textpassagen sehr viele Möglichkeiten beinhalten, ist es weitestgehend dem Rezipienten überlassen, die Lücken sinnvoll zu schließen. Konfrontiert mit solchen, wie es Umberto Eco nennt, ‚offenen Kunstwerken',[84] muss der Rezipient hochgradig kreativ Deutungen generieren, um den Text zu vervollständigen und so überhaupt erst lesbar zu machen. Der Aktivierungsappell an den Leser, selbst kreativ an dem Text zu arbeiten, ist dementsprechend um einiges höher als bei Werken, die mit klaren narrativen Verkettungen und Wahrscheinlichkeiten operieren.

Diese Emphase der klassischen Avantgarde übernimmt McLuhan. Sie ist tief in die Form seiner Prosa eingeschrieben. Wenngleich McLuhans Texte kaum die Radikalität vieler bis heute als unlesbar geltender literarischer Avantgardetexte haben – ein besonders gutes Beispiel ist hier das Werk, das McLuhan zeitlebens am meisten schätzte, nämlich der bereits angesprochene Roman FINNEGANS WAKE von Joyce –, so haben sie doch zumindest einige der Merkmale eines klassischen avantgardistischen Textes. In McLuhans Texten, wie die Analyse des Kapitels „Rad, Fahrrad und Flugzeug" gezeigt hat, lässt sich beispielsweise ein häufiger Einsatz von Leerstellen ausmachen. Zudem finden sich viele Assoziationsketten, ebenso kombinatorische Analogien. Weiterhin formuliert McLuhan explizit das hehre Ziel vieler Avantgardisten als sein eigenes: Durch Wahrnehmungsstörungen sollen die Rezipienten zu neuen, komplexeren oder kritischeren oder kreativeren, auf jeden Fall aber besseren Wahrnehmungen der Welt, der Kulturgeschichte und nicht zuletzt der Medien gelangen. Dementsprechend seien DIE MAGISCHEN KANÄLE, wie McLuhan schreibt, dafür da, „eine Entdeckungsarbeit *einzuleiten.*"[85]

Entdeckungsmethode

Diese ‚Entdeckungsarbeit' wird eben durch die Form der Texte ‚eingeleitet'. McLuhans ‚Werkzeugkasten' besteht dabei aus Leerstellen, Wortspielen, Assoziationsreihen und vor allem kombinatorischen Analogieschlüssen. Hieran lässt sich wunderbar das dominierende Generierungsverfahren der Hypothesen McLuhans zeigen: Die Welt wird nach Ähnlichkeiten durchforstet, womit neue Betrachtungsweisen möglich werden. In der rhetorischen Argumentationslehre der antiken Rhetorik wird so etwas *inventio* genannt: Findekunst. Analogieschlüsse, Wortspiele, Assoziationsreihen sind bei McLuhan Instrumente zum Finden von Argumenten und neuen möglichen Perspektiven. McLuhans Texte verfahren so gesehen nicht nach einer traditionellen Forschungslogik, in der die Argumente klar entfaltet, verifiziert oder falsifiziert werden. Vielmehr führt

---

[84] Siehe: Umberto Eco, Das offene Kunstwerk, Frankfurt am Main ¹¹1977.
[85] McLuhan, Testen, bis die Schlösser aufgehen, S. 76.

McLuhan in die Forschung eine Art *ästhetische Entdeckungsmethode* ein. Eine solche Methode besagt erstens, dass durch Analogien, Wortspiele und Assoziationen fruchtbare Hypothesen hervorzubringen sind. Zweitens wird die Methode *in actu* vorgeführt. Nicht die systematisierten Ergebnisse finden sich in McLuhans Texten, sondern wir verfolgen den Forscher bei der allmählichen Verfertigung der Hypothesen bei seinen Erkundungen. McLuhan selbst schreibt diesbezüglich: „Ich lasse mich einfach vor dem Problem nieder und fange an zu arbeiten. Ich taste, ich suche, ich lausche, ich teste [...]."[86] Drittens sind im Textgefüge einige Leerstellen ge-setzt. Damit wird nicht der gesamte Erkundungsprozess dokumentiert, sondern der Leser wird aufgefordert, selbst in ähnlicher Weise *kreativ* auf Entdeckungs-reise zu gehen – ‚zu tasten, zu suchen, zu lauschen, zu testen'.

1.2.4 Gott

McLuhans Textorganisation lässt sich aber auch noch – und hier tritt zu den vorhergehenden Deutungen doch eine erhebliche Spannung auf – in eine ganz andere Richtung interpretieren, nämlich in eine theologische. Häufig wird McLuhan als theologischer, genauer noch katholischer Denker beschrieben. Hierbei wird so gut wie immer zunächst auf seine Biografie verwiesen – McLuhan konvertierte im Jahr 1937 zum Katholizismus –, um dann auf die inhaltliche Nähe von McLuhans Mediengeschichte zur Heilsgeschichte aufmerksam zu machen.[87] Wie zutreffend diese Interpretationen auch immer sein mögen, sie beschränken sich jedenfalls zumeist auf die inhaltliche, argumentative Ebene. Die Darstellungsform hingegen wird nicht in den Blick genommen, obwohl genau hier die interessantesten Affinitäten von McLuhans Texten zu bestimmten theologischen Auffassungen zu finden sind.[88]

Episteme der Analogie

Um diese formale Affinität einsichtig zu machen, muss zunächst ein wenig ausgeholt werden. Weiter oben wurde bereits mehrmals die Vorliebe McLuhans für Analogien vermerkt. Michel Foucault weist dieser Denk- und Darstellungsform einen spezifischen historischen Ort in seiner ‚Archäologie der Humanwis-

---

[86] Ebd.
[87] Früh findet man diese Sicht schon bei: Miller, McLuhan, S. 26ff. und jüngst wieder: Hartmut Winkler, Die magischen Kanäle, ihre Magie und ihr Magier. McLuhan zwischen Innis und Teilhard de Chardin, in: de Kerckhove u.a., McLuhan neu lesen, S. 158-168.
[88] Eine Ausnahme bildet hier: John Durham Peters, McLuhans grammatische Theologie, in: de Kerckhove u.a., McLuhan neu lesen, S. 61-75.

senschaften' zu. Im analogischen Denken manifestiert sich nach Foucault ein vormodernes Erkenntnisprinzip, das sich fundamental von den Epistemen moderner Wissensgenerierung und -organisation unterscheidet. Vereinfacht formuliert: Auf der Seite der Vormoderne steht das Analogiedenken, aufseiten der modernen Wissenschaft die abstrakte Klassifikation von Dingen. In DIE ORDNUNG DER DINGE charakterisiert Foucault die vormoderne Episteme demgemäß wie folgt:

> Bis zum Ende des sechzehnten Jahrhunderts hat die Ähnlichkeit im Denken (*savoir*) der abendländischen Kultur eine tragende Rolle gespielt. Sie hat zu einem großen Teil die Exegese und Interpretation der Texte geleitet, das Spiel der Symbole organisiert, die Erkenntnis der sichtbaren und unsichtbaren Dinge gestattet und die Kunst ihrer Repräsentation bestimmt. Die Welt drehte sich in sich selbst: die Erde war die Wiederholung des Himmels, die Gesichter spiegelten sich in den Sternen, und das Gras hüllte in seinen Halmen die Geheimnisse ein, die dem Menschen dienten.[89]

Diese Verbundenheiten und Spiegelungen können gerade in Analogieschlüssen idealtypisch nachgezeichnet bzw. dargestellt werden, hat doch die Analogie, so wiederum Foucault, ein „universales Anwendungsfeld"[90]: „Durch sie können sich alle Gestalten der Welt einander annähern."[91] Diese „analogische [...] Kosmographie",[92] wie Foucault es nennt, steht in harschem Gegensatz zur modernen wissenschaftlichen Erkenntnisweise. Es gibt keine Klassifikationsschemata, die die Dinge eindeutig zuordnen, differenzieren und hierarchisieren; kategorial unterschiedliche Dinge werden vermischt; anstatt eindeutiger kausaler Ableitungen werden (oftmals kryptische und opake) Ähnlichkeitsverhältnisse und Abhängigkeiten postuliert. So etwa sollen Kopfschmerzen durch den Kern einer Nuss vertrieben werden können, allein weil der Kern einer Nuss und das Gehirn eine ähnliche Struktur aufweisen.[93] Dabei geht es ganz augenscheinlich weniger um formale Logik oder differenzierte Argumentation als vielmehr um Evidenz mittels Ähnlichkeit.

Die Faszination solch einer Sichtweise dürfte wohl (auch noch heute) nicht zuletzt darin liegen, dass sie verspricht, Dinge verstehbar oder zumindest doch andeutbar zu machen, die argumentativ nicht einholbar sind. Dementsprechend ist es wenig verwunderlich, dass auch und gerade in der theologischen Tradition solch eine ‚analogische Kosmografie' lange Zeit Konjunktur hatte. Denn: „Innerhalb der Theologie kann es [...] in der Regel lediglich ‚Konvenienzgründe,

---

[89] Michel Foucault, Die Ordnung der Dinge. Eine Archäologie der Humanwissenschaften [1966], Frankfurt am Main 1971, S. 46.
[90] Ebd., S. 51.
[91] Ebd.
[92] Ebd., S. 52.
[93] Siehe zu diesem Beispiel: ebd., S. 58.

Wahrscheinlichkeitsgründe' (rationes versimiles) geben, eine Form von Einsicht, welche auf Vergleichen und Analogien beruht [...]."[94] Gott bzw. der Schöpfungsgrund ist, so argumentiert etwa der für das Mittelalter maßgebliche Theologe Thomas von Aquin, argumentativ nicht einholbar, schlicht weil Gott „unendlich die Möglichkeiten menschlicher Einsicht"[95] übersteige. Etwas argumentativ nicht erkennen zu können, heißt aber, zumindest aus dieser theologischen Perspektive, nicht, es überhaupt nicht erkennen zu können. Den menschlichen Sinneswahrnehmungen ist es nämlich möglich, Muster und Strukturen in den Dingen zu erkennen. Diese lassen sich *per* Analogie aufeinander beziehen und in einen Zusammenhang bringen. Dadurch wird das ihnen zugrunde liegende Strukturprinzip bzw. der göttliche Logos erkennbar, wenngleich nicht argumentativ beweisbar. Das ist Thomas von Aquins Prinzip der *Noesis*, „d.h. des Prozesses, in dem sinnliche Wahrnehmung das Universum durch Analogien in eine Gesamtheit des Verstehens filtert."[96] Diese Filterung *qua* Analogie soll es also möglich machen, Gott bzw. den göttlichen Logos zu erkennen. In McLuhans Texten stellen Analogien ein zentrales Moment dar. Und McLuhan selbst verweist sehr häufig darauf, dass ihn sein analogisches Vorgehen als ‚Thomist', also als Anhänger der Lehre Thomas von Aquins, ausweise. In einem Brief schreibt McLuhan diesbezüglich: „[...] I am a Thomist for whom the sensory order resonates with the divine Logos. I don't think concepts have any relevance in religion. Analogy is not concept. It is community. It is resonance. It is inclusive. It is the cognitive process itself."[97] Vor dem Hintergrund solcher Aussagen und eingedenk der Dominanz des Analogieprinzips in McLuhans Werk dürfte es nicht allzu kühn sein, McLuhan vor dem Hintergrund Aquin'scher Theologie lesen zu wollen. McLuhan operiert ganz eindeutig mit theologischen Instrumentarien, um seine Kultur- und Mediengeschichte zu entfalten und einsichtig zu machen. So verstanden wären McLuhans Texte, im Sinne Foucaults, der Episteme der Vormoderne verpflichtet, ja hinsichtlich ihrer theoretischen Grundlagen in der Theologie des Mittelalters zu situieren.

---

[94] Rolf Schönberger, Thomas von Aquin zur Einführung, Hamburg 1998, S. 43.
[95] Ebd., S. 27.
[96] Peters, McLuhans grammatische Theologie, S. 67.
[97] McLuhan, Letters, S. 368f. Inzwischen gibt es auch eine eigenständige Anthologie von Äußerungen McLuhans zur Religion – siehe: Marshall McLuhan, The Medium and the Light. Reflections on Religion, hrsg. v. Eric McLuhan/ Jacek Szklarek, Eugene 2010, dort ist der zitierte Brief ebenfalls abgedruckt (S. 69).

Grammatik

Genau betrachtet lässt sich diese Traditionslinie sogar noch weiter zurückverfolgen, bis hinein nämlich in die Lehren des klassischen Triviums aus Rhetorik, Dialektik und Grammatik. McLuhan beschäftigte sich bereits in seiner Dissertation mit der Geschichte des Triviums von der Antike bis zur Renaissance. Die Geschichte, die McLuhan in seiner Dissertation entwirft, ist, wie Peters anmerkt, „eine *parteiliche* Geschichte, die aus dem spezifischen Blickwinkel der Grammatik erzählt wird [...]."[98] Denn McLuhan behauptet, dass im Laufe der abendländischen Kulturgeschichte die Dialektik immer mehr Aufmerksamkeit auf sich zog und letztlich in die Dominanz moderner wissenschaftlicher Prinzipien mündete; während die Rhetorik als Kunst der Präsentation von Argumenten und – noch weit wichtiger – die Grammatik als argumentative Praxis und Wissensform marginalisiert worden seien. Unter Grammatik ist hier nicht einfach die Erforschung der Syntax zu verstehen, vielmehr ist es nach McLuhan eine spezifische Erkenntnis- und Wissensform.

> Die klassischen Grammatiker verstanden Grammatik als Kunst der Interpretation im Allgemeinen, die sich über Literatur hinaus auf das Universum selbst bezog. Die Grammatiker gehen von einer Beziehung ‚zwischen der Ordnung der Rede und der Sprache und der Ordnung der Natur' aus. [...] Grammatiker sind Alchimisten und Enzyklopädisten, die ihren Auftrag darin sehen, alles in einem Bezug auf die grammatikalischen Formen einer zugrunde liegenden sprachlichen Ordnung zu verstehen und zu untersuchen. [...] Grammatik ist der Königsweg zur Lektüre sowohl biblischer Schriften wie auch der Natur.[99]

Die Grammatik sucht McLuhan zufolge nach diesen fundamentalen Strukturen in Worten und Dingen vor allem mit Hilfe von Analogieschlüssen.[100] Dementsprechend gilt: Weniger die argumentative Kohärenz und Ableitung ist hier wichtig, keine Klassifikationssysteme werden erstellt. Viel entscheidender ist es, die Verhältnisse, Relationen und eben Ähnlichkeiten der Dinge und Worte in den Blick zu nehmen. Genau dieser Argumentationsform (und ihrer zunehmenden Marginalisierung) spürt McLuhan in seiner Dissertation nach. Einen zentralen Kulminationsknoten grammatischen Denkens findet McLuhan dabei eben bei einigen Vertretern der mittelalterlichen Theologie, Stichwort Thomas von Aquin, die vorrangig Grammatiker gewesen seien. McLuhan selbst will nicht nur die Geschichte der Grammatiker nachzeichnen. Erstens ist es, wie bereits vermerkt, eine ‚parteiliche' Geschichte: Die Marginalisierung der Grammatik wird

---

[98] Peters, McLuhans grammatische Theologie, S. 62; Hervorhebung von mir.
[99] Ebd., 63f.
[100] Siehe dazu: Marshall McLuhan, The Classical Trivium: The Place of Thomas Nashe in the Learning of His Time [Diss. 1943, zunächst unveröffentlicht], hrsg. v. W. Terrence Gordon, Berkeley 2006; siehe auch: Gordon, McLuhan, S. 331.

kritisiert. Zweitens macht sich McLuhan am Ende seiner Arbeit darüber Gedanken, wer denn heute noch einer grammatikalischen Denkweise verpflichtet sei und wird hier bei James Joyce fündig. Drittens – und das ist hier entscheidend – setzt er sich selbst in diese Tradition. Und die folgenden Publikationen McLuhans lassen sich genau in diesem Sinne verstehen, nämlich als *Fortsetzung grammatischer Argumentations- und Erkenntnisformen*. Damit dürfte auch nachvollziehbar sein, warum Peters McLuhan als „grammatischen Theologen"[101] bezeichnet, setzt sich McLuhan selbst doch explizit in diese Tradition und organisiert überdies seine Texte nach ‚grammatischen' Prinzipien.

McLuhan imitiert nun aber nicht einfach die grammatischen Theologen des Mittelalters. Liegen seinen Texten vielleicht ähnliche Prämissen zugrunde, wie denen Thomas von Aquins, so steht doch die Darstellungsform in einiger Differenz zu denen mittelalterlicher Theologen. Von diesen unterscheiden sich McLuhans Texte unter anderem durch die ironische Distanziertheit, die Sprunghaftigkeit der Argumentation, die Assoziationsreihen und nicht zuletzt durch die vielen Leerstellen. Damit nähern sich McLuhans Texte den Prinzipien der klassischen Avantgarde bzw. der Pop-Art an, wie sie oben beschrieben wurden, also den Prinzipien moderner Kunst. McLuhans Texten liegen also nicht einfach nur ‚grammatische' Prämissen der Theologiegeschichte zugrunde; seine Texte beinhalten nicht nur ein paar Analogien, die die Ähnlichkeit der Dinge und Worte ausarbeiten, um damit auf den Zusammenhang aller Dinge, ja auf deren scheinbare „Harmonie"[102] in Gottes Schöpfung hinzuweisen. Die Texte reagieren vielmehr *in ihrer Form* auf ein zentrales *Problem* ‚analogischer Kosmografie', das McLuhans Texte als zutiefst moderne Texte ausweist. Das Problem ‚analogischer Kosmografie' fasst Michel Foucault sehr präzise:

> [D]ie Ähnlichkeit bleibt niemals in sich selbst fest, sie wird nur fixiert, wenn sie auf eine andere Ähnlichkeit verweist, die ihrerseits neue anspricht, so daß jede Ähnlichkeit nur durch Akkumulation aller anderen ihren Wert erhält und die ganze Welt durchlaufen werden muß, damit die geringste Analogie gerechtfertigt wird und schließlich als gesichert erscheint. Es handelt sich also um ein Wissen, das durch unendliche Anhäufung von Bestätigungen, die sich einander auflösen, vorgehen kann und muß. Dadurch ruht dieses Wissen mit seinem Fundament auf sandigem Boden.[103]

Analogiedenken kämpft also mit dem Problem der Unendlichkeit. Nie wird ein *via* Analogie erzeugtes Wissen gesichert sein können; *per se* gibt es unendlich viele mögliche Ähnlichkeiten. Diese müssten alle durchlaufen werden, was unmöglich ist, um zu einer gesicherten Erkenntnis zu kommen, beispielsweise um

---

[101] Peters, McLuhans grammatische Theologie, S. 62.
[102] McLuhan, Magische Kanäle, S. 18.
[103] Foucault, Ordnung der Dinge, S. 61.

sich der Existenz Gottes zu versichern. ‚Analogische Kosmografie' ruht also tatsächlich, wie Foucault schreibt, ‚auf sandigem Boden' und erreicht niemals das „Ende einer unendlichen Bahn".[104] Genau hier kommt die Form der Darstellung als Problemlösungsstrategie ins Spiel. Die romantische Literatur eines Friedrich Schlegels oder Novalis hat sich dem Problem der Repräsentation gestellt. Stark vereinfacht lautet die Problemstellung der Romantiker um 1800: Wie kann das Unendliche dargestellt werden, obwohl nur Endliches mit Worten bezeichnet werden kann? Ihre Antwort: durch die Form der Verweisungen. Nicht durch Argumente und Inhalte wird die Unendlichkeit darstellbar, nicht durch einzelne Analogien (der Kern der Nuss ist wie das Gehirn, der Fuß wie das Rad etc.). Vielmehr wird eine möglichst komplexe, möglichst nicht letztendlich deutbare Vernetzung der einzelnen Textsegmente angestrebt, um indirekt auf das Unendliche verweisen zu können.

Dazu ganz analog lässt sich McLuhans Schreibweise lesen: Zwar geht es bei ihm auch inhaltlich, also in einem traditionellen, vormodernen Sinne um Analogien. Aber sehr viel wichtiger wird die Vernetzung der Textteile untereinander. Wenngleich sich hier keine radikale Diskontinuität findet, wie etwa in den ATHENÄUMS-FRAGMENTEN Schlegels, ist dennoch sein Darstellungsprinzip der „konzentrischen Spirale mit sichtbarer Redundanz"[105] verbunden mit radikalen Zäsuren und Sprüngen, deutungsoffenen Slogans, ironischen Distanzierungen und Multiperspektivität. Damit verweisen die Texte McLuhans eben auf einen unendlichen, argumentativ nicht vollständig einholbaren Zusammenhang aller Phänomene. Das Problem der Unendlichkeit ist damit argumentativ nicht gelöst, aber das Prinzip der Analogie ist in die Form der Darstellung gewandert, macht *dort* die Zusammengehörigkeit aller Phänomene evident und eben nicht mehr auf der Ebene einzelner Analogien.

In diesem Zusammenhang macht McLuhan die Unterscheidung zwischen Konzepten und Perzepten.[106] Konzepte sind zu verstehen als Klassifikationssysteme, aus denen logische Beweisführungen abgeleitet werden können; Perzepte hingegen *zeigen per* Analogie etwas, machen etwas evident, ohne es argumentativ einholen zu können, ohne es direkt sagen zu können. Die Texte McLuhans zeigen uns in *ihrer Form* etwas, was sie nicht direkt sagen können, zeigen uns indirekt den göttlichen Logos, der alles zusammenhält. So verstanden ist McLuhan tatsächlich durch und durch ein ‚theologischer Grammatiker', aber genauer noch müsste man formulieren: Er ist ein zutiefst moderner, ein, wenn man so will, *theologischer Avantgardegrammatiker.*

---

[104] Ebd.
[105] McLuhan, Magische Kanäle, S. 50.
[106] Siehe bspw.: McLuhan, Letters, S. 368f.

Rhetorik der Form

Dass McLuhans Darstellungsweise Elemente des Popdiskurses beinhaltet, medienreflexive Züge trägt, Wahrnehmungsschemata irritiert, zur Hypothesengenerierung taugt und uns darüber hinaus den göttlichen Logos offenbart, das verweist eindrücklich noch einmal auf eines der Grundprinzipien der Texte McLuhans, nämlich die Ähnlichkeit. Buchstäblich ‚alles' zwischen Pop und Gott ist ähnlich und in McLuhans Texten aufgehoben. Aber nicht die inhaltlichen Argumente sind dabei das eigentlich Interessante, sondern die Rhetorik der Form. Die Form ist hier eben die eigentliche Botschaft.

2. Lesart: Hermeneutik – McLuhan verstehen

McLuhan verstehen zu wollen, ist ein schwieriges Unterfangen. Darüber zumindest scheint man sich in der Sekundärliteratur einig zu sein. So schreibt etwa John Durham Peters:

> McLuhan [...] zu lesen konfrontiert uns mit einem klassischen Problem der Hermeneutik. Wie kann man jemanden lesen, der sich nicht lesen lässt? Welche Teile seines Werkes sollen wir lesen? [...] Geht es um den Professor der Anglistik, der 1951 THE MECHANICAL BRIDE schrieb und sich dort als entschlossener moralischer Kritiker der Vulgärkultur zeigte [...]? Haben wir es etwa mit einem technodeterministischen kanadischen Historiker und Medienphilosophen in den Fußstapfen Harold Innis zu tun? Oder dem ersten Intellektuellen, der im Fernsehen über das Fernsehen spricht? Handelt es sich um einen modernistischen Literaturkritiker in der Nachfolge von Joyce und Pound? Oder doch eher um den katholisch-humanistischen Kritiker der Schriftkultur, dem wir in THE GUTENBERG GALAXY (1962) begegnen? Vielleicht ist McLuhan ja auch der gegenkulturelle Prophet des Cyberspace im Geiste von WIRED MAGAZINE [...]. Ist McLuhan nun ein Weggefährte des Poststrukturalismus oder der Frankfurter Schule, wie manche behauptet haben, oder hat er sich an die Konsumkultur verkauft, wie es ihm von den Cultural Studies lange Zeit vorgeworfen wurde?[1]

Nichtsdestotrotz scheint aber gerade ein hermeneutischer Zugriff unumgänglich, um McLuhan überhaupt ‚irgendwie' oder auch nur ‚teilweise' verstehen zu können. Denn selbst eine Aussage wie die, dass McLuhans Werk nicht zu verstehen ist, impliziert: Irgendetwas zumindest muss daran zu verstehen sein – und sei es auch nur, dass es nicht zu verstehen ist.

Weniger aber um solche sophistischen Feinheiten soll es in meiner hermeneutischen Lesart McLuhans gehen. Der Anspruch ist fundamentaler: Ich gehe dabei nämlich *nicht* davon aus, dass McLuhans Oeuvre heteronom ist, einzig als disparates Gebilde fassbar wird oder, wenn überhaupt, nur jeweils einzelne Aspekte sinnvoll verstanden werden können. Vielmehr soll gezeigt werden:

---

[1] Peters, McLuhans grammatische Theologie, S. 61.

McLuhans Werk ist, trotz aller Vielfältigkeit und vermeintlicher Widersprüchlichkeit, als *schlüssiges, kohärentes* und *sinnvolles Ganzes* zu verstehen. Es ist auf einige *dominante argumentative Grundprinzipien* zurückzuführen, die in den Schriften, Interviews und Briefen McLuhans entfaltet werden.

Der hermeneutische Zirkel

Von einem hermeneutischen Blickwinkel aus will ich eine ‚wohlwollende' Lesart von McLuhans Texten vorlegen. Solch eine Lesart folgt zuvorderst der Maxime einer Wahrheits- und Konsistenzunterstellung für alle Äußerungen eines Sprechers, dem sogenannten „Principle of Charity".[2] So gesehen ist die erste Pflicht des Rezipienten, die bestmögliche, kohärenteste und sinnvollste Interpretation der Argumentation des Gegenübers ausfindig zu machen. Diese ‚wohlwollende' Interpretation impliziert auch: Durch eine möglichst genaue Lektüre von McLuhans Texten vor dem Hintergrund ihres Entstehungskontextes soll vermieden werden, vorschnell auf die inzwischen doch recht eingefahrenen Deutungsschemata der Sekundärliteratur zurückzugreifen, die im Blick zurück auf McLuhan ein angemessenes Verständnis oftmals eher verhindern als fördern.

Nicht zuletzt haben diese verkürzenden Lesarten wohl damit zu tun, dass einfach Kategorien, Bezugssysteme, Bedeutungszuweisungen aus der Gegenwart in die Vergangenheit projiziert werden, wo unter Umständen ganz andere Kategorien, Bezugssysteme und Bedeutungszuweisungen virulent waren. Die Absichten, Motivationen und Bestrebungen eines Naturphilosophen aus dem 12. Jahrhundert, der behauptet, der Kern einer Nuss vertreibe beim Verzehr Kopfschmerzen, da der Nusskern dem Gehirn ähnlich sieht, allein im Bezugsrahmen neuzeitlicher Wissenschaft verstehen zu wollen, ohne sich mit der antiken und mittelalterlichen Tradition des Denkens in Analogien zu befassen, kann eigentlich nur dazu führen, den mittelalterlichen Astrologen der Irrationalität zu schelten und/oder zu belächeln.[3] Ein angemessenes Verstehen der Argumentation, Motivation und Absicht des Naturphilosophen jedoch wäre damit sicher nicht gewonnen. Kurz: Lässt man sich nicht auf den jeweiligen Kontext ein, ist Missverstehen (samt Abwertungsgestus) geradezu vorprogrammiert.

Das Gegenteil ist aber genauso wahr. Und auch dies ist einer hermeneutischen Einsicht geschuldet. Wie sollte denn eine solche Annäherung an einen

---

[2] Das *Principle of Charity* wurde bekannt durch Ausführungen von Donald Davidson, die dieser im Rahmen seiner Vorstellung einer ‚radikalen Interpretation' entwickelte – siehe bspw.: A Coherence Theory of Truth and Knowledge [1983], in: Ernest LePore, Truth and Interpretation. Perspectives on the Philosophy of Donald Davidson, Oxford 1985, S. 307-319. Zur Kontextualisierung des *Principle of Charity* siehe: Kathrin Glüer, Donald Davidson zur Einführung, Hamburg 1993, S. 63ff.
[3] Siehe zu diesem Beispiel: Foucault, Ordnung der Dinge, S. 58.

anderen Kontext überhaupt funktionieren, ohne *unsere* Kategorien, Bezugssysteme und Bedeutungszuweisungen bereits zu verwenden? Ermöglichen diese es ja zuallererst, überhaupt irgendetwas in der Welt zu verstehen. Jenseits *unserer* Kategorien, Bezugssysteme und Bedeutungszuweisungen können wir nicht einmal etwas missverstehen. Ohne sie müsste alles schlichtweg unverstanden bleiben.

Der daraus resultierende Widerspruch, der eben darin besteht, einerseits von den eigenen Kategorien Abstand nehmen zu müssen, um andere(s) verstehen zu können, andererseits aber gerade die eigenen Kategorien notwendig voraussetzen zu müssen, um überhaupt irgendetwas zu verstehen, lässt sich mit einem kurzen Seitenblick auf Hans-Georg Gadamers Verständnis von Hermeneutik auflösen oder doch zumindest produktiv wenden.[4] Zunächst einmal müsse, laut Gadamer, die „wesenhafte [...] Vorurteilshaftigkeit alles Verstehens"[5] anerkannt werden. Verstehen funktioniert demnach nicht durch die Aufhebung von Vorurteilen, sondern Vorurteile sind im Gegenteil der *notwendige* Ausgangspunkt für das Verstehen. Die Vorurteile, oder weniger provokativ formuliert, die jeweils ausgebildeten Kategorien, Bezugssysteme und Bedeutungszuweisungen bilden den „Verstehenshorizont der Gegenwart",[6] vor dessen Hintergrund man sich zuallererst sukzessive einem anderen, fremden, vergangenen Verstehenshorizont annähern kann. Dies lässt sich zu einem spezifischen hermeneutischen Interpretationsverfahren wenden, dessen Grundlage der sogenannte *hermeneutische Zirkel* bildet.

Um ein sehr einfaches Beispiel für solch ein ‚zirkuläres' Verfahren zu wählen: Habe ich ein Wort gelesen (etwa in einem Text von McLuhan), entwerfe ich automatisch aufgrund meines Verstehenshorizonts Hypothesen über die Bedeutung dieses Wortes innerhalb des Satzes, in dem das Wort zu finden ist. Habe ich den Satz gelesen, revidiere ich (unter Umständen) meine Vorstellung von der Bedeutung des Wortes innerhalb des Satzes und revidiere damit (unter Umständen) zugleich meine Vorstellung davon, was dieses Wort innerhalb des Textes von McLuhan bedeutet. Wenn ich den Abschnitt gelesen habe, in dem der Satz situiert ist, bilde ich eine Hypothese über die Bedeutung des Satzes und revidiere diese (unter Umständen) wiederum und revidiere damit zugleich meine Vorstellung davon, was dieser Satz innerhalb McLuhans Oeuvre bedeutet. Dieses Textlektüreprinzip kann ich beliebig weiter treiben. Es ist also prinzipiell *unendlich* und auf alle möglichen Ebenen anzuwenden: Wort, Satz, Text, Werk, Oeuvre,

---

[4] Siehe dazu grundlegend: Hans-Georg Gadamer, Wahrheit und Methode. Grundzüge einer philosophischen Hermeneutik [1960], Tübingen ⁶1990.
[5] Ebd., S. 274.
[6] Ebd., S. 290.

persönliche Situation des Autors, historischer Kontext, in dem er situiert ist, übergreifende ideengeschichtliche und kulturhistorische Zusammenhänge, die sich in das Werk eingeschrieben haben bzw. dort spezifisch verhandelt werden, bis hin zu übergreifenden Epochencharakterisierungen oder der Deutung aller möglichen Artefakte, Tätigkeiten, Ideen oder gar der gesamten Weltgeschichte. Alles lässt sich also mit diesem Verfahren mit allem in Beziehung setzen und interpretieren.

Hermeneutisch ist dieser Zirkel, weil ich immer von einem bestimmten Vorverständnis ausgehe, das konstitutiv meine Interpretation leitet, das aber aufgrund des Materials, das ich lese, verändert wird. Mein anfänglicher Verstehenshorizont verschiebt sich somit sukzessive und nähert sich dem meines Interpretationsgegenstandes immer weiter an. Einen *Zirkel* bildet dieses Verfahren insofern, als der Vorgang des Verstehens eine Kreisbewegung vollzieht, bei der ich am Ende wieder an den Ausgangspunkt zurückkehre. Dies geschieht in Form eines *rückgekoppelten Wechselspiels zwischen Teil und Ganzem*: Aufgrund meines Vorverständnisses (‚Ganzes') verstehe ich ein Wort (‚Teil'). Von diesem Verständnis ausgehend schließe ich auf die nächsthöhere Ebene, den Satz (‚Ganzes'). Nachdem ich den Satz tatsächlich gelesen habe, verändere ich unter Umständen die Interpretation des Wortes (‚Teil') und damit wiederum richte ich mein Verständnis von McLuhans Werk (‚Ganzes') neu aus. Dieses Spiel kann ich, wie bereits erwähnt, unendlich fortsetzen.

Daraus ergeben sich mindestens drei Konsequenzen: Erstens gibt es ‚nur' eine Annäherung an den Verstehenshorizont eines anderen, es ist (und muss konstitutiv bleiben) eine unendliche und damit niemals abschließbare Annäherung.[7] Folglich muss man zweitens, will man beispielsweise eine Einführung in die Gedankenwelt McLuhans schreiben, den Zirkel pragmatisch abbrechen, also trotz aller hermeneutischer Fürsorge extrem selektiv vorgehen. Drittens ist der hermeneutische Zirkel genauer betrachtet vielmehr eine hermeneutische *Spirale*. Zwar ist die Annäherung niemals abgeschlossen und muss irgendwann pragmatisch abgebrochen werden, aber durch die zirkuläre Bewegung von Teil und Ganzem ist eine *Annäherung* der beiden Verstehenshorizonte durchaus möglich. Damit ist der Verstehensprozess eigentlich nicht einfach zirkulär, wie doch der Ausdruck ‚hermeneutischer Zirkel' nahelegt, sondern folgt einer Kurve, auf

---

[7] Bezüglich der Annäherung zweier Verstehenshorizonte spricht Gadamer von ‚Horizontverschmelzung' (siehe Gadamer, Wahrheit und Methode, S. 289). Die Idee, dass sich die Horizonte tatsächlich verschmelzen, also eins werden, bleibt eine kontrafaktische, nichtsdestotrotz aber notwendige Operation. Denn ohne die Vorstellung und den Zielpunkt vollkommenen Verstehens, so zumindest die hermeneutische Prämisse, hätte man überhaupt keine Vorstellung, was verstehen sein sollte im Gegensatz zu einer ‚nur' funktionalen Informationsweitergabe.

deren Achse man sein Vorverständnis allmählich modifiziert und sich dem Verstehenshorizont des anderen unendlich annähert.

Vorausgesetzt wird bei solch einem hermeneutischen Ansatz freilich, dass der andere in seinen Handlungen und Äußerungen tatsächlich zu verstehen ist. Und das heißt: Die Handlungen und Äußerungen des anderen dürfen meinem Verstehenshorizont zumindest nicht radikal fremd sein. Beide Verstehenshorizonte können so zumindest nicht als prinzipiell untereinander inkompatibel gedacht werden.[8] Akzeptiert man aber diese Voraussetzung, so lässt sich das Problem, wie man einen anderen Bezugsrahmen verstehen können soll, obwohl doch der eigene Bezugsrahmen jegliches Verstehen präformiert, mit dem Interpretationsverfahren des hermeneutischen Zirkels zwar vielleicht nicht endgültig lösen, aber zur Annäherung an fremde Verstehenshorizonte produktiv wenden.

Drei Fundamentalthesen McLuhans

Genau in diesem Sinne möchte ich mich in vorliegendem Kapitel an McLuhans Werk ‚spiralförmig' annähern und dieses dadurch immer besser verstehen. Aufgrund der ‚unendlichen Aufgabe', die die hermeneutische Herangehensweise impliziert, muss man sich aber in einem endlichen Text (insbesondere, wenn es sich um ein Kapitel in einem Einführungsbändchen handelt) beschränken. Den Ausgangspunkt setze ich bei drei Phrasen aus McLuhans Texten – Phrasen, von denen zumindest zwei weit über die medien- und kulturwissenschaftliche Forschung hinaus Eingang in die Umgangssprache gefunden haben: Das sind im Einzelnen: *The Global Village* (dt.: das Globale Dorf), *Extensions of Man* (dt.: Ausweitungen des Menschen) und *The Medium is the Message* (dt.: Das Medium ist die Botschaft). Diese drei Phrasen lassen sich in drei Fundamentalthesen (re-)formulieren, die sich in unterschiedlichen Varianten und Deutungshinsichten in nahezu allen Texten McLuhans wiederfinden:

---

[8] Genau wegen solchen Prämissen werden Hermeneutiker unter anderem vonseiten der Dekonstruktion arg kritisiert. (Zum Verfahren der Dekonstruktion siehe → 3. Lesart: Kritik, S. 163ff.) Denn im Grunde impliziert die Hermeneutik, dass man letztlich alles und alle verstehen kann, dass man sich selbst durchsichtig machen können wird und noch zugespitzter: eigentlich sich und die anderen immer schon (zumindest intuitiv) verstanden haben muss. Dies gilt es ‚nur' noch aufzudecken. Hier scheint alles (wenngleich im Rahmen eines unendlichen Annäherungsprozess) auf Einheit und Harmonie ausgerichtet. Für radikalen Widerstreit, Dissens, Inkompatibilität bleibt letztlich wenig Platz. Siehe generell zum problematischen Verhältnis von Hermeneutik und Dekonstruktion aus philosophischer Perspektive: Georg W. Bertram: Hermeneutik und Dekonstruktion, Konturen einer Auseinandersetzung der Gegenwartsphilosophie, München 2002.

> These 1: Medien sind Körperausweitungen.
> These 2: Wir leben in einem globalen Dorf.
> These 3: Das Medium ist die Botschaft.

Wenn man von McLuhan irgendetwas gehört hat, dann dürfte es mit diesen Thesen zu tun haben oder zumindest mit den darin angeführten Schlagworten. Genau deshalb soll bei diesem Verstehenshorizont angesetzt, mit diesen ‚Vorurteilen' begonnen werden. Mit Blick auf die hermeneutische Relation von Teil und Ganzem formuliert: Das Vorverständnis von McLuhans Werk (‚Ganzes') wird in diesen drei Thesen verdichtet (‚Teil'). Anschließend werden diese Slogans nacheinander in der Lektüre von McLuhans Werk in textuelle Bezugsrahmen gestellt (‚Ganzes'),[9] um die Bedeutung der einzelnen Slogans (‚Teil') immer besser verstehen zu können und damit das eigene Vorverständnis von McLuhans Werk allmählich zu verändern (‚Ganzes'). Dabei soll das Werk McLuhans auch in einen größeren, nämlich ideen-, wissenschafts- und zeitgeschichtlichen Kontext gestellt werden (‚Ganzes'), um besser nachvollziehbar zu machen, warum McLuhan so argumentiert, wie er argumentiert und in welcher spezifischen Weise er sich dabei die Tradition aneignet (‚Teil').

McLuhans Wiederverwertungsmaschine

Dringlich ist eine solche historische Kontextualisierung insbesondere bei einem Autor wie McLuhan, zumindest dann, wenn man bestimmte Hinweise McLuhans selbst ernst nimmt. So gibt er in einem Interview freimütig zu Protokoll: „Das meiste, was ich zu sagen habe, ist aus zweiter Hand […]."[10] Bei Edmund

---

[9] Zentraler Referenzbereich wird dabei vor allem das Buch DIE MAGISCHEN KANÄLE sein. Zwar wird immer wieder auf frühere Werke verwiesen werden und vor allem bei der dritten These auf spätere Ausgestaltungen dieser These eingegangen, auch Briefe und Interviews werden zur Interpretation herangezogen, nichtsdestotrotz werden DIE MAGISCHEN KANÄLE Hauptbezugspunkt bleiben. Dass dieses Buch solch eine zentrale Rolle in diesem Kontext spielt, hat zwei Gründe. Erstens wird es in der Forschung bis heute als *das* Hauptwerk McLuhans rezipiert. Dementsprechend folge ich zunächst einfach diesem gängigen ‚Vorurteil' als Ausgangspunkt der hermeneutischen Befragung. Zweitens scheint es mir tatsächlich so zu sein, dass dieses Werk die wichtigsten Thesen McLuhans am dichtesten präsentiert, die dort – zumindest für McLuhans Verhältnisse – sehr klar entfaltet werden. Ob das daran liegt, dass dieses Buch eigentlich eine Kooperationsarbeit mit dem Ethnologen Edmund Carpenter ist, wie dieser behauptet (siehe: Carpenter, That Not-So-Silent-Sea, S. 253), wird hier keine Rolle spielen. Denn meine hermeneutische Befragung zielt ja weder darauf ab, McLuhans Arbeitsweise besser zu verstehen noch eine chronologische Werkbefragung zu betreiben, sondern einzig darin, die Hauptargumente in McLuhans Texten im ideen- und kulturgeschichtlichen Kontext so klar als möglich herauszuarbeiten und zu verstehen.
[10] McLuhan, Testen, bis die Schlösser nachgeben, S. 105.

Carpenter, der seit der gemeinsamen Arbeit an der Zeitschrift EXPLORATIONS Ende der 1950er Jahre McLuhan in Freundschaft zugeneigt war, lässt sich eine Passage finden, die das noch etwas konkreter fassbar macht: Entgegen der vorherrschenden Meinung über McLuhan, die im Übrigen von Freund und Feind bis heute kolportiert wird, soll sich der kanadische Medienforscher durch keine einzige besonders originelle Ideen auszeichnen. „Writers commonly speak of Marshall's original ideas. He had none."[11] Ganz im Gegenteil sogar: McLuhan griff, so Carpenter, so gut wie immer auf bereits Formuliertes zurück, das er dann ein wenig umformulierte und in einen anderen Kontext stellte. McLuhans Originalität finde man dementsprechend weniger in irgendwelchen revolutionären, vollständig neuen Ideen oder Paradigmen, sondern vielmehr in McLuhans spezifischer Verarbeitung *vorgängiger* Ideen. Rückblickend schreibt Carpenter:

> An easy way to find the source of many of Marshall's phrases is to examine the back pages of the books in his library. As he read, he jotted down phrases & ideas, by page in the rear. ‚Global village', properly noted, appears in a Wyndham Lewis book. Marshall liberated that phrases. [...] ‚The medium is the message,' came from Ashley Montagu's lecture ‚The Method is the Message,' which Marshall & I attended. Marshall improved the wording and extended the concept. ‚The medium is the massage' came from Sam Zacks. Marshall had been asked to explain his earlier phrase, to which Sam, who favored steam baths & massages, replied: ‚You mean, like a massage?' At which point, message became massage, mass-age, mess-age. So it went, an Andy Warhol factory. Everything from classics to comics got *recycled*. With input from 360, Marshall distilled, shaped, burnished, orchestrated.[12]

Gerade weil in McLuhans Texten tatsächlich alles Mögliche, von Klassikern bis Comics, recycelt, destilliert, umgeformt, poliert und orchestriert wird und sich McLuhan also als eine Art DJ unterschiedlichster Diskursformen und Forschungsrichtungen verstehen lässt, gilt es, zunächst einmal zumindest die zentralen Quellen dieser Wiederverwertungs- und Vermischungsprozeduren ausfindig zu machen. Erst wenn man weiß, was eigentlich das Ausgangsmaterial dieser Vorgänge ist, lässt sich die Frage beantworten, in welcher spezifischen Weise diese wiederverwertet und vermischt werden.[13] Ausgehend von jeweils einer der drei kurz benannten Thesen soll im hermeneutischen Interpretationsverfahren

---

[11] Carpenter, That Not-So-Silent-Sea, S. 245.
[12] Ebd., S. 244; Hervorhebung von mir.
[13] Damit ist im Übrigen *en passant* eine weitere Konsequenz der hermeneutischen Herangehensweise vermerkt: Durch die historische Kontextualisierung wird der zu behandelnde Autor einerseits ‚*kleiner*' gemacht, da seine Ideen auf Ideen anderer zurückgeführt und innerhalb des ‚Zeitgeistes' situiert werden. Andererseits wird die *Besonderheit* des Autors hervorgehoben, eben durch die Rekonstruktion, in welcher *spezifischen* Weise er vorhergehende Ideen transformiert und auf den herrschenden ‚Zeitgeist' reagiert und diesen eventuell umgeformt hat.

sukzessive offen gelegt werden, welches Ausgangsmaterial McLuhan in welcher Weise nutzte.

2.1 These 1: Medien sind Körperausweitungen

Die Idee, dass Medien Ausweitungen des Menschen sind, wird in McLuhans Werk spätestens Mitte der 1960er Jahre dominant. Virulent wird sie bleiben bis hinein in die *posthum* veröffentlichten LAWS OF MEDIA. Vor allem aber in dem 1964 erstmals publizierten Buch DIE MAGISCHEN KANÄLE ist diese Idee genauer entfaltet. Bereits im Untertitel wird die Relevanz dieses Ansatzpunktes klar markiert. Im englischsprachigen Original heißt es dort nach der Titelnennung „Understanding Media": „The Extensions of Man". Mit diesen ‚Extensionen', also Ausweitungen, meint McLuhan Medien. Medien sind für McLuhan denn auch alle möglichen Artefakte und Techniken, die der Mensch herstellt und die Funktionen des menschlichen Körpers bzw. der menschlichen Sinne übernehmen.[14] Der Hammer ist demnach ein Medium, weil er eine Ausweitung (der Schlagkraft) des Armes bedeutet, das Teleskop wiederum, weil es eine Ausweitung (des Sehvermögens) des Auges ist. Oder – um McLuhans Lieblingsbeispiel anzuführen – das Rad ist ein Medium, weil es eine Ausweitung (der Bewegung) des Fußes darstellt.[15] Medien, verstanden als Körperausweitungen, dehnen folglich buchstäblich den menschlichen Handlungs-, Wahrnehmungs- und Erkenntnisspielraum aus.

Das führt unter anderem zur Konsequenz, dass neben Phänomenen, die man wohl durchaus alltagssprachlich Medien nennen würde, wie etwa Schrift, Buch oder Fernsehen, auch Dinge unter diesen Begriff fallen, die man nicht ohne Weiteres darunter vermutet hätte. Nicht nur Hämmer, Teleskope oder Räder gehören dazu, sondern auch Geld, Comics, Auto, Kleidung, Waffen oder Straßen.[16] Tatsächlich *jedes* Artefakt und jede Technik ist dann als Ausweitung des Menschen zu verstehen und folglich ein Medium.[17]

---

[14] Siehe dazu bspw.: McLuhan, Magische Kanäle, S. 78f.
[15] Siehe: ebd., S. 75.
[16] Siehe zu dieser Liste: ebd., S. 5ff.
[17] Genau genommen stellen nach McLuhan sogar nicht nur jedes Artefakt oder jede materielle Technik Ausweitungen des Menschen dar, sondern auch soziale Fertigkeiten wie Sprechen, Spielen oder Kriegführen. Implizit greift Mc-Luhan damit das antike Technikverständnis wieder auf. Unter den Begriff der *techné* fiel dort nicht nur die Menge aller materiellen Artefakte, sondern *techné* bezeichnet zuvorderst erlernte Fertigkeiten, wie Schreiben, Zeichnen, Rechnen.

Technikanthropologie

Dieser Blickwinkel ist zuvorderst einer *anthropologischen* Technikauffassung geschuldet. Anthropologisch ist dieser Ansatz allein schon deshalb, weil hier Technik vom *Menschen* her gedacht wird. Der Mensch wird als Ausgangspunkt *und* maßgebliche Referenzfolie (medien-)technischer Entwicklungen verstanden. Technik ist ganz buchstäblich Ausweitung des Menschen und also solche integraler Bestandteil menschlicher Entwicklung. Technik wird demgemäß *nicht* als ein dem Menschen entgegengesetztes Phänomen verstanden – hier der (natürliche) Mensch, dort die (künstliche) Technik. Stattdessen *ist* Technik als Erweiterung menschlicher Natur menschliche Natur.[18] Diese Art der Technikanthropologie hat eine lange Tradition, die in die Antike mindestens bis Aristoteles reicht und vor allem in der frühen Neuzeit einige Anhänger fand.[19]

McLuhan bezieht sich aber in diesem Kontext nicht explizit auf Aristoteles oder einen Renaissancekünstler wie Leonardo da Vinci. Vielmehr übernimmt er direkt und bis in die Formulierungen hinein sein anthropologisches Technikkonzept von drei nordamerikanischen Denkern aus dem 19. bzw. 20. Jahrhundert. Im 1870 veröffentlichten Essay WORKS AND DOGS formuliert der US-amerikanische Philosoph Ralph Waldo Emerson Sätze, die ganz ähnlich in McLuhans Texten zu finden sind. Vor allem die Extensionsthese McLuhans wird hier explizit ausbuchstabiert:

> Our nineteenth century is the age of tools. They grew out of our structure. ‚Man is the metre of all things', said Aristotle, ‚the hand is the instrument of the instruments, and the mind is the form of the forms.' The human body is the magazine of inventions, the patent-office, where are the model from which every hint was taken. All the tools and engines on earth are only *extensions of its limbs and senses*.[20]

Bei den Forschern des 20. Jahrhunderts, auf die sich McLuhan bei seiner These von der Körperausweitung direkt bezieht, handelt es sich zum einen um den Ethnologen Edward Hall und zum anderen um den Architektur- und Technikhistoriker Lewis Mumford. Mumford, auf den McLuhan sehr häufig in seinen Texten Bezug nimmt, formuliert 1934 in TECHNICS AND CIVILIZATION bereits

---

Artefakte, sondern *techné* bezeichnet zuvorderst erlernte Fertigkeiten, wie Schreiben, Zeichnen, Rechnen.

[18] Diese Perspektive ist nicht unproblematisch – siehe dazu → 3. Lesart: Kritik, S. 153ff.
[19] Siehe dazu ausführlicher: Christoph Hubig, Historische Wurzeln der Technikphilosophie, in: ders. u.a. (Hg.), Nachdenken über Technik: die Klassiker der Technikphilosophie, Berlin 2000, S. 19-40.
[20] Ralph Waldo Emerson, Works and Days [1870], in: ders., The Collected Works of Ralph Waldo Emerson. Bd. VII: Society and Solitude, S. 79-94, hier: S. 79; Hervorhebung von mir. Emerson wird diesbezüglich auch direkt zitiert von McLuhan; bspw. in: McLuhan/ McLuhan, Laws of Media, S. 96.

mit explizitem Bezug auf *Kommunikations- und Wahrnehmungsmedien* (und damit genau auf den Bereich, der auch in McLuhans Texten trotz seines sehr weiten Medienbegriffs im Mittelpunkt stehen wird): „[T]he Organic has become visible again even within the mechanical complex. Some of our most characteristic mechanical instruments – the telephone, the phonograph, the motion picture – have grown out of our interest in human voice and human ear and out of knowledge of their physiology and anatomy."[21] Hall wiederum, mit dem McLuhan seit den 1960er Jahren in regem Briefkontakt stand, veröffentlichte 1959 ein Buch mit dem Titel THE SILENT LANGUAGE.[22] Dort ist die Körperextensionsthese McLuhans ähnlich klar vorformuliert wie schon bei Emerson, zusätzlich aber bis in die Gegenwart der zweiten Hälfte des 20. Jahrhunderts verlängert (und damit – zumindest aus Halls Sicht – an ein Ende gekommen): „Today man has developed extensions for practically everything he used to do with his body. The evolution of weapons begins with the teeth and the fist and *ends* with the atom bomb."[23]

Auffällig ist indes, dass dieses Konzept der Körperextension nicht nur von einzelnen nordamerikanischen Philosophen, Historikern, Ethnologen und Medientheoretikern *in spe* Mitte des 20. Jahrhunderts einen ungemeinen Aufschwung erlebt. Auch andernorts, und zwar in unterschiedlichsten Forschungszusammenhängen, hat solch eine Idee zu dieser Zeit Konjunktur. Auf einige Beispiele sei kurz verwiesen: Sigmund Freud beschrieb wirkmächtig in einer seinen kulturhistorischen Schriften, nämlich in DAS UNBEHAGEN IN DER KULTUR, den Menschen als „eine Art Prothesengott", der sich mit seinen „Hilfsorganen" in Form von Werkzeugen und Maschinen gegen die feindliche Natur zu wappnen versuche.[24] Der Soziologe Arnold Gehlen wiederum bezeichnet 1957 in DIE SEELE IM TECHNISCHEN ZEITALTER den Menschen als Mängelwesen, das Werkzeuge und Maschinen hervorbringt, um seine Organe zu verstärken, zu entlasten oder

---

[21] Lewis Mumford, Technics and Civilization, New York 1934, S. 6. Auch Mumford nimmt im Übrigen in seinen (späteren) Werken auf McLuhan Bezug. Jedoch um einiges kritischer als umgekehrt McLuhan auf ihn: Mumford bezeichnet McLuhans Ausführungen in THE MYTH OF THE MACHINE als „psychedelic extravagance" und einige Seiten weiter noch deutlicher als „humbug" – siehe: Lewis Mumford, The Myth of the Machine. Bd. 2: The Pentagon of Power, New York 1970, hier: S. 293 und S. 297.
[22] Siehe: Edward T. Hall, The Silent Language, New York 1959. Siehe zum Briefverkehr von Hall und McLuhan: Everett M. Rogers (Hg.), The Extensions of Men: The Correspondence of Marshall McLuhan and Edward T. Hall, Oxford/ New York 2000.
[23] Hall, Silent Language, S. 79; Hervorhebung von mir.
[24] Sigmund Freud, Das Unbehagen in der Kultur [1930], in: ders., Gesammelte Werke. Bd. XIV, Frankfurt am Main 1960, S. 421-506, hier: S. 451.

zu ersetzen.[25] In den informationstheoretisch fundierten Entwürfen der Kybernetik, die gerade Mitte des 20. Jahrhunderts auch einiges Aufsehen in den Sozial- und Geisteswissenschaften erregten, ist die Vorstellung von der Technik als Ausweitung des menschlichen Gehirns gang und gäbe.[26] Als letztes Beispiel sei auf den französischen Paläontologen André Leroi-Gourhan verwiesen. Im selben Jahr wie McLuhans ‚Magische Kanäle', also 1964, erscheint sein zweibändiges Hauptwerk WORT UND GESTE. Dieser voluminösen und für die Technikhistoriografie wegweisenden Publikation liegt die These zugrunde, dass sowohl Symbolproduktion als auch Werkzeugherstellung „auf die gleiche Grundausstattung im Gehirn zurückgehen"[27] und insofern als „Exteriorisierungen des Geistes"[28] zu verstehen seien. Vor diesem Hintergrund betrachtet ist McLuhans Ansatz, Medientechniken als Ausweitung des Menschen zu verstehen, nicht nur nicht neu, sondern ein solcher Ansatz ist Mitte des 20. Jahrhunderts geradezu *mainstream*, zumindest in weiten Teilen der Technikgeschichtsschreibung.

Funktionen der Technikanthropologie

Dass diese These gerade seit Mitte des 20. Jahrhunderts eine Renaissance erlebte und in unterschiedlichen Diskursen virulent wurde, dafür lassen sich durchaus auch im Bereich (medien-)technischer Entwicklungen Gründe finden: Das Fernsehen wird zum Leitmedium der westlichen Hemisphäre. Die ersten Computer gehen in Serie und finden damit ihren Weg in kommerzielle Anwendungen. Am Ende der 1960er Jahre kreisen bereits knapp 400 Erkundungs- und Kommunikationssatelliten um die Erde. Die Unterhaltungsindustrie steigt zu einem der maßgeblichen Wirtschaftsfaktoren auf und durchdringt mit ihren massenmedialen Angeboten nahezu alle sozialen Sphären.[29] Das Phantasma einer totalen Manipulation durch Technik oder ‚die Medien' wird zum kulturkritischen Stan-

---

[25] Siehe: Arnold Gehlen, Die Seele im technischen Zeitalter. Sozialpsychologische Probleme in der industriellen Gesellschaft, Hamburg 1957.
[26] Siehe dazu ausführlicher: Claus Pias, Die Welt des Schmoo. „Computer als Medium" – nach, mit und neben McLuhan, in: de Kerckhove u.a., McLuhan neu lesen, S. 140-157, v.a.: S. 142f.
[27] André Leroi-Gourhan, Hand und Wort. Die Evolution von Technik, Sprache und Kunst [1964], Frankfurt am Main 1995, S. 149.
[28] Dies ist eine Formulierung Frank Hartmanns zur Kennzeichnung von Leroi-Gourhans Ansatz – siehe Frank Hartmann, Techniktheorien der Medien, in: Stefan Weber (Hg.), Theorien der Medien. Von der Kulturkritik bis zum Konstruktivismus, Konstanz 2003, S. 49-80, hier: S. 55.
[29] Siehe dazu ausführlicher: Lindner, Das Fernsehen.

dardrepertoire.³⁰ Mitte des 20. Jahrhunderts entstand ganz offensichtlich etwas, das man heute mit Begriffen wie ‚Informationsgesellschaft', ‚Netzwerkgesellschaft' oder auch ‚Mediengesellschaft' zu fassen versucht. Martin Lindner spricht in diesem Kontext von einer regelrechten „Konstruktion der *mediasphere* um 1950".³¹

Aber auch jenseits massenmedialer Unterhaltung und Informationszirkulation lassen sich Gründe finden, warum Mitte des 20. Jahrhunderts die Frage nach den Grundlagen des Menschseins mit dem der Technik eng verknüpft wird: War doch nunmehr eine technologisch mögliche Zerstörung der gesamten Erde handgreiflich gemacht durch Entwicklung und Einsatz der Atombombe. Dass in solch einer Zeit die Frage nach der Technik drängend wird, scheint kaum verwunderlich. Und die Körperextensionsthese ist eben einer der häufig aufgegriffenen Versuche, diesen technologischen Problemkomplex in einem kulturgeschichtlichen und anthropologischen Kontext zu situieren, um die Frage nach Genese (medien-)technologischer Entwicklungen beantworten zu können – und zwar (zumindest mit Blick auf McLuhan) in einem ganz bestimmten Sinne: Wird doch damit der Ausgangspunkt der Technik in der menschlichen Natur situiert. Technik ist damit nicht etwas, das dem Menschen fremd gegenübersteht, sondern es ist als Ausweitung des Menschen etwas dem Menschen zutiefst Zugehöriges, Vertrautes. Die Körperextensionsthese fungiert so als ein Masternarratem für eine durchaus beruhigende „Orientierungsgeschichte […]"³², in der die technische Entwicklung als etwas zutiefst Menschliches vorgestellt und verstehbar gemacht wird.³³

---

[30] Siehe dazu die ‚Mutter' so gearteter Medienkritik: Horkheimer/ Adorno, Kulturindustrie. Auch *die* literarische Dystopie eines durch (Medien-)Technologie ermöglichten Überwachungsstaates schlechthin, nämlich NINETEEN EIGHTY FOUR, wird ziemlich genau in der Mitte des 20. Jahrhunderts veröffentlicht, nämlich 1949 – siehe: George Orwell, 1984 [1949], Frankfurt am Main 1984.
[31] Lindner, Das Fernsehen, S. 11.
[32] Siehe zu dieser Art – durchaus umstrittener – Funktionszuschreibung der Geisteswissenschaften: Odo Marquard, Über die Unvermeidlichkeit der Geisteswissenschaften, in: ders., Apologie des Zufälligen. Philosophische Studien, Stuttgart 1986, S. 98-116, hier: S. 106.
[33] Was in meiner Rekonstruktion jedoch etwas zu kurz kommt, ist folgendes: Im Grund artikulieren alle angesprochenen Ansätze trotz aller ‚Humanisierung' der Technik und der Medien eine Befürchtung: Es könnte sein, dass sich Ausweitungen des Menschen irgendwann *gegen* den Menschen wenden. Der Mensch könnte seine Handlungsmacht an ‚die Maschinen' bzw. ‚die Medien' verlieren und/oder durch seine Ausweitungen massiv verändert, ja zerstört werden. Dementsprechend stehen die Vertreter der Körperextensionsthese Körperausweitungen äußerst ambivalent gegenüber. Was jedoch wiederum die allermeisten Vertreter dieser These eint – und was sich vor allem bei McLuhan sehr deutlich Bahn bricht –, ist die Hoffnung, der Mensch könne letztendlich doch die Technik und die Medien in seinem Sinne verwenden.

Ernst Kapps Technikhermeneutik

Die Technikentwicklung bleibt somit verstehbar, *weil* der Ausgangspunkt ihrer Entwicklung vom Menschen her gedacht wird. Daraus zieht McLuhan eine wichtige Konsequenz: Technik ist eine menschliche Ausdrucksform und zwar eine Ausdrucksform, durch die sich der Mensch selbst überhaupt erst zu verstehen lernt. *Understanding Media* heißt so gesehen immer auch *Understanding Man*. Nicht nur die Technik ist verstehbar, weil sie Ausweitung des Menschen ist. Andersherum versteht sich der Mensch zuallererst selbst, weil er sich in der Technik begegnen kann. Technik ist damit nicht nur Perfektionierungs- (oder wahlweise Zerstörungsvehikel), sondern *ein Medium zur Selbstreflexion des Menschen*.

Technik als ein Medium der Selbstreflexion zu verstehen, diese Idee liegt McLuhans Körperextensionsthese zugrunde, ohne dass diese Grundlage bei McLuhan eigens argumentativ ausgefaltet oder wissenschaftshistorisch kontextualisiert wird. Argumentativ ausformuliert ist diese Idee hingegen explizit knapp 100 Jahre früher und zwar in Ernst Kapps 1877 erschienenen GRUNDLINIEN EINER PHILOSOPHIE DER TECHNIK.[34] Kapp zeigt sich hierin als gelehriger Schüler Georg Wilhelm Friedrich Hegels. Denn er folgt Hegels These, dass der menschliche Geist seiner selbst zuallererst durch (verändernde) Tätigkeit in der Welt gewahr werde.[35] Insbesondere in den vom Menschen selbst geschaffenen Artefakten objektiviere sich der menschliche Geist. Und erst in und mittels dieser Objektivierung werde sich der Mensch im Laufe der Geschichte sukzessive bewusst, wer er ist und wer er sein kann. Herstellungsprozesse und Artefakte sind also schon bei Hegel Medien der Selbstreflexion.

Kapp wendet diese Idee explizit auf *technische* Artefakte an und formuliert basierend darauf ein Prinzip der „Organprojection".[36] Dabei will er eine Genealogie der „Vervollkommnung" nachzeichnen:[37] Es geht von der „Hand als Werkzeug der Werkzeuge"[38] bis hin zur Telegrafie als Ausweitung der Nervenbahnen und damit – ganz analog zu McLuhan, wie noch näher zu zeigen sein wird – hin zur Auslagerung auch geistiger Tätigkeiten des Menschen. Im Verlauf der Un-

---

[34] Siehe: Ernst Kapp, Grundlinien einer Philosophie der Technik. Zur Entstehungsgeschichte der Cultur aus neuen Gesichtspunkten, Darmstadt 1877 (auch online zugänglich unter: http://vlp.mpiwg-berlin.mpg.de/references ?id=lit39532 [01.07.10]). Zu einer genaueren Lektüre Kapps und zur kritischen Einschätzung der Ineinssetzung von Kapps Organprojektionsthese und McLuhans Körperausweitungsthese siehe: Frank Hartmann, Globale Medienkultur. Technik, Geschichte, Theorien, Wien 2006, S. 79ff.
[35] Siehe: Georg Wilhelm Friedrich Hegel, Phänomenologie des Geistes [1807], Hamburg 1988, vor allem Kapitel IV.: „Die Wahrheit der Gewißheit seiner selbst".
[36] Kapp, Grundlinien, S. VI.
[37] Ebd., S. V.
[38] Ebd., S. 40.

tersuchung will Kapp, wie es im Vorwort der GRUNDLINIEN EINER PHILO-SOPHIE DER TECHNIK heißt, durch „unbestreitbare Thatsachen" nachweisen, „dass der Mensch *unbewusst* Form, Functionsbeziehung und Normalverhältnis seiner leiblichen Gliederung auf die Werke seiner Hand überträgt und dass er dieser ihrer analogen Beziehungen zu ihm selbst erst *hinterher* sich *bewusst* wird."[39] Der menschliche Ausdruck ist demnach zunächst ein unbewusster, der erst retrospektiv als solcher bewusst und also verstehbar gemacht werden kann.

Diesem Konzept liegt eine *hermeneutische* Operation zugrunde: Analog zu Texten, Bildern oder Statuen sollen die technischen Artefakte lesbar sein und interpretiert werden können. Dem hermeneutischen Axiom zufolge sind Texten, Bildern oder auch Statuen menschliche Absichten, Bedürfnisse, Wünsche eingeschrieben, deren Bedeutungen im hermeneutischen Nachvollzug entschlüsselt und so verstanden werden können.[40] Genau so soll es sich nun nach Kapp generell mit technischen Artefakten verhalten: Der Mensch spiegelt sich in den von ihm produzierten Artefakten wieder und kann sich in der interpretativen Auslegung dieser Artefakte selbst verstehen.[41]

Tiefenhermeneutik

Jedoch gibt es hier zwei fundamentale Unterschiede zur ‚gängigen' Hermeneutik: Erstens geht es nicht um bewusste Absichten eines Autors oder Künstlers, die nachvollzogen werden, sondern Technik wird *per se* als zunächst *unbewusster* Ausdruck des Menschen verstanden. Gibt doch die Technik dem Menschen, laut Kapp, zuallererst die Möglichkeit, sich seiner selbst bewusst zu werden. Es bedarf dann freilich eines *Technikhermeneuten* wie Kapp, der diese Möglichkeiten auch erkennt und zu deuten weiß. Dieses Konzept eines Unbewussten, das zuallererst bewusst gemacht werden muss, entspricht dem Modell der *Tiefenhermeneutik*. Wie bereits der Ausdruck selbst nahelegt, wird dabei angenommen: Jeder menschliche Ausdruck manifestiert etwas in der Tiefe Verborgenes, das dem Handelnden selbst unbewusst bleibt. Der Tiefenhermeneut versucht nun dieses Unbewusste zu bergen. Der Tiefenhermeneut *par excellence* ist der Psychoanalytiker in der Tradition Sigmund Freuds. Er erforscht die meist verdrängten, auf jeden Fall aber unbewussten Bedürfnisse eines Patienten, die er beispielsweise mit spezifischen Traumdeutungstechniken, wie der Assoziationsmethode, ber-

---

[39] Ebd., S. Vf.
[40] Gadamer universalisiert solch eine Sicht: „[A]lles solches Verstehen" ist, so schreibt er, „am Ende ein Sichversehen […]." (Gadamer, Wahrheit und Methode, S. 265.)
[41] Was sich so formuliert sehr allgemein anhören mag, beschreibt Kapp mitunter sehr konkret, beispielsweise mit Bezug auf die ‚Organprojection' des Telegrafenkabels: Erst durch dieses verzweigte Kabelnetz versteht der Mensch sein eigenes körperliches Nervensystem (siehe: Kapp, Grundlinien, S. 114).

gen zu können glaubt.⁴² Was dem Psychoanalytiker freud'scher Provenienz der Traum ist mit seinen unbewussten Strukturen, die es aufzudecken gilt, sind dem Technikhermeneuten in der Tradition Kapps die technischen Artefakte, deren latente Strukturen er aufdeckt, um den Menschen zu verstehen. Genau in dieser tiefenhermeneutischen Tradition steht McLuhans Projekt ‚*Understanding Media*'.

Zweitens geht mit der ‚Organprojection' nicht einfach eine Ausweitung des Menschen einher, in der sich der Mensch dann erkennen kann. Diese Ausweitung hat nämlich auch umgekehrt Rückwirkung auf den Menschen und verändert diesen. Was bei Kapp zumindest angelegt ist, wird bei McLuhan explizit ausgeführt. In LAWS OF MEDIA heißt es diesbezüglich sehr deutlich: „[T]here is the effect of the changes in man himself that result from using his own devices to create environments of service. Any new service environment, such as those created by the alphabet or railways or motor cars or telegraph or radio *deeply modifies* the very nature and image of people who use it."⁴³ Eine *Rückkopplungsschleife* zwischen Ausweitung des Menschen in die Technik und Rückwirkung der ausgeweiteten Technik auf den Menschen wird hier also gedacht. Aus dieser Sicht hat der Mensch nicht einfach einen festen Kern, der *via* hermeneutische Operationen zu enthüllen ist. Vielmehr ist es so, dass die Ausweitungen den Menschen eben auch verändern, ja regelrecht transformieren. So gesehen ist das menschliche Wesen radikal historisch und dynamisch verstanden, ja eigentlich genauer noch *technik*historisch zu verstehen: Ist doch dann die Technik Mittel zur Selbsterkenntnis, *gleichzeitig* aber auch Mittel zur Transformation des Menschen. Das Projekt ‚*Understanding Media*' impliziert dann nicht mehr nur die unendliche Aufgabe, die Medien und durch die Medien die Menschen immer besser zu verstehen, sondern weit radikaler, den Menschen als permanent sich wandelndes, von Technik durchdrungenes und sich in Technik entäußerndes Wesen zu verstehen.⁴⁴

Stress, Amputation und Betäubung

Doch um McLuhans Perspektive angemessen zu verstehen, reicht es nicht hin, ihn in die technikhermeneutische Tradition Kapps zu stellen. Denn – und das

---

[42] Siehe zur Methode der Traumdeutung den ‚Klassiker' schlechthin: Sigmund Freud, Die Traumdeutung [1900], Frankfurt/Main ¹³2005. Die Psychoanalyse hatte im ersten Drittel und in der Mitte des 20. Jahrhunderts vor allem in den USA Hochkonjunktur; siehe dazu: Ulrike May, Psychoanalyse in den USA, in: Walter Spiel (Hg.), Die Psychologie des 20. Jahrhunderts. Konsequenzen für die Pädagogik (I). Entwicklungsmöglichkeiten und erzieherische Modelle, Zürich 1976, S. 1219-1264.
[43] Marshall McLuhan/ Eric McLuhan, Laws of Media. The New Science, Toronto 1988, S. 96; Hervorhebung von mir.
[44] Siehe dazu auch → 4. Lesart: Pragmatik, S. 212ff.

unterscheidet McLuhans Ansatz von Kapps fundamental – McLuhan will Technik nicht nur als Körperausweitung verstanden wissen, nicht nur als Mittel zur Bildung und Umbildung des Selbstbewusstseins. Andersherum soll nämlich sehr viel brutaler ebenfalls gelten: Technische Artefakte sind *Amputationen* des menschlichen Körpers. Als solche *sedieren* sie die Wahrnehmung und verhindern Selbsterkenntnis. Dieser augenscheinliche Widerspruch – einerseits soll Technik eine Erweiterung des Menschen sein und Selbsterkenntnis ermöglichen, anderseits aber Amputation und Selbstverkennung zur Folge haben – lässt sich über einen kleinen Umweg auflösen, nämlich wenn man sich klar macht, was genau mit Amputation und Betäubung in diesem Kontext gemeint ist.

Begriffe wie ‚Amputation' und ‚Betäubung' stammen aus dem medizinischen Diskurs.[45] Diese Begriffe wurden vor allem durch die Arbeiten des Mediziners Hans Selye populär. Selye gilt als Begründer der Stressforschung. Seit den 1930er Jahren erforschte er dieses Phänomen und veröffentlichte in der Folge auch viele populärwissenschaftliche Bücher darüber.[46] Seine Theorie besagt, in aller Kürze formuliert: Unter extremem Stress reagiert der Organismus mit Anästhetisierung des jeweiligen (Sinnes-)Organs, um weiterhin funktionstüchtig zu bleiben. Diese Betäubung kommt, so kann man metaphorisch formulieren, einer Selbstamputation des jeweiligen (Sinnes-)Organs gleich. Beispielsweise kann ein permanenter Ton im hohen Frequenzbereich eine Überreizung der akustischen Wahrnehmung zur Folge haben. Der Körper reagiert auf diesen Stress durch Betäubung der akustischen Wahrnehmung. Die Ohren werden quasi amputiert. Wichtig für vorliegenden Zusammenhang ist daran: McLuhan liest diese medizinische Sinneswahrnehmungshypothese aus dem Blickwinkel der anthropologischen Körperextensionslehre. Geht es bei Selyes keineswegs um (medien-)technische Ausweitungen (allenfalls um Wirkungen, die eine technisierte Zivilisation auf unsere Wahrnehmung hat), so wird in McLuhans Lesart Selyes Konzept genau in diese Richtung modifiziert:

> Forscher auf dem Gebiete der Medizin wie Hans Selye und Adolphe Jonas sind der Ansicht, daß alle Ausweitungen unserer selbst [...] Versuche darstellen, das innere Gleichgewicht aufrechtzuerhalten. Jede Ausweitung unserer eigenen Person betrachten sie als ‚Selbstamputation' und glauben, daß der Körper zu dieser Methode oder diesem Mittel der Selbstamputation greift, wenn das Wahrnehmungsvermögen den Grund der Reizung nicht genau feststellen oder sie umgehen kann. [...] Wenn Jonas und Selye

---

[45] Im Übrigen stammt der Begriff Extension ursprünglich ebenfalls aus der Medizin und meint die Streckung eines Gelenkes (bspw. die Aufrichtung der Wirbelsäule).
[46] Siehe dazu bspw. den kurzen Artikel: Hans Selye, A Syndrome Produced by Diverse Nocuous Agents [1936], in: Journal of Neuropsychiatry & Clinical Neurosciences, Volume 10, Nr. 2 (1998), S. 230-231 (auch online zugänglich unter URL: http://neuro.psychiatryonline.org/cgi/reprint/10/2/230 [01.07.10] oder auch ausführlicher und populärwissenschaftlicher: ders., Stress beherrscht unser Leben [1957], München 1991.

auch nicht direkt beabsichtigen, uns eine Erklärung für menschliche Erfindungen und Technik zu geben, haben sie uns doch eine Theorie der Krankheit (oder des Unbehagens) geschenkt, die weitgehend erklärt, warum der Mensch gezwungen ist, die verschiedenen Teile seines Körpers in einer Art Selbstamputation auszuweiten. Unter körperlichem ‚Streß' oder bei Überreizung schützt sich das Zentralnervensystem selbst aktiv mit der Waffe der Amputation oder Absonderung des ‚kränkenden' Organs, Sinnes oder der gestörten Funktion.[47]

Wie aber sieht denn solch ein Vorgang konkret aus? Ein schlichtes Beispiel soll das deutlich machen. Man stelle sich vor: Aufgrund des zunehmenden Warenaustausches zwischen Ort A und Ort B werden die Anforderungen an den einzigen Postboten in dieser Gegend zusehends größer. Immer mehr Postsendungen müssen in immer kürzerer Zeit vom Postboten zu Fuß ausgeliefert werden. Das führt zu solch einem Stress, dass der Postbote irgendwann überfordert ist. Genau deshalb weiten sich die Füße des Postboten, aus McLuhans Perspektive, letztlich zu einem DHL-Lastwagen aus. Die Funktion der Füße übernimmt nun der Lastwagen. Jedoch ist die Funktion der Füße damit nicht nur ausgeweitet, sondern die Füße sind ebenfalls in einem gewissen Sinne amputiert: Sie werden weniger verwendet und dadurch schwächer. Indes können die Paketsendungen mit dem DHL-Lastwagen sehr viel schneller und in größeren Mengen transportiert werden als zu Fuß. Das hat wiederum zur Folge: Der Warenverkehr zirkuliert noch schneller und führt ab einem bestimmten Zeitpunkt zu solch einem Stress, dass die Wahrnehmung des Lastwagenfahrers massiv gestört oder doch zumindest radikal modifiziert wird. Der Lastwagenfahrer nimmt nämlich seine Umwelt zusehends nur noch im Schema des funktionalen Transports wahr – Verkehrsschilder, Fahrbahnbegrenzungen, Geschwindigkeitskontrollen, Paketzustellungsbestätigungen. Alles andere wird ausgeblendet, wird nur noch gedämpft und wie unter Narkose wahrgenommen, damit die Aufgabe, Postsendungen von A nach B und *vice versa* zu transportieren, überhaupt noch zu bewältigen ist.

Die Ausweitung der Füße zum DHL-Lastwagen hat also einige Konsequenzen: Sie führt zur Verkümmerung der Beine, Beschleunigung des Warenverkehrs und damit zur Dämpfung der visuellen Wahrnehmung des ehemaligen Postboten. So trivial und fiktiv dieses Beispiel auch sein mag, es soll verstehen helfen, wie für McLuhan eine Ausweitung des Körpers *gleichzeitig* auch eine Amputation sein kann, die zur Betäubung von Sinnen führt und damit die Funktionsweise des gesamten Organismus modifiziert.

Den Vorgang der Betäubung durch technische Ausweitung führt McLuhan selbst eindrücklich an seiner Deutung des Narziss-Mythos aus: Narziss wird dabei nicht, wie sonst üblich, als jemand verstanden, der sich in sein eigenes

---

[47] McLuhan, Magische Kanäle, S. 74f.

Spiegelbild verliebt, nachdem er es im Wasser erblickt hat. McLuhan versteht die Erzählung vielmehr mit Blick auf den griechischen Wortstamm des Namens Narziss als Vorgang einer Narkotisierung: „Diese Ausweitung seiner selbst im Spiegel betäubte seine Sinne [...]."[48] Das Spiegelbild deutet McLuhan als eine Ausweitung des Körpers, in die sich Narziss verliebt. Solch ein Verliebtsein bedeutet aber Betäubung. Und Betäubung schließt nach McLuhan Selbsterkenntnis aus. Folglich kann sich Narziss im Spiegelbild nicht selbst erkennen. Fasziniert von seinem Spiegelbild und gleichsam unfähig, dieses als sein Spiegelbild zu erkennen – diesen narzisstischen Zustand deutet McLuhan als Inbegriff der Situation des modernen Menschen. Sei dieser doch regelrecht „[v]erliebt" in seine „Apparate"[49] und gleichzeitig durch diese Apparate so betäubt, dass er unfähig ist, sie als Ausweitungen seiner selbst zu erkennen.

Homöostase und Selbsterkenntnis im Zeitalter der Elektrizität

Betäubung und Selbstverkennung sind nach McLuhan aber nicht *per se* Konsequenzen der technischen Ausweitungen (sonst wäre schließlich Selbsterkenntnis überhaupt nie möglich). Sie werden vielmehr vorrangig durch die Stimulierung *einzelner* Sinne vorangetrieben, also durch Spezialisierungstendenzen, die die anderen Sinne betäuben. Ein Großteil der Medientechnikgeschichte soll genau solch einer Spezialisierungstendenz folgen:

> Die Auswahl eines einzigen Sinnes zur starken Stimulierung oder eines einzigen erweiterten, isolierten oder ‚amputierten' Sinnes in der Technik ist zum Teil der Grund für die betäubende Wirkung, die die Technik als solche auf jene ausübt, die sie geschaffen haben und sie verwenden. Denn das Zentralnervensystem antwortet mit allgemeiner Betäubung auf eine Herausforderung spezialisierter Erregung.[50]

McLuhan illustriert die Betäubung durch Spezialisierung selbst sehr plastisch am Beispiel einer experimentellen Zahnbehandlung: „Der Patient setzt Kopfhörer auf und stellt ein Geräusch von so großer Lautstärke ein, daß er vom Bohrer keinen Schmerz mehr spürt."[51] Durch die Betonung des auditiven Sinnes wird also die taktile Schmerzempfindung betäubt.

Das Gegenmodell zu solch einer betäubenden Spezialisierung bildet bei McLuhan ein harmonisches Wechselspiel, ein homöostatisches Gleichgewicht der Sinne. Die Vorstellung eines Wechselspiels der Sinne findet sich auch bei dem Stressforscher Selye, geht aber sehr viel weiter zurück bis zur antiken Medizin eines Hippokrates. Sie ist in der Philosophie Aristoteles zu finden und in den

---

[48] Ebd., S. 73.
[49] Ebd.
[50] Ebd., S. 77f.
[51] Ebd., S. 77.

Schriften Thomas von Aquins prominent. Gerade auf Letzteren bezieht sich McLuhan in diesem Zusammenhang häufig. Thomas von Aquin nimmt bereits in McLuhans Dissertation einen zentralen Platz ein und bleibt seitdem ein wichtiger Referenzpunkt. Bei dem für das christliche Denken des Mittelalters maßgeblichen Theologen findet man unter anderem die Idee, dass die Sinne sich gegenseitig beeinflussen, ineinander übersetzt werden können und ihr Wechselspiel von einem *sensus communis*, einem übergreifenden Ordnungsprinzip geleitet wird, das von Aquin als göttlicher Logos beschrieben wird.[52] Dieses Wechselspiel der Sinne garantiert bei Aquin unter anderem die Erkennbarkeit Gottes. Genau daran schließt McLuhan an. Nur geht es bei ihm nicht mehr um die Erkennbarkeit Gottes, sondern um die Erkennbarkeit der Technik und, vermittelt durch die Technik, die des Menschen. In DIE MAGISCHEN KANÄLE koppelt McLuhan dieses Idee mit der Stressforschung Selyes: Werden vor allem einzelne Sinnesorgane stimuliert, wird das Wechselspiel der Sinne gestört. Das Gleichgewicht kann nur wieder hergestellt werden, indem einzelne Sinne betäubt werden. Werden aber einzelne Sinne betäubt, so verhindert das die Erkenntnisfähigkeit und somit eben auch die Erkennbarkeit der Technik als Körperausweitung.

McLuhan versteht aus dieser Perspektive Technikgeschichte, angefangen bei der ersten Körperausweitung, als eine *fortwährende Irritation des Wahrnehmungsgleichgewichts*, die zu einem Zustand permanenter Betäubung und Selbstverkennung führt. Wenn denn dem tatsächlich so sein sollte, liegt natürlich die Frage nahe, wie (und wer) denn dann überhaupt Technik als Ausweitung des menschlichen Körpers verstehen kann. Diese Frage ist insofern umso drängender, als McLuhan ja gleichzeitig in der Tradition der Technikhermeneutik Kapps steht, in der davon ausgegangen wird, dass Technik eine Art von Selbstartikulation des Menschen darstelle, durch und in der sich der Mensch seiner selbst zuallererst bewusst werden kann. Wie passen also Selbsterkenntnis und Selbstverkennen in und durch Technik zusammen? Darauf gibt McLuhan zwei Antworten, zum einen eine mediengeschichtliche, zum anderen eine ästhetische.

Mediengeschichte und Selbsterkenntnis

Zunächst kurz zur mediengeschichtlichen Antwort:[53] Laut McLuhan bildet sich im 19. Jahrhundert das sogenannte Zeitalter der Elektrizität aus. Der Beginn dieses Zeitalters wird mit der Telegrafie festgesetzt.[54] Die elektrische Telegrafie wird, analog zu Kapp, als Ausweitung des menschlichen Körpers verstanden,

---

[52] Demgemäß schreibt McLuhan in einem seiner Briefe: „[...] I am a Thomist for whom the sensory order resonates with the divine Logos." (McLuhan, Letters, S. 368.)
[53] Ausführlich behandelt wird McLuhans Medienhistoriografie in → Kap. 2.2, S. 102ff.
[54] Siehe bspw.: McLuhan, Magische Kanäle, S. 376ff.

genauer: als Ausweitung des Zentralnervensystems. Mit dem Aufkommen der vernetzenden Telegrafie wird dabei das Ende der technikinduzierten Spezialisierung der Sinne eingeläutet. In der Folge, vor allem mit der Etablierung des Fernsehens, soll in diesem Zeitalter ein harmonisches Wechselspiel der Sinne möglich gemacht und damit die Betäubung der Sinne verabschiedet werden. Parallel zum sinnlichen Wechselspiel konstituiert sich in diesem Zeitalter eine medientechnisch vernetzte Welt, in der die Menschen in einem globalen Dorf eine Gemeinschaft bilden und in ein unmittelbares Wechselverhältnis treten. Jetzt erst kann man die Wirkungen, die beispielsweise medientechnische Innovationen haben, erkennen. Das ist möglich, weil die Medientechniken unmittelbar in ihrer Wirkung auf das globale System beobachtbar sind und dabei mehrere Sinne interagieren. Das heißt auch: Erst im Stadium dieser Wechselwirkungen soll überhaupt erst erkannt werden können, welche entscheidende Rolle die Technik als Körperausweitung *immer* schon gespielt hat, gerade hinsichtlich der Betäubung des Menschen.[55] Auf dieses Zeitalter und seine Implikationen wird noch ausführlicher zurückzukommen sein; hier bleibt zunächst einmal festzuhalten: Erkenntnis der Medieneffekte ist möglich, aber erst in (und ab) einer bestimmten medienhistorischen Konstellation.

Der Künstler (und Forscher) als Seismologe und Mentor

Nun zur ästhetischen Antwort. Zwar formuliert McLuhan, wie gerade dargestellt, dass erst im Zeitalter der Elektrizität die Betäubung durch Medien erkannt und damit Technik als Körperausweitung verstanden werden kann. Das gilt aber *nicht* für einen bestimmten Typus Mensch, nämlich für den Künstler. Dieser stellt insofern eine Ausnahme dar, als er der Einzige ist, der sich der Betäubung durch die Medientechniken erfolgreich erwehren konnte und zu Gegenmaßnahmen befähigt ist: „Der ernsthafte Künstler ist der *einzige* Mensch, der der Technik ungestraft begegnen kann, und zwar deswegen, weil er als Fachmann die Veränderung der Sinneswahrnehmung erkennt."[56] Der Künstler ist so verstanden eine Art Seismograf, der Veränderung und Gefahren sehr viel eher registriert als andere. Als ‚Fachmann für die Sinneswahrnehmung' kann der Künstler Werke kreieren, die vor allem durch ihre *Form* – und das heißt eben auch auf sinnlicher Ebene – die Rezipienten beeinflussen können.

Dass Kunstwerke mittels ihren Formen entscheidend auf die Wahrnehmung des Rezipienten wirken und man deshalb in der Analyse dieser Werke vor allem diesen Aspekt untersuchen muss (weniger den Inhalt oder den biografischen Kontext), diese These findet sich sehr prominent vertreten durch Anhänger des

---

[55] Ebd., S. 30.
[56] Ebd., S. 39; Hervorhebung von mir.

New Criticism, einer literaturwissenschaftlichen Ausrichtung, die sich in den 1920er Jahren bildete und in den USA bis in die 1970er Jahre hinein eine wichtige Forschungsschule blieb. Auch McLuhan war vom New Criticism fasziniert. Er lernte diesen während seines Studiums in Cambridge in Gestalt zweier Dozenten am Englischen Seminar kennen. Die Thesen der Literaturwissenschaftler I. A. Richards und F. R. Leavis prägten McLuhans Sichtweise auf die Struktur eines Kunstwerkes maßgeblich.[57]

Da der Künstler mittels Formen massiven Einfluss auf die Rezipienten nehmen kann, schreibt McLuhan dem Künstler folgerichtig auch eine ungemein wichtige Funktion zu (und geht hier weit über seine Lehrer Richard und Leavis hinaus). Der Künstler kann nämlich, so McLuhan, „das Verhältnis der Sinne zueinander berichtigen, noch ehe ein neuer Anschlag der Technik bewusste Vorgänge betäubt."[58] An anderer Stelle ist zu lesen: „Keine Gesellschaft war sich jemals klar genug über die eigenen Handlungen, um gegen die neuen Ausweitungen oder Techniken immun zu werden. Heute spüren wir allmählich, daß die Kunst uns vielleicht diese Immunität geben kann."[59] Der Künstler wird so zum Mentor der gesamten Menschheit: „Um einen unnötigen Schiffbruch der Gesellschaft zu verhindern, will der Künstler nun seinen elfenbeinernen Turm verlassen und den Kontrollturm der Gesellschaft übernehmen."[60]

Hiermit stellt sich McLuhan in eine jahrhundertealte Denktradition, in der der Künstler als Genie figuriert.[61] Dabei wird davon ausgegangen, dass der Künstler besonders sensibel ist, Dinge wahrnehmen kann, die ein Normalsterblicher nicht wahrnimmt und dass er diese Wahrnehmungen wiederum in eine Form bringen kann, die auch uns, die Rezipienten, sensibilisiert. Der Künstler kann sich nicht nur den Manipulationen der Medientechniken weitestgehend entziehen. Er kann auch angemessen darauf reagieren: Indem er ein Kunstwerk schafft, ist es ihm möglich, Wahrnehmungsschäden der technologischen Entwicklung zu kompensieren und sogar die Gesellschaft vor dem Untergang zu bewahren. McLuhan ist jedoch davon überzeugt, dass nicht nur die Künstler diese Bewahrungsfunktion übernehmen können, sondern auch Forscher, zumindest einige und zumindest seit einer gewissen Zeit.

Hier lässt sich denn auch wieder ein Bogen schlagen zu der Technikhermeneutik Ernst Kapps von 1870 und zur mediengeschichtlichen Erklärung McLuhans, warum inzwischen die medialen Effekte auch für Nicht-Künstler erkenn-

---

[57] Siehe dazu: Marchand, McLuhan, S. 63ff.
[58] McLuhan, Magische Kanäle, S. 109.
[59] Ebd., S. 107.
[60] Ebd., S. 108.
[61] Siehe dazu: Michael Wetzel, Eintrag: Autor/ Künstler, in: Karlheinz Barck u.a. (Hg.), Ästhetische Grundbegriffe. Bd. 1, Stuttgart/ Weimar 2004, S. 480-544, v.a.: S. 515.

bar geworden sind. Kapp formuliert nämlich seine Thesen in einer Zeit, in der
der Telegraf bereits etabliert ist. Und so passt dessen Theorie wunderbar in
McLuhans medienhistorisches Schema. Kapp kann, McLuhans Medienhistoriografie zufolge, im Zeitalter der Elektrizität die Technik nicht nur als Körperausweitung erkennen (diese Erkenntnis lässt sich bis in die Antike verfolgen). Er
kann sie nun auch als unbewussten Ausdruck des Menschen entschlüsseln. Gilt
doch für McLuhans Zeitalter der Elektrizität: Es ist das „Zeitalter, in dem wir
uns des Unbewußten bewußt"[62] werden.

Was für Kapp gilt, folgt man McLuhans medienhistoriografischer Rekonstruktion, gilt mindestens ebenso für McLuhans eigenen Ansatz. Auch dieser ist
ja im Zeitalter der Elektrizität formuliert und auch McLuhan ist somit die Möglichkeit gegeben, die bisher unbewussten Betäubungen der Technik wahrzunehmen und anderen bewusst zu machen. Diese Wahrnehmungsmöglichkeit
wendet McLuhan in einen regelrechten Aufklärungsimpetus: Wie ein Psychoanalytiker will er das Unbewusste bewusst machen. Wenngleich nicht auf individualpsychologischer Ebene, sondern als tiefenhermeneutischer Technik- und
Kulturanalytiker. Nicht nur der Künstler, so lässt sich McLuhan verstehen, sondern eben auch der Forscher soll also im Zeitalter der Elektrizität den Elfenbeinturm verlassen, um den Schiffbruch der Menschheit zu verhindern.[63] So
heißt es etwa im Vorwort der ‚Magischen Kanäle' programmatisch: „Es [das
vorliegende Buch] erforscht die Grenzen unserer in den Techniken ausgeweiteten Menschennatur und sucht das Prinzip, mit dem jede von ihnen verständlich wird. Im vollen Vertrauen darauf, daß es möglich ist, Einsicht in diese Formen zu bekommen, und sie planmäßig einsetzen zu können, habe ich sie neu
gesichtet [...]."[64]

McLuhans Wiederverwertungsmaschine – Zwischenfazit

‚Neu gesichtet' hat McLuhan aber eigentlich weit weniger die technischen Artefakte selbst, sondern vielmehr eine Vielzahl an *Ideen* über diese technischen
Artefakte. McLuhan recycelt, wie Carpenter völlig richtig angemerkt hat, sehr
viele Konzepte und Thesen, die andere vor ihm bereits formuliert haben.[65] Im
Grunde genommen finden sich nahezu alle seine Äußerungen im Kontext der
These von der Technik als Ausweitung des menschlichen Körpers, zum Teil
sogar bis in die Formulierungen hinein, bei anderen Autoren. Zumindest aber

---

[62] McLuhan, Magische Kanäle, S. 82.
[63] Dementsprechend gibt es auch viele Ideen für solch eine Rettung *qua* Herstellung eines (immer gefährdeten) Gleichgewichts – siehe sehr deutliche bspw.: ebd., S. 53f. Darauf werde ich bei der Erläuterung von These 2 noch einmal ausführlicher zurückkommen.
[64] Ebd., S. 18f.
[65] Siehe: Carpenter, That Not-So-Silent-Sea, S. 244f.

seine Verknüpfung von bereits Bekanntem scheint doch recht originell. Diese Originalität resultiert unter anderem daraus, dass es McLuhan in seiner Wiederverwertung versteht, sehr unterschiedliche Diskurse und Diskurselemente zu verbinden und sie in Wechselwirkung treten zu lassen. So synthetisiert er die hegelianisch inspirierte Technikphilosophie Kapps und medizinische Stressforschung, Teile der Wahrnehmungstheorie Thomas von Aquins mit zentralen Prämissen des New Criticism, übernimmt kulturkritische Thesen von Emerson und Mumford und fundiert das Ganze in einem tiefenhermeneutischen Aufklärungsimpetus. Diese Ingredienzien werden in der Phrase ‚Extensions of Man' verdichtet, die McLuhan (leicht abgewandelt) von einem Kollegen aus der Ethnologie, Edward Hall, übernommen hat und fertig ist ein äußerst originelles Produkt der Wiederverwertungsmaschine McLuhans.

2.2 These 2: Wir leben in einem globalen Dorf

‚Globales Dorf' – diese Phrase McLuhans wurde vor noch nicht allzu langer Zeit in eine Sammlung aufgenommen, die mit dem Anspruch auftritt, nicht weniger als die „Grundbegriffe der Medientheorie" vorzustellen.[66] Das ist aufschlussreich zumindest in zweierlei Hinsicht. Es verweist zum einen auf die anhaltende Virulenz von Begriffen, die durch McLuhan geprägt wurden (zumindest im medienwissenschaftlichen Kontext). Zum anderen macht es ebenso deutlich, wie eng Medientheorie und Mediengeschichtsschreibung zusammengedacht werden. Denn ‚globales Dorf' ist zuvorderst ein historiografischer Begriff; bezeichnet er doch eine kulturgeschichtliche Phase, an deren Schwelle wir uns nach McLuhan befinden. Die Vermischung von theoretischen Universalaussagen und kulturgeschichtlichen Beschreibungen ist, wenn nicht gar für die gesamte Medientheorie, so doch auf jeden Fall für McLuhans Herangehensweise bezeichnend, auch und gerade in den damit verbundenen Provokationen.[67] Für McLuhan sind die medientechnischen Entwicklungen nämlich die *alles* entschei-

---

[66] Siehe: Alexander Roesler/ Bernd Stiegler (Hg.), Grundbegriffe der Medientheorie, München 2005, S. 73ff. (Eintrag: Global Village).
[67] Zur Stärkung dieser These, lässt sich auf eine weitere recht bekannte Phrase McLuhans verweisen, die ebenfalls unter die ‚Grundbegriffe der Medientheorie' gezählt wird, nämlich ‚Gutenberg-Galaxis' – siehe: ebd., S. 77ff. (Eintrag: Gutenberg-Galaxis).

denden Faktoren geschichtlicher Veränderungen – und nirgends zeigen sie sich deutlicher als im ‚globalen Dorf'.

Sollte diese Behauptung zutreffen, dann muss konsequenterweise die gesamte Geschichte der Menschheit vorrangig genau unter diesem Blickwinkel betrachtet werden. Dass dies jedoch (abgesehen von einigen wenigen Ausnahmen) nicht geschehen ist, diese Behauptung lässt sich auf beinah jeder Seite von McLuhans Publikationen nachlesen. So lässt sich auch McLuhans mitunter recht polemischer Avantgarde-Habitus verstehen. Im berühmten PLAYBOY-Interview heißt es demgemäß: „Die Wirkung von Medien – von Sprache, Schrift, Buchdruck, Fotografie, Radio und Fernsehen – ist von den Erforschern der gesellschaftlichen Entwicklung der westlichen Welt in den vergangenen 3500 Jahren systematisch übersehen worden."[68] ‚*Systematisch* übersehen' und zwar ‚in den vergangenen *3500 Jahren*', also im Grunde in der gesamten okzidentalen Ideen- und Philosophiegeschichte – das ist nicht nur eine starke These, McLuhan schließt daran auch den nicht gerade zurückhaltenden Anspruch an, dieses Defizit mit seinen Arbeiten zu beseitigen.

Umso dringender muss dieses Defizit beseitigt werden, weil wir, so McLuhan, am Übergang zweier kulturgeschichtlicher Sphären stehen, die unterschiedlicher kaum sein könnten und deren Differenz verstanden werden muss, damit wir geeignete Maßnahmen für die Zukunft ergreifen können. Aus dieser Sicht befinden wir uns am Ende einer knapp vierhundert Jahre währenden Epoche, die McLuhan mit einer ebenfalls immer noch populären Phrase als ‚Gutenberg-Galaxis' bezeichnet, und am Anfang einer neuen Epoche, die eine weltumspannende Vernetzung verspricht, eben dem ‚globalen Dorf'. Gleich auf der ersten Seite der ‚Magischen Kanäle' findet sich unter Rückgriff auf die hier bereits ausführlich dargestellte Körperausweitungsthese eine dicht gedrängte Passage, in der McLuhan hunderte Jahre Mediengeschichte genau in diesem Sinne resümiert: „In den Jahrhunderten der Mechanisierung hatten wir unseren Körper in den Raum hinaus ausgeweitet. Heute, nach mehr als einem Jahrhundert der Technik der Elektrizität, haben wir sogar das Zentralnervensystem zu einem weltumspannenden Netz ausgeweitet und damit, soweit es unseren Planeten betrifft, Raum und Zeit aufgehoben."[69]

Wir haben folglich mit der auf Elektrizität basierenden Telegrafie eine neue Qualität an Körperausweitungen erreicht. Nicht mehr nur Funktionen von Körperteilen und Sinnesorganen sind ausgeweitet, sondern eben das Zentralnervensystem. Strukturanalog zu Kapp, der ebenfalls in der Telegrafie die Ausweitung menschlicher Nervenbahnen sah, imaginiert McLuhan damit den Aus-

---

[68] McLuhan, Geschlechtsorgan der Medien, S. 8.
[69] McLuhan, Magische Kanäle, S. 15; Hervorhebungen von mir.

gangspunkt umfassender Vernetzung von Kommunikations- und Wahrnehmungsprozessen.[70] Im Falle McLuhans soll es eine ‚weltumspannende' sein, die mit Medien wie Radio, Fernsehen und Computer vorangetrieben wird. Die vorhergehende Bewegungsrichtung der Körperausweitungen ist damit umgekehrt: Statt weiterer Ausweitung in den Raum „erlebt die westliche Welt" nunmehr „eine Implosion", also einen rapiden Verdichtungsprozess, der in einem simultan operierenden globalen Dorf kulminiert.[71]

Direkt hat McLuhan das Konzept eines globalen Dorfes von dem Maler, Schriftsteller und Essayisten Wyndham Lewis übernommen, mit dem er vor allem in den 1950er Jahren in regem Austausch stand.[72] Lewis entfaltet die Vorstellung einer globalen Vernetzung der gesamten Menschheit durch Kommunikationsmedien in seinem 1949 erstmalig erschienen Buch AMERICA AND COSMIC MAN. Dort heißt es unter anderem: „[N]ow [...] the earth has become *one big village*, with telephones laid in from one end to the other [...]."[73] Es ist auch die Rede von „global ubiquity",[74] also davon, dass Informationen gleichzeitig überall auf der Erde zugänglich sind. Ebenso wird eine „global society"[75] imaginiert, eine über alle Grenzen hinweg vernetzte Weltgesellschaft. Genau solch eine weltweite, ubiquitäre Vernetzung via Kommunikationstechniken bildet die Grundlage für McLuhans globales Dorf. Neu jedoch ist zum einen die Kopplung von Lewis' Globalisierungsthese und Kapps Vorstellung von Technik als Körperausweitung. Zum andern – und das ist bezeichnend für den Hang (und Fähigkeit) des ‚Werbefachmanns' McLuhan, Bonmots zu kreieren[76] – besteht die Innovation in der Wiederverwertung des Ausgangsmaterials, in diesem Falle in der Kopplung der Wendungen ‚big *village*' und ‚*global* society' zu dem paradoxen Begriffspaar *global village*.

---

[70] Siehe bspw.: „[M]it der Telegrafie hatte der Mensch die Veräußerlichung oder Ausweitung seines Zentralnervensystems eingeleitet, die nun mit der Funkübertragung mittels Satelliten einer Ausweitung des Bewußtseins entgegengeht." (Ebd., S. 383.) Dort geht McLuhan auch darauf ein, dass der Mensch mit dem Telegrafen „seine Nerven nach außen" (ebd.) bringe.
[71] Ebd., S. 15. Solch eine Idee (wenngleich unter anderem Namen) war im Übrigen bereits im ersten Drittel des 20. Jahrhunderts nicht gerade selten. Um nur zwei sehr prominente Quelle aus dieser Zeit zu nennen: Paul Valéry, Die Eroberung der Allgegenwärtigkeit [1928], in: ders., Werke. Frankfurter Ausgabe, Frankfurt am Main 1995, S. 479-483; Rudolf Arnheim, Rundfunk als Hörkunst [1933], Frankfurt am Main 2001, v.a.: S. 142f.
[72] Siehe zum Verhältnis von McLuhan und Lewis ausführlicher: Marchand, McLuhan, S. 114ff.
[73] Wyndham Lewis, America and Cosmic Man, New York 1941, S. 27; Hervorhebung von mir.
[74] Ebd., S. 179.
[75] Ebd., S. 225.
[76] Siehe zu den stilistischen Aspekten in McLuhans Werk ausführlicher → 1. Lesart: Rhetorik.

Zum ersten Mal in einer Publikation nachzuweisen ist die Phrase in einer mit Carpenter herausgegebenen Anthologie, die Texte der von McLuhan und vor allem Carpenter in den Jahren 1953 bis 1959 betreuten Zeitschrift EXPLORATIONS zusammenstellt.[77] Dort ist im Vorwort nachzulesen: „Postliterate man's electronic media contract the world to a village or tribe where everything happens to everyone at the same time: everyone knows about, and therefore participates in, everything that is happening the minute it happens. Television gives the quality of simultaneity to events in the *global village.*"[78] Damit ist zum einen das Konzept des globalen Dorfs knapp umrissen, zum anderen eine Agenda gesetzt, an der sich McLuhan zeitlebens abarbeiten wird.[79]

Das Fernsehen als Agent des globalen Dorfes

Der maßgebliche Agent des globalen Dorfs ist für McLuhan, wie im letzten Teil des obigen Zitats klar benannt, das Fernsehen. Dass es das Fernsehen sein soll – und nicht etwa der Telegraf, das Radio oder der damals sich erst allmählich auch außerhalb von militärischen Laboratorien und universitären Kontexten etablierende Computer –, ist technik- und sozialhistorisch kaum verwunderlich. Denn erstens etablierte sich das Fernsehen zwischen den 1950er und 60er Jahren buchstäblich zu dem Massenmedium schlechthin, zumindest was die nordamerikanischen Haushalte betrifft. Man muss sich vor Augen halten, dass es dort in der Mitte des 20. Jahrhunderts einen recht dramatischen medialen Wandel gab. Besaßen noch 1950 ‚nur' knapp 900 000 US-amerikanische Haushalte einen Fernsehapparat, so waren es 1960 bereits 90%.[80]

Zweitens ist mit der Etablierung von Fernsehprogrammen aufs engste die Entwicklung der Satellitentechnik verbunden, die letztlich tatsächlich globale Kommunikationsverbindungen ermöglichen sollte.[81] Zwar wurden die Fernseh-

---

[77] In seinen Briefen gebrauchte McLuhan die Wendung bereits 1955 – siehe: McLuhan, Letters, S. 253.
[78] Carpenter/ McLuhan, Introduction, S. x; Hervorhebung von mir.
[79] Dass das ‚Globale Dorf' einer der maßgeblichen Grundbegriffe in McLuhans Publikationen bleiben wird, ist allein schon an den Titeln diverser Bücher abzulesen, heißt doch eine Veröffentlichung aus dem Jahre 1968 KRIEG UND FRIEDEN IM GLOBALEN DORF (Original: Marshall McLuhan/ Quentin Fiore/ Jerome Angel, War and Peace in the Global Village, New York 1968), ein anderes 1989, also *posthum* veröffentlichtes Buch THE GLOBAL VILLAGE. DER WEG DER MEDIENGESELLSCHAFT IN DAS 21. JAHRHUNDERT (Original: Marshall McLuhan/ Bruce R. Powers, The Global Village: Transformations in World Life and Media in the 21st Century, New York 1989).
[80] Siehe dazu: James T. Patterson, Grand Expectations. The United States, 1945-74, Oxford 1997, S. 348; oder auch: Hans Hiebel u.a., Große Medienchronik, München 1999, S. 514ff.
[81] Siehe hierzu bspw.: Brian Winston, Media Technology and Society. A History: From the Telegraph to the Internet, London 1998, v.a.: S. 279ff.

signale in den 1950ern und 1960ern – also in dem Zeitraum, in dem McLuhan seine entscheidenden Ideen entwickelte – auch in Nordamerika noch weitestgehend terrestrisch gesendet oder per Kabel übertragen und waren dementsprechend in ihrem Sende- bzw. Empfangsradius vergleichsweise begrenzt, auf jeden Fall nicht imstande, global zu operieren. So gab es doch bereits erste Testsendungen, die via Satellit gesendet wurden. Am 23. Juli 1962 wurde beispielsweise eine Varietéshow in die USA *und* nach Europa gesendet und von diversen Fernsehanstalten ausgestrahlt. 200 Millionen Menschen sollen diese ‚Globalvision' an den heimischen Fernsehapparaten verfolgt haben.[82] Und es sollte nicht mehr lange dauern, bis der erste kommerzielle geostationäre Satellit namens EARLY BIRD sein regelmäßiges Fernsehprogramm ausstrahlte.[83] Damit war (nahezu) simultane globale Übertragbarkeit von Informationen, wie sie McLuhan seit den 1960er Jahren immer wieder beschrieb, nicht mehr nur ein Gedankenexperiment, sondern in Form von Satellitensystemen technisch in die Wege geleitet.

Drittens hat das Fernsehen für McLuhan Wahrnehmungsmerkmale, die es besonders geeignet machen, ein globales Dorf zu etablieren: Macht doch das Fernsehen, wie bereits Paul Nipkow in seiner berühmten Patentschrift von 1848 schreibt, „ein am Orte A befindliches Objekt an einem beliebigen anderen Orte B sichtbar".[84] Damit wird prinzipiell die Möglichkeit geschaffen, Ereignisse über räumliche Distanzen hinweg *simultan sichtbar* zu machen. Ja, eigentlich ist noch mehr möglich. Zumindest mit dem Fernsehen des 20. Jahrhunderts werden Ereignisse *audio*visuell übertragbar.

McLuhan geht noch einen Schritt weiter: „Wir leben heute im Zeitalter der Information und Kommunikation, weil elektrische Medien *sofort* und *ständig* ein *totales Feld von gegenseitig sich beeinflussenden Ereignissen erzeugen*, an welchen alle Menschen teilhaben. [...] Diese Gleichzeitigkeit der elektrischen Kommunikation [...] bewirkt, dass jeder von uns für jeden Menschen auf der Welt *gegenwärtig* und *erreichbar* ist."[85] Simultan, permanent und interdependent – das sind die drei maßgeblichen Eigenschaften des globalen Dorfs, die McLuhan am Fernsehen festmacht. Heute würde man diese Eigenschaften, vor allem die der Interdependenz, wohl sehr viel eher dem vernetzten Computer respektive dem World

---

[82] Siehe dazu: Mary Ann Watson, The Expanding Vista: American Television in the Kennedy Years, Oxford 1990, S. 206ff.
[83] Siehe: Winston, Media Technology, S. 289f. Am 2.5.1965 wurde von dort aus sowohl für Zuschauer aus Nordamerika als auch für Europa die Fernsehunterhaltungssendung PREMIERE IM WELTRAUM ausgestrahlt.
[84] Paul Nipkow, Elektrisches Teleskop. Patentiert im Deutschen Reiche vom 6. Januar 1884. Patentschrift No. 30105, zitiert nach: Joachim-Felix Leonhard u.a. (Hg.), Medienwissenschaft. Ein Handbuch zur Entwicklung der Medien und Kommunikationsformen, Berlin 2002, S. 229.
[85] McLuhan, Magische Kanäle, S. 377; Hervorhebungen von mir.

Wide Web zusprechen, weniger dem Fernsehen. Ist doch das Fernsehen ein klassischer Fall eines Mediums, das nicht nur eine technische Kontaktunterbrechung zwischen Sender und Empfänger impliziert, sondern es dem Rezipienten unmöglich macht, unmittelbar zu antworten. Wechselwirkung kann es so, wenn überhaupt, nur indirekt geben. Jedoch geht es McLuhan auch überhaupt nicht um solch eine direkte Antwort, sondern um eine andere Art von Interdependenz. Entscheidend ist für ihn, dass durch vernetzte Fernsehsysteme prinzipiell alles überall beobachtet werden kann. Solch eine medientechnische Konstellation hat erhebliche Konsequenzen auf unsere Wahrnehmung der Welt und unser Verhalten.

Um ein sehr konkretes Beispiel zu nennen: Es scheint kein Zufall zu sein, dass sich die erste nahezu globale Protestbewegung in den 1960er Jahren etabliert hat. So unterschiedliche Ereignisse wie der Vietnamkrieg, Bürgerrechtsbewegungen oder der Einmarsch der Soldaten des Warschauer Paktes in die damalige ČSSR wurden im Fernsehen übertragen. Man wurde als Rezipient mit diesen Ereignissen regelrecht direkt vernetzt und ‚live' vor Ort gebracht. Das ging bereits in den 1960er Jahren so weit, dass erstens die Ereignisse nicht mehr nur live zu sehen waren, sondern die Ereignisse auf die Live-Übertragung ausgerichtet wurden. Von einem besonders eindringlichen Beispiel berichtet Mark Kurlansky in seiner Studie über die sogenannte 68er-Bewegung: „CBS brachte sogar ein deutsches Gericht dazu, seine Verhandlungen gegen einen Nazi nach Mitternacht abzuhalten, damit diese live übertragen werden konnte – anstatt die normale Sitzung tagsüber zu filmen und sie abends zu senden."[86] Daraus folgt Kurlansky: „Das Zeitalter des Livefernsehens hatte begonnen."[87] Zweitens rechneten die Protagonisten der Protestbewegungen selbst immer mehr mit der medialen Berichterstattung und wurden so zu Medienexperten: „Das Fernsehen entwickelte sich zum unerlässlichen Bestandteil jeder Aktionsstrategie."[88] Zudem konstituierte sich in der medial vernetzen Welt drittens das Bewusstsein einer *übergreifenden* Unzufriedenheit in Ost und West. Und das wiederum führte zu einer immer weiter ausgreifenden Pendelbewegung: Motivierte doch die televisuelle Übertragung übergreifender Unzufriedenheit den lokalen Widerstand, dessen Konsequenzen wiederum im Fernsehen zu betrachten waren und so das Bewusstsein übergreifender Unzufriedenheit weiter verstärkte usf. So gesehen sind die Strategien und das nahezu

---

[86] Mark Kurlansky, 1968. Das Jahr, das die Welt veränderte, München 2007, S. 60.
[87] Ebd.
[88] Ebd., S. 57.

weltumspannende Ausmaß der 68er-Bewegung ein Effekt des televisuell fundierten globalen Dorfs.[89]

Aber bei McLuhan hat die Etablierung eines globalen Dorfs nicht nur Effekte auf einige politische Akteure. Das, was ihn eigentlich interessiert (und was dann für die medienwissenschaftliche Forschung von entscheidender Bedeutung werden wird) ist sehr viel weitreichender: Die Effekte des globalen Dorfs auf unsere Wahrnehmung und unser Verhalten greifen *jenseits* und *vor* jeder inhaltlichen Ausgestaltung der jeweiligen Sendungen und Nachrichten. Für die Veränderung der Wahrnehmung ist es so verstanden dann auch irrelevant, ob über die Schrecken des Vietnamkriegs berichtet wird, über die Mondlandung, eine Fußballweltmeisterschaft oder wir Sendungen wie BAUER SUCHT FRAU oder WER WIRD MILLIONÄR? vor dem Fernsehapparat verfolgen. Entscheidend ist: Absonderung, Distanzierung, Vereinzelung werden in einer global vernetzten Welt schwerlich noch möglich sein. Stattdessen gibt es ein globales holistisches Feld, in dem jede Handlung sofort eine Veränderung der Gesamtsituation verursachen kann, in dem jede Verhaltensweise im Wechselverhältnis zu allen anderen auf der Welt steht und dies zeitgleich beobachtet werden kann. Damit gibt es auch eine Rückkopplungsschleife in unserem Verhalten: Wenn es klar ist, dass prinzipiell jede Verhaltensweise beobachtet werden und direkt Konsequenzen haben kann, werden sich die Bewohner der globalen Welt danach ausrichten und damit rechnen.[90]

Kybernetik und ‚Kybernation'

Gegenseitige Beeinflussung und unmittelbare Wechselwirkung umfasst bei McLuhan aber nicht nur die globale Vernetzung via Kommunikationstechnologie, sondern auch die Form der (Waren-)Produktion, die in naher Zukunft vollkommen automatisiert ablaufen soll. „Kybernation"[91] ist die Formel, die McLuhan verwendet, um generell die Prozesse zu bezeichnen, auf die das Zeitalter der Elektrizität zuläuft. ‚Kybernation' heißt bei McLuhan: *Alle* Elemente stehen erstens aufgrund der elektrischen Medientechnik in einer permanenten und unmittelbaren Wechselbeziehung. Zweitens soll diese Wechselbeziehung selbstorganisierend sein, also automatisch ablaufen.[92]

McLuhan imaginiert in diesen Zusammenhang sogar eine Welt, in der nicht mehr der Fernseher, sondern der (Universal-)Computer die zentrale Leitstelle

---

[89] Siehe dazu: ebd., v.a.: S. 54ff.
[90] Siehe dazu ausführlicher (und explizit in den Fußstapfen McLuhans) argumentierend: Joshua Meyrowitz, No Sense of Place. The Impact of Electronic Media on Social Behaviour, Oxford 1985, v.a.: S. 3ff.
[91] McLuhan, Magische Kanäle, S. 521.
[92] Siehe dazu ausführlicher: Hartmann, Medienphilosophie, S. 254f.

sein wird. Dieser wird uns nicht mehr nur unmittelbar vernetzen, sondern durch eine permanente Rückkopplungsschleife auch berechenbar machen, was wir benötigen. Damit wäre der Endpunkt der Mediengeschichte und auch der Endpunkt der (medien-)technischen Körperausweitungen erreicht: „Wenn wir einmal unser Zentralnervensystem zur elektromagnetischen Technik ausgeweitet haben, ist es nur noch ein Schritt zur Übertragung unseres Bewusstseins auch auf die Welt des Computers."[93] Ist dieser Schritt erst einmal vollzogen, dann könnten Kommunikation, Wahrnehmung, Denken und Produktionsprozesse durch einen Zentralrechner programmierbar sein und via Rückkopplungsschleife automatisch gesteuert und verbessert werden:

> Wir kommen sicher noch so in den vorstellbaren Bereich einer Welt, die soweit automatisch gesteuert wird, daß wir sagen können: ‚Sechs Stunden weniger Radioprogramm nächste Woche in Indonesien, oder es kommt zu einem starken Nachlassen des Interesses an Literatur.' Oder: ‚Wir können nächste Woche weitere zwanzig Stunden Fernsehprogramm in Südafrika senden, um das durch den Rundfunk letzte Woche aufgeheizte Stammesklima abzukühlen.' Ganze Kulturen könnten so programmiert werden, um ihr emotionales Klima zu stabilisieren, wie wir ja auch bereits etwas darüber wissen, wie ein Gleichgewicht in der Weltwirtschaft aufrechterhalten werden kann.[94]

Noch spekulativer (und gespickt mit spirituellen Vorstellungen) äußert sich McLuhan zu diesem Thema in einem Interview:

> Wenn eine Rückkopplung der Daten durch den Computer möglich ist, warum sollte es nicht möglich sein, das Denken einen Schritt weiter *voranzutreiben*, indem man das Weltbewußtsein an einen Weltcomputer anschließt? Mit Hilfe des Computers könnten wir also, statt Sprachen zu übersetzen, dazu übergehen, sie völlig zu ignorieren – zugunsten eines umfassenden kosmischen Unbewußten [...]. Der Computer trägt also in sich das Versprechen eines technologisch hergestellten Zustands universalen Verständnisses und universaler Einigkeit, eines Vertieftseins in den Logos, das die Menschheit zu einer einzigen Familie verbindet und für dauerhafte Harmonie und dauerhaften Frieden sorgen könnte.[95]

Was sich wie eine Idee zu einem Science-Fiction-Film liest, ist tatsächlich und gewollt Science-Fiction. McLuhan sah in Entwurf und Darstellung möglicher Szenarien eine zentrale Aufgabe seiner Arbeit.[96] Gern setzte er, wie Philip Marchand in seiner Biografie über McLuhan treffend schreibt, die „Maske des akademischen Futurologen"[97] auf. Dafür plündert McLuhan im Kontext seiner

---

[93] McLuhan, Magische Kanäle, S. 103.
[94] Ebd., S. 53.
[95] McLuhan, Geschlechtsorgan der Medien, S. 229.
[96] Schon mit Bezug auf seine erste Buchveröffentlichung, DIE MECHANISCHE BRAUT, schreibt McLuhan in einem Brief: „[I]t's really a new form of science fiction." (McLuhan, Letters, S. 217.)
[97] Marchand, McLuhan, S. 293.

Vorstellung vom computergesteuerten, sich selbst organisierenden globalen Dorf das Ideenarsenal der Kybernetik.[98] In den 1940er und 50er Jahren sorgte dieser relativ neue Wissenschaftszweig für einiges Aufsehen.[99] Viele Ideen der Kybernetik wurden Mitte des 20. Jahrhunderts ausgehend von den Ingenieurwissenschaften in so unterschiedlichen Disziplinen wie Mathematik, Biologie, Ökonomie, Psychologie oder Anthropologie heiß diskutiert und beeinflussen bis dato auch sozial- und geisteswissenschaftliche Modelle, beispielsweise konstruktivistische wie systemtheoretische Theoriebildung. Und eben auch McLuhan greift gern und häufig auf einige Ideen der Kybernetik zurück, wenn er von Rückkopplungseffekten und Automation spricht.

Die Kybernetik hat zum Ziel, Gesetzmäßigkeiten technischer und biologischer Regelsysteme zu erkunden. Ihr Namensgeber Norbert Wiener liefert hierfür ein anschauliches Beispiel: Im Zweiten Weltkrieg war Wiener dafür verantwortlich, eine Apparatur für die Flugabwehr zu entwickeln, das die Flugkurve eines Flugzeuges verfolgen und dessen zukünftige Position vorhersagen sollte.[100] Solch eine Apparatur reagiert auf die Bewegung des Flugzeugs, steht also mit diesem in Wechselwirkung. Zudem richtet sich die Apparatur ohne weiteren Eingriff, also automatisch auf die zukünftige Position des Flugzeuges aus. Diese Art von Steuerung, Rückkopplung und Automation sollen Wieners Kybernetik zufolge, technische Abläufe von Maschinen erklären, aber auch animalissches Verhaltensmuster bis hin zu menschlicher Kommunikation und Denkprozessen beschreibbar machen. 1950 veröffentlichte Wiener das Buch THE HUMAN USE OF HUMAN BEINGS (CYBERNETICS AND SOCIETY),[101] in dem er einige Grundzüge der Kybernetik „für Laien" unter Vernachlässigung zentraler „mathematischer Symbole und Ideen",[102] wie es im Vorwort heißt, verständlich machen wollte und damit viele Leser fand. Unter anderem begeisterte sich auch McLuhan für dieses Buch.[103]

---

[98] Dort lässt sich ebenfalls die Idee eines globalen Dorfes ausfindig machen – siehe bspw.: Norbert Wiener, Mensch und Menschmaschine. Kybernetik und Gesellschaft, Frankfurt am Main/ Berlin 1952, S. 100f.
[99] Siehe dazu: Claus Pias, Zeit der Kybernetik – Eine Einstimmung, in: ders. (Hg.), Cybernetics|Kybernetik. The Macy-Conferences 1946-1953. Bd. 2: Documents/ Dokumente, Berlin 2004, S. 9-41.
[100] Siehe dazu: Bernhard Dotzler, Futurum exactum: Norbert Wiener (1894-1964). Vorwort, in: Norbert Wiener, Futurum Exactum. Ausgewählte Schriften zur Kybernetik und Kommunikationstheorie, Wien/ New York 2002, S. 1-11, hier: S. 7f.
[101] 1952 ist dieses Buch zum ersten Mal in deutscher Übersetzung erschienen – siehe: Wiener, Mensch und Menschmaschine.
[102] Ebd., S. 11.
[103] Siehe dazu: Pias, Schmoo, S. 144; oder auch: Theall, The Virtual Marshall McLuhan, S. 30.

Die Kybernetik beschäftige sich, so Wiener selbst, „mit Automaten", egal, „ob aus Metall oder Fleisch" und bildet so einen „Zweig der Nachrichtentechnik"[104] – einen Zweig allerdings, der kaum einen umfassenderen Erklärungsanspruch haben kann. Denn: Wenn alle Prozesse, die in und zwischen Apparaten, Institutionen, Tieren und Menschen ablaufen, in nachrichtentechnischem Vokabular zu beschreiben sind, hat die Kybernetik erstens einen umfassenden Erklärungsanspruch. Alles lässt sich letztlich auf Gesetzmäßigkeiten von Regelsystemen zurückführen. Zweitens impliziert sich auch das Versprechen (zumindest in ihrer klassischen Formulierung bei Wiener) einer weitestgehenden Kontrolle dieser Prozesse.

Beides findet sich, wie gezeigt, ebenfalls bei McLuhan wieder: Auch in seinen Texten werden unterschiedliche Aspekte wie Kommunikation, Wahrnehmung und Warenproduktion als kybernetische Prozesse beschrieben. Und noch weit signifikanter: Die Imagination eines alles umfassend kontrollierenden Computers, wie ihn McLuhan beschreibt, ist vom Prinzip her nichts anderes als Wieners Flugabwehrapparat, wenngleich um einiges universeller angelegt und vielleicht weniger martialisch: Auch McLuhans Computer steht in Wechselwirkung mit Ereignissen in der Welt und auch er reagiert automatisch auf Veränderung. Der Unterschied zur klassischen Kybernetik besteht jedoch in Folgendem: McLuhan weist die kybernetischen Steuermechanismen einer bestimmten kultur- und mediengeschichtlichen Periode zu, ihre Zuständigkeit ist also historisiert: ‚Kybernation' ist ein Prozess, der sich erst im Zeitalter der Elektrizität, ja erst mithilfe von Medientechniken wie Telegrafie, Fernsehen und Computer ausbilden kann, um ein globales Dorf voller Rückkopplungen zu schaffen.

McLuhans „kybernetische[s] Verfahren"[105] ist zudem umfassend holistisch: Alles hängt mit allem zusammen und die Veränderung eines Elements verändert zwangsläufig das Gesamtsystem. Es bezieht sich nicht nur auf unterschiedliche Ebenen. Nicht nur stehen diese Ebenen in Wechselbeziehung, sondern buchstäblich alles, zumindest „soweit es unsern Planeten betrifft",[106] steht im Zeitalter der Elektrizität mit allem in Beziehung und wird in diesem Beziehungsgeflecht erkennbar: „Jeder Gegenstand, in dem man tief und ganz eindringt, zeigt sich sofort in seinen Beziehungen zu anderen Gegenständen."[107] Die Erde wird von riesigen Rückkopplungsschleifen durchzogen, die alles mit allem verbinden.

---

[104] Norbert Wiener, Kybernetik [1948], in: ders., Futurum Exactum, S. 13-29, hier: S. 19.
[105] McLuhan, Magische Kanäle, S. 377.
[106] Ebd., S. 15.
[107] Ebd., S. 522.

Die Noosphäre und das globale Dorf

In diesen kybernetischen Ideen lässt sich unschwer eine technologische Imagination von Einheit, Zusammenhang, ja von Harmonie erkennen (wenngleich eine recht dynamische). Der Katholik McLuhan verbindet diese Implikationen explizit mit religiösem Gedankengut und malt seinem Leser dementsprechend eine paradiesische Zukunft aus.[108] In der Einleitung zu DIE MAGISCHEN KANÄLE heißt es in diesem Sinne geradezu programmatisch:

> Das Streben unserer Zeit nach Ganzheit, Einfühlungsvermögen und Erlebnistiefe ist eine natürliche Begleiterscheinung der Technik der Elektrizität. [...] Wir sind plötzlich darauf aus, daß Dinge und Menschen sich uns restlos erklären. Es liegt ein tiefer Glaube in dieser neuen Haltung – ein Glaube, der auf eine schließliche Harmonie aller Kreaturen gerichtet ist. In diesem Glauben ist dieses Buch geschrieben worden.[109]

Dieser religiöse Impetus lässt sich direkt mit den metaphysischen Spekulationen des französischen Jesuiten Pierre Teilhard de Chardin in Zusammenhang bringen. In DER MENSCH IM KOSMOS, ein Buch, das erstmalig 1955 veröffentlicht wurde, entwickelt der Jesuit ein Konzept der sogenannten ‚Noosphäre'. Dieses Konzept wird nicht nur von McLuhan zitiert, sondern es weist auch einige auffällige Parallelen zu McLuhans Vorstellung vom globalen Dorf auf.[110] Teilhard geht davon aus, dass die zwischenmenschlichen Kontakte immer dichter verbunden werden durch Verkehr und Technik. Letztlich soll dieser Prozess in einer globalen Vernetzung münden:

> Die Eisenbahn, die vor kurzem erfunden wurde, das Automobil, das Flugzeug ermöglichen es heute, den physischen Einfluß jedes Menschen, der einst auf einige Kilometer beschränkt war, auf Hunderte von Meilen auszudehnen. Ja, noch mehr: dank dem wunderbaren biologischen Ereignis der Entdeckung der elektromagnetischen Wellen findet sich von nun an jedes Individuum (aktiv und passiv) auf allen Meeren und Kontinenten gleichzeitig gegenwärtig und verfügt über dieselbe Ausdehnung wie die Erde.[111]

Diese globale Vernetzung ist aber nicht nur materieller Natur. Viel entscheidender ist die daraus resultierende geistige, genauer eigentlich *geistliche* Vernetzung bei Teilhard. „[D]ies ist die Grundlage dafür, dass sein Buch in eine finale und universelle Vereinigung – eine Schlussapotheose, den Punkt Omega – mün-

---

[108] Zum religiösen Erweckungserlebnis McLuhans und zu seinem Übertritt in die katholische Kirche siehe: Marchand, McLuhan, S. 80f.
[109] McLuhan, Magische Kanäle, S. 18.
[110] McLuhan zitiert eine längere Passage aus DER MENSCH IM KOSMOS in: Gutenberg-Galaxis, S. 39; auch in seinen Briefen kommt er beispielsweise im Kontext seiner Körperausweitungsthese auf Chardin zu sprechen: McLuhan, Letters, S. 292.
[111] Pierre Teilhard de Chardin, Der Mensch im Kosmos [1940], München 1959, S. 232.

det."[112] Die organische bzw. technische Evolution konvergiert demnach „in Richtung Parusie – der Wiederkunft des Herrn."[113] Die Noosphäre öffnet so gesehen die Pforten zum paradiesischen Endzustand. McLuhan selbst kommentiert diese Passage im Kontext seiner Körperextensionsthese und mit Bezug auf den Computer: Eine „kosmische Membran" habe sich „durch die elektrische Erweiterung unserer verschiedenen Sinne rund um den Globus gelegt [...]."[114] Und weiter: „Diese Hinausstellung unserer Sinne schuf das, was Teilhard de Chardin die ‚Noosphäre' nennt: ein technisches Gehirn für die Welt. Statt sich auf eine riesige alexandrinische Bibliothek hinzubewegen, ist die Welt ein Computer geworden, ein elektronisches Gehirn [...]."[115]

Spuren des Noosphären-Konzepts finden sich in McLuhans ‚Magischen Kanälen' zuhauf, wenngleich anders noch als in der zwei Jahren zuvor erschienenen ‚Gutenberg-Galaxis' nicht mehr explizit markiert. McLuhan entwickelt in DIE MAGISCHEN KANÄLE strukturanalog zu Teilhard einen teleologischen Geschichtsverlauf, der notwendig in einem harmonischen, quasi paradiesischen Endpunkt einer global vereinten Menschheit mündet. Das könnte man zumindest auf den ersten Blick meinen. Doch das ist ein (oft geschürtes) Missverständnis.[116] McLuhan ist nicht einfach der Apologet der ‚neuen Medien', wie es in vielen Sekundärtexten heißt. Dagegen spricht schon, dass sich seine Einstellung zu Medien wie Radio oder Fernsehen im Laufe seiner Karriere stark verändert hat. So tritt er in seiner ersten Buchveröffentlichung noch als strikter Kritiker der neuen Medien auf, gegen die er seine Leser wappnen will. DIE MECHANISCHE BRAUT setzt mit folgenden Worten ein: „Wir leben in einem Zeitalter, in dem zum ersten Mal Tausende höchstqualifizierte Individuen einen Beruf daraus gemacht haben, sich in das kollektive öffentliche Denken einzuschalten, um es zu manipulieren, auszubeuten und zu kontrollieren."[117] Mitte der 60er Jahre wird McLuhan die massenmediale Kommunikation, vor allem die des Fernsehens sehr viel positiver einschätzen, wie auch die vorhergehenden Zitate, die beinah alle aus dieser Zeit stammen, eindrücklich zeigen. Gegen Ende der 60er und in den 70er Jahren wird die Einschätzung der neuen Medien wieder sehr

---

[112] Winkler, Die magischen Kanäle, S. 160.
[113] Marchand, McLuhan, S. 292.
[114] McLuhan, Gutenberg-Galaxis, S. 40.
[115] Ebd.
[116] Dass das doch kein Missverständnis ist, dafür wird argumentiert in → 3. Lesart: Kritik, S. 161ff.
[117] McLuhan, Mechanische Braut, S. 7.

viel skeptischer.[118] So heißt es in einem Interview von 1967 gar: „[D]ie meisten Medien [sind] pures Gift [...]."[119]

Wichtiger ist in diesem Zusammenhang aber noch, dass McLuhan trotz aller Hoffnung, die er in die globale Welt setzte, auch Anfang und Mitte der 1960er Jahre äußerst skeptisch gegenüber Teilhards (und auch den eigenen) endgültigen Harmonieversprechungen blieb.[120] Das zeigt sich unter anderem deutlich am Kommentar zu Teilhards Idee der Noosphäre. In DIE GUTENBERG-GALAXIS heißt es, Teilhards „unkritische Begeisterung für die kosmische Membran" sei nicht nur befremdend, sondern lese sich darüber hinaus wie ein *„kindischer* Zukunftsroman".[121] In einem Interview äußert sich McLuhan, nachdem er auf die Utopie einer ‚schließlichen Harmonie' in seinem Konzept des globalen Dorfes angesprochen wird, noch klarer: „Je mehr Dorfbedingungen man schafft, um so mehr Diskontinuität und Teilung und Unterschiedlichkeit erhält man. Das globale Dorf sichert die absolut maximale Uneinigkeit in allen Punkten. Es ist mir niemals eingefallen, daß Einheitlichkeit und Ruhe die Merkmale des globalen Dorfes sind."[122]

Daraus ergibt sich freilich ein Widerspruch: Zum einen soll das globale Dorf Hort einer kosmischen Harmonie werden, zum anderen Ort der Zwietracht und des Dissens sein. Doch dieser Widerspruch lässt sich nach drei Richtungen hin auflösen. Zunächst einmal behauptet McLuhan ja nicht, dass das globale Dorf notwendigerweise in die Harmonie führe (im Gegensatz etwa zu Teilhard). Er hegt zwar, zumindest wie er in den ‚Magischen Kanälen' schreibt, die *Hoffnung* auf eine solche. Das bedeutet aber mitnichten, dass solch ein Ziel den geschichtlichen Verlauf determiniert. Allein die *Möglichkeit* dazu ist im Zeitalter der Elektrizität gegeben, wie die Spekulationen McLuhans über den Computer zeigen, nicht aber deren Notwendigkeit. Auch diesbezüglich ist McLuhan sehr deutlich: „Die Ausweitung des menschlichen Bewußtseins durch die elektronischen Me-

---

[118] Siehe zu dieser Einschätzung auch: Marchand, McLuhan, S. 191. Doch tat-sächlich ist es noch etwas ambivalenter und unklarer. In DIE MECHANISCHE BRAUT sind beispielsweise auch Passagen zu finden, in denen McLuhan die ‚neuen' Medien regelrecht feiert (siehe bspw. S. 3f.). Umgekehrt gibt es in DIE MAGISCHEN KANÄLE Passagen, in denen McLuhan vor den Gefahren, die vor allem von den ‚neuen' Medien ausgehen, eindringlich warnt (siehe bspw. S. 113). Diese Ambivalenz durchzieht das gesamte Werk McLuhans, wenn es auch zu unterschiedlichen Zeiten unterschiedliche Tendenzen geben mag.
[119] McLuhan, Testen, bis die Schlösser aufgehen, S. 97.
[120] Siehe dazu auch: Gordon, Marshall McLuhan, S. 303. Dort verteidigt er McLuhan gegen seine Kritiker - fett gedruckt: „Electricity has not unified the world into a global village."
[121] McLuhan, Gutenberg-Galaxis, S. 40; Hervorhebung von mir.
[122] McLuhan, Testen, bis die Schlösser aufgehen, S. 73.

dien *können* durchaus ein Goldenes Zeitalter einleiten, aber sie *können* auch Wegbereiter des Antichrists sein [...]."[123]

Zweitens lässt sich der Widerspruch zeitlich auflösen. Dann wäre die Zwietracht des globalen Dorfs eine *vorübergehende*: „Wir leben", nach McLuhan, in einer „qualvollen Übergangsphase",[124] in der die Konstitution des globalen Dorfs „von Gewalt begleitet ist".[125] Jedoch werden die einzelnen Gruppen innerhalb des Dorfes „nicht auf Dauer als feindliche, konkurrierende kriegerische Lager gegenüberstehen, sondern sie werden vielleicht entdecken, daß das, was sie als Stammesgesellschaft verbindet, stärker ist als ihre Differenzen, und dann in Harmonie und gegenseitiger kultureller Befruchtung miteinander leben."[126]

Die dritte Möglichkeit besteht in Folgendem: Harmonie ist nicht unbedingt gleichbedeutend mit Stillstand und Unifizierung. Sehr viel naheliegender ist: McLuhan meint damit ein holistisches System, in dem sich die einzelnen Komponenten in permanenten Rückkopplungen befinden, in wechselnden Anziehungen und Abstoßungen, also in stetem Wandel. Anders formuliert: Das globale Dorf bildet eine Vernetzungsart aus, die Spannungen und Differenzen nicht verhindert, sondern ständig hervorbringt. Harmonie gibt es hier nur insofern, als die einzelnen Komponenten der vernetzten Welt aufeinander reagieren und permanent neu ausgerichtet werden. Einen Endpunkt wird es nicht geben – auch keinen heilsgeschichtlichen.

Phasen der Kultur- und Mediengeschichte

Zuvorderst ist das globale Dorf eine Epochenkategorie. Häufig spricht McLuhan davon, dass wir uns in einem Übergangsstadium befinden von einer Epoche zu einer anderen und dass uns dieser Übergang schwer fällt, ja mit Schock und Traumata einhergeht.[127] Folglich muss es vor dem globalen Dorf nicht nur noch etwas anderes gegeben haben, sondern es muss dort auch radikal anders gewesen sein. Durch solch eine radikale historische Differenzsetzung macht McLuhan deutlich, wie anders das Zeitalter der Elektrizität tatsächlich ist und damit letztlich ebenso, wie stark der Wandel medientechnischer Parameter die Kulturgeschichte prägt.

---

[123] McLuhan, Geschlechtsorgan der Medien, S. 242; Hervorhebung von mir. Siehe diesbezüglich allein schon den Titel einer der Publikationen McLuhans: KRIEG UND FRIEDEN IM GLOBALEN DORF. Darin heißt es u.a., dass „jede neue Technologie nach einem neuen Krieg verlangt." (Marshall McLuhan/ Quentin Fiore/ Jerome Angel, Krieg und Frieden, Düsseldorf/ Wien 1971, S. 98; Hervorhebung von mir.)
[124] McLuhan, Geschlechtsorgan der Medien, S. 243.
[125] Ebd., S. 218.
[126] Ebd.
[127] Siehe bspw.: McLuhan, Magische Kanäle, S. 17f.

Spätestens seit dem 1962 erschienenen Buch DIE GUTENBERG-GALAXIS unterteilt McLuhan die Geschichte des Menschen in vier Phasen: Nach einer langen Vorherrschaft der oralen Kultur „folgt nach Einführung des phonetischen Alphabets (8.-5. Jh. v. Chr.) eine von der Schrift geprägte Manuskriptkultur. Die schließlich um 1450 nach Erfindung des Buchdrucks durch Johannes Gutenberg von der Gutenberg-Galaxis abgelöst wird."[128] Ab dem 19. Jahrhundert, genauer seit dem Aufkommen der Telegrafie, sind wir dann, wie es im Untertitel der ‚Gutenberg-Galaxis' heißt, am „Ende des Buchdruckzeitalters" angelangt. Seither findet ein allmählicher Übergang zum elektrischen Zeitalter statt, das bis in unsere Gegenwart hineinreicht und Mitte des 20. Jahrhunderts im Fernsehen seinen idealen Agenten globaler Vernetzung gefunden haben soll.

Für die jeweilige Phase der Kulturgeschichte benennt McLuhan immer genau ein Medium, das als *Leitmedien* für die Phase fungiert. Dieses Medium soll für diese Phase die entscheidende Prägekraft auf Kommunikation, Wahrnehmung und Denken haben; diese also ‚anleiten'. Zudem dominiert folgerichtig seine Funktionsweise alle anderen Medien und ‚leitet' auch diese an.[129] Mit dem Konzept der Leitmedien nimmt McLuhan eine strikte Selektion vor. Obwohl mit seiner weiten Definition alles mögliche Medium sein kann, nämlich alles, was als Ausweitung des menschlichen Körpers beschreibbar ist, wird mit dem Konzept der Leitmedien die Medien- und Kulturgeschichte klar und übersichtlich strukturiert. McLuhan wählt dafür Leitmedien, die direkt mit Kommunikations- und Wahrnehmungsprozessen zu tun haben: Im ersten Fall ist es die gesprochene Sprache, im zweiten die Schrift, im dritten der Buchdruck und im vierten das elektrifizierte Fernsehen (siehe: Abb. 5).

Diesen Medienphasen ordnet McLuhan Sinneswahrnehmungen zu, die durch die jeweiligen Medien vor allem angesprochen werden. Im ersten Fall ist es die auditive Wahrnehmung, im zweiten ebenfalls die auditive, aber auch die visuelle, im dritten nur die visuelle und im vierten und letzten Stadium soll vorrangig die taktile Wahrnehmung angesprochen werden (siehe: Abb. 5). Die Bezeichnung ‚taktile Wahrnehmung' hat zu einiger Verwunderung und Verwirrung geführt.

---

[128] Rainer Höltschl, Eintrag: Gutenberg-Galaxis, in: Roesler/ Stiegler, Grundbegriffe der Medientheorie, S. 77-81., hier: S. 77. McLuhan selbst stellt seine Epochenzuteilungen nicht systematisch und im Zusammenhang dar, bezeichnet sie aber an unterschiedlichen Stellen sehr deutlich. Um nur auf einige Passagen aus der ‚Gutenberg-Galaxis' zu verweisen: McLuhan, Gutenberg-Galaxis, S. 307 (zur oralen Kultur), S. 102 (zur Manuskriptkultur), S. 159 (zur Gutenberg-Galaxis) und S. 175 (zum elektrischen Zeitalter).
[129] Nach dem Konzept des Leitmediums bedeutet bspw. die Etablierung der Schrift als dominantes Kommunikationsmedium zwangsläufig eine Veränderung auch der mündlichen Kommunikation. Siehe zum Konzept der Leitmedien und dessen Weiterentwicklung zu einem Konzept der Konversion: Jochen Hörisch, Eine Geschichte der Medien. Vom Urknall zum Internet [2001], Frankfurt am Main 2004, S. 404ff.

Gemeint ist damit nicht, dass die elektrischen Medien den Rezipienten direkt berühren. ‚Taktilität' bezeichnet bei McLuhan vielmehr einen integrativen Wahrnehmungsmodus, der unterschiedliche Sinneseindrücke unterschiedlicher Medien verbindet und in Wechselwirkung bringt. Genau solche Verbindungen und Wechselwirkungen sind, laut McLuhan, im Zeitalter der Elektrizität an der Tagesordnung. So ist es nicht nur mit dem Fernsehen möglich, visuelle und auditive Informationen gleichzeitig zu empfangen. In einer vernetzten Welt wird es einem zudem nahegelegt, eine Vielzahl an unterschiedlichen Medien gleichzeitig zu rezipieren. Folglich findet eine noch nie dagewesene Vermischung medialer Sinneseindrücke statt.[130] Für solch eine Welt lässt sich denn auch ein computergesteuertes Kontrollsystem imaginieren, das unterschiedliche Medien zur Herstellung eines sinnlichen (und emotionalen) Gleichgewichts steuert.

Epoche	orales Zeitalter	Manuskriptkultur	Gutenberg-Galaxis	Zeitalter der Elektrizität
Leitmedium	Stimme/ Sprache	Schrift	Buchdruck	Fernsehen
sinnlicher Modus	auditiv	auditiv/ visuell	visuell	‚taktil' (Hybridisierung)
kognitive Ausrichtung	intuitiv	intuitiv/ analytisch	analytisch	synthetisch
psycho-soziale Auswirkung	lokal integrativ	integrativ/ differenzierend	differenzierend, distanzierend	global, integrativ
soziale Einheit	Familie, Stamm, Dorf	Polis, Kloster, Stadt	Individuum, Nation	globales Dorf, Weltgesellschaft
Produktionsform	Jagen, Sammeln, Ackerbau	Handwerk	Industrie	Automation

Abb. 5: Kultur- und Medienepochen nach McLuhan

---

[130] Siehe dazu eindrücklich das Kapitel „Energie aus Bastarden. Les Liasions Dangereuses" in: McLuhan, Magische Kanäle, S. 84ff.

Das orale Zeitalter

Die Vorstellung der ‚taktilen' Wechselwirkung der Sinne wie auch McLuhans Prämisse, dass eine harmonische Wechselwirkung der Idealzustand sei, geht bei McLuhan zurück auf antike Vorstellungen der Homöostasie, auf das mittelalterliche Konzept der Sinneseindrücke von Thomas von Aquin, wie auch auf die Stresstheorie Selyes. Dies wurde bereits in der Diskussion der Körperausweitungsthese näher erläutert. Interessant ist hier nun, wie McLuhan diese Vorstellung historisch wendet: Nämlich schon für die erste Phase der Kulturgeschichte ist eine Störung der harmonischen Wechselwirkung der Sinne zu konstatieren und zwar durch die Dominanz des gesprochenen Wortes. Harmonische Wechselwirkung ist also ein ideelles Konstrukt, das gleich zu Beginn der Kulturgeschichte nicht mehr zu haben ist.

Laut McLuhan lebt der Mensch in der oralen Kultur in einem Stammesverband, der Individualität nicht zulässt, jeden ständig in „Abhängigkeit und Wechselbeziehung"[131] zu allen anderen hält und ihn damit radikal in ein Kollektiv integriert. Das herausragende Medium dieser radikalen Integration ist eben das gesprochene Wort. Denn das Akustische durchdringt den Raum in alle Richtungen gleichzeitig, ist so gesehen immer schon für mehrere Adressaten bestimmt. Zudem ist es ein transitorisches Medium und d.h.: Es ermöglicht Kommunikation *nur* unter Anwesenden. Ist man abwesend, läuft man in dieser Art Stammesgesellschaft Gefahr, Wichtiges (mitunter sogar Lebenswichtiges) nicht mitzubekommen. Daraus erklärt sich die starke Bindung an das Kollektiv.

In der oralen Kultur gibt es kein Wahrnehmungsgleichgewicht und zwar eben, wie McLuhan schreibt, aufgrund der „überwältigende[n] Tyrannei des Ohres über das Auge".[132] Durch dieses Ungleichgewicht werden die Mitglieder einer oralen Kultur „in eine[...] hypnotische[...] Trance"[133] voller „Urahnungen"[134] versetzt. Denn McLuhans von Selye übernommen Prämisse zufolge, ist die Konsequenz jeder einseitigen Verwendung eines Sinnesorgans nichts weniger als eine kognitive Betäubung. Diese Störung hat aber auch einen produktiven Nebeneffekt: Ist sie doch gleichzeitig Impulsgeber für weitere medientechnischen Entwicklungen, oder wie McLuhan selbst schreibt: „der Ansporn zu Erfindungen und Neuerungen als Gegenreizmittel",[135] die letztlich in das globale Dorf münden. Medien- und kulturgeschichtliche Entwicklungen werden also ausgelöst und vorangetrieben durch ein Ungleichgewicht der Sinne.

---

[131] McLuhan, Gutenberg-Galaxis, S. 27.
[132] Ebd., S. 34.
[133] Ebd., S. 30.
[134] McLuhan, Das Medium ist Massage, S. 48.
[135] McLuhan, Magische Kanäle, S. 81.

Mit der gewählten Begrifflichkeit impliziert McLuhan die Wiederkunft der oralen Stammesgesellschaft im elektronischen Zeitalter, wenngleich nicht mehr auf lokaler, sondern mit medientechnischer Unterstützung auf weltumspannender Ebene, eben als globales Dorf.[136] So heißt es beispielsweise in der ‚Gutenberg-Galaxis' zu dieser Rückkehr: „Wir leben in einem einzigen komprimierten Raum, der von Urwaldtrommeln widerhallt."[137] Nichtsdestotrotz ist für McLuhan zentral, dass die Dominanz des Akustischen eine *Störung* der Wahrnehmungsorganisation verursacht hat, die die medientechnische Entwicklung einleitete und die erst im globalen Dorf aufgehoben werden kann. Das heißt aber auch: Elektrifizierte Urwaldtrommeln funktionieren anders als manuell geschlagene. Das elektrische Zeitalter ist nicht die einfache Wiederkehr einer oralen Kultur, sondern verspricht vielmehr die Aufhebung der damals überhaupt zuallererst initiierten Störung.

Das phonetische Alphabet und die Manuskriptkultur

Die Einführung der Schrift, vor allem in Form des phonetischen Alphabets,[138] bedeutet in McLuhans medial fundierter Kulturgeschichte eine zweite, noch weitaus gewichtigere Störung. Alphabetische Codierung bindet McLuhan an den materiellen Kanal der Schrift und des Buches. Deshalb nennt er diese Epoche auch „Manuskriptkultur".[139] Zwar kommt in dieser Manuskriptkultur via schriftliche Codierung (und den damit korrespondierenden Fertigkeiten des Lesens und Schreibens) die visuelle Wahrnehmung zu ihrem Recht, aber dafür wird die auditive ausgeschlossen (oder doch zumindest marginalisiert). Allein das soll schon zu einer immensen Störung des Wahrnehmungsapparates beitragen.[140]

Das phonetische Alphabet hat aber noch sehr viel weitreichendere Konsequenzen. Im Gegensatz zu Ideogrammen etwa ist es ein vollständig arbiträres Zeichensystem. D.h., es gibt keine Ähnlichkeit zwischen dem Zeichen und dem Bezeichneten; die Bedeutung der Zeichen ist rein konventionell. Das macht das Alphabet extrem *variabel* hinsichtlich dessen, was es bezeichnen kann. Weiterhin haben die einzelnen Zeichen im Gegensatz etwa zu Hieroglyphen keine eigene Bedeutung, sondern sind syntaktische Bausteine, die erst innerhalb des jeweiligen Zeichensystems Bedeutung erhalten. Das wiederum macht das Alphabet

---

[136] Siehe bspw.: McLuhan, Gutenberg-Galaxis, S. 37ff. und S. 272.
[137] Ebd., S. 39.
[138] Siehe zur Hochschätzung der hieroglyphischen Schrift und des Ideogramms im Kontrast zum Alphabet bspw.: McLuhan, Gutenberg-Galaxis, S. 33f. Nicht die Materialität der Schrift an sich ist also der entscheidende Wendepunkt für McLuhan, sondern die Verbindung der Materialität der Schrift mit einer spezifischen Codierungsform.
[139] McLuhan, Gutenberg-Galaxis, S. 102.
[140] Siehe bspw. sehr deutlich dazu: McLuhan, Magische Kanäle, S. 86.

leicht *formalisierbar*. Phonetische Schrift *visualisiert* zudem Sprache. Erst so können überhaupt einzelne Elemente *differenziert* und Sprache so in kleinste Einheiten zerlegt und formalisierbar werden. Durch diese Visualisierung können nun auch Argumentationsgänge schriftlich niedergelegt werden. Das hat erhebliche Folgen: Da man auf das Vorhergehende zurückgreifen kann, denn es ist ja aufgezeichnet, kann die Argumentation auch sehr viel *komplexer* und *abstrakter* gemacht werden, als wenn nur das gesprochene Wort zur Verfügung stände.[141]

Überhaupt hat die Schrift als *nicht-transitorisches Speichermedium*, also als Medium, das nicht sofort vergeht und Raum und Zeit überbrücken kann, weitreichende, kulturgeschichtlich relevante Konsequenzen: Kann ich Sprache erst einmal fixieren, kann ich auf vorhergehende Informationen immer wieder zurückgreifen. Damit wird die Suche nach *neuen* Informationen, *nach* neuem Wissen wichtiger als die Bewahrung des alten, den dieses ist ja gespeichert. Innovation und Differenz wird zum Gebot der Stunde und zwar nicht nur auf dem Gebiet des Wissens, auch hinsichtlich zwischenmenschlicher Beziehungen. Die Differenz zu anderen wird gesucht: Hier ist der Keim für den Individualitätsgedanken gelegt: Was zeichnet mich als besonderes, singuläres Wesen aus? Diese Frage ist keine, die in einer rein oralen Kultur Sinn machen würde. McLuhan zufolge ist die Idee der Individualität eine Geburt aus dem Geist der Schrift.

Durch die Speicherungsmöglichkeit werden auch Informationen *vergleichbar* und damit *differenzierbar* und *kritisierbar*. Wenn Dinge schriftlich fixierbar sind, sind sie auch von einzelnen Personen lesbar. Kurz und gut: Die Implikationen der Schrift laufen bei McLuhan auf folgende Merkmale hinaus: Visualisierung, Formalisierung, Abstraktion, Innovation, Differenzierung, Kritik und Individualität. Oder noch prägnanter formuliert: Eine objektivierende, distanzierend-reflexive Perspektive auf die Welt (und die eigene Existenz) hält Einzug. Damit löst sich auch laut McLuhan das durch die Vorherrschaft des Auditiven garantierte Gemeinschaftsgefühl auf, zugunsten vereinzelter, reflexiver Individuen.

Jedoch zeigen sich diese Implikationen der alphabetischen Schrift noch nicht in all ihrer Härte in der Manuskriptkultur, obwohl deren Leitmedium die Schrift ist. Diese Implikationen haben sich McLuhan zufolge *erst* mit dem Buchdruck gesellschaftlich Bahn gebrochen. Davor war die alphabetische Schrift noch in eine soziale Praxis der „öffentlichen Rezitation"[142] eingelassen. D.h.: In der

---

[141] Darum kann jemand wie Eric A. Havelock, auf den sich McLuhan im Übrigen gern berief, auch argumentieren, dass philosophische Reflexion sich erst mit der (phonetischen) Schrift ausbilden konnte: Erst durch die schriftliche Fixierung sei „die Bildung einer theoretischen Sprache mit ihren abstrakten Subjekten und begrifflichen Prädikaten" möglich geworden (Eric A. Havelock, Als die Muse schreiben lernte. Eine Medientheorie zu Oralität und Literalität [1986], Berlin 2007, S. 119).
[142] McLuhan, Gutenberg-Galaxis, S. 107.

Manuskriptkultur gab es also noch eine orale Praktik, die die Auswirkungen der alphabetischen Schrift kompensieren konnte.[143] Genau deshalb ordnet McLuhan der Manuskriptkultur visuelle *und* auditive Elemente zu.[144]

Die Manuskriptkultur ist genau besehen ein Zwischenstadium, in dem die oralen Einflüsse noch nicht vollständig verloren gegangen und die Implikationen der Schrift noch nicht vollständig gesellschaftlich durchgesetzt sind. In diesem Zwischenstadium kann sich nun eine temporäre Harmonie der Sinne entfalten, die Menschen sowohl analytisch als auch intuitiv handeln lässt. Der Einzelne ist kreativ *und* gleichzeitig in ein starkes Kollektiv integriert. Demgemäß verwundert es kaum, dass McLuhan die Manuskriptkultur sehr positiv beschreibt, kommt sie doch seinem Verständnis des idealen harmonischen Wechselspiels der Sinne sehr nah. Freilich ist sie gemäß der Strukturlogik seiner Mediengeschichte notwendigerweise nur eine vorübergehende Phase.[145]

Die Gutenberg-Galaxis

Kulturgeschichtlich relevant werden die epistemologischen Implikationen der alphabetischen Schrift erst in der Gutenberg-Galaxis, also mit der Etablierung der Druckerpresse mit beweglichen Lettern. Dies geschieht zunächst einmal einfach durch die quantitative Erhöhung der Schriftprodukte, da diese nun *technisch* reproduzierbar werden. Damit sind Schrifterzeugnisse sehr viel schneller und flächendeckend zu verbreiten als durch Handschriften. Allein schon damit werden nahezu alle gesellschaftlichen Bereiche mit Schrift konfrontiert. Diese quantitative Zunahme hat massive *qualitative* Konsequenzen. Denn mit der technischen Reproduzierbarkeit von Informationen lassen sich (nahezu) identische Exemplare von Texten herstellen und distribuieren. So ist es denn nicht nur möglich, sehr viel mehr und schneller Daten am selben Ort zu speichern als zuvor. Vor allem befinden sich nun *dieselben* Daten an unterschiedlichen Orten, die wiederum ihre Daten schnell austauschen und abgleichen können. Ein Rückkopplungseffekt gegenseitiger Koordination und Korrektur setzt ein: Informationen werden flächendeckend via Abgleich homogenisiert und formalisiert, um die Daten verfügbar zu halten. Gleichzeitig werden die Wissensbestände permanent modifiziert, erhalten sie doch ständige Zufuhr an neuen Informationen und Erkenntnissen. Damit wiederum ist eine Innovationslogik in Gang gesetzt, die nicht weniger als die Strukturlogik der Moderne ausmachen wird: Es geht dann nämlich nicht mehr primär um die Bewahrung und Wiederholung zentraler Wissensbestände, wie noch in der Manuskriptkultur. Wertgeschätzt

---

[143] Siehe dazu auch: ebd., S. 102 und S. 104ff.
[144] Siehe bspw.: ebd., S. 102.
[145] Siehe dazu bspw.: ebd., S. 34 und S. 164.

und gesucht wird nun das Neue, Differente, die Veränderung. Allein schon dieser qualitative Umschlag durch quantitative Vermehrung schriftlicher Produkte hat kulturgeschichtlich erhebliche Konsequenzen – und setzt dabei eben die Implikationen der alphabetischen Schrift frei.

So kann der Buchdruck unter anderem, wie McLuhan schreibt, zum „Baumeister des Nationalismus"[146] werden. Denn durch die umfassende Sichtbarmachung der Sprache und deren Vergleichbarkeit über räumliche Beschränkungen hinweg, ergibt sich nahezu zwangsläufig ein homogenisierender Formalisierungseffekt: Sprache wird standardisierbar. Unterschiedliche Sprachgewohnheiten werden dann als Abweichung von der Norm, also als lokale Dialekte ein- und derselben Sprache beschreibbar. Gleichzeitig wird hierdurch überhaupt erst ein übergreifendes Bewusstsein für sprachliche Identität ermöglicht, die letztlich zu einem Konzept wie Nation führt.[147]

Ähnliches gilt für die Etablierung neuzeitlicher Wissenschaft und Philosophie: Sie operieren mit formalen Kategorien; sie abstrahieren vom tatsächlich Gegebenen und homogenisieren Phänomene, setzen eine reflexive Distanz zur Welt und etablieren so eine Subjekt/ Objektspaltung, wie sie etwa in der dualistischen Philosophie René Descartes ausbuchstabiert wird. Damit etabliert sich ein mechanisches Weltbild, in dem die Welt als quantifizierbares Gebilde gedacht wird, das durch Ursache-Wirkungs-Modelle vollständig zu beschreiben sein soll.[148]

Die Überbetonung des Visuellen korrespondiert mit einem solchen Zugriff auf die Welt. Mit der Etablierung des Buchdrucks ist laut McLuhan endgültig die Betonung des Visuellen und die Abwertung des Auditiven verbunden.[149] Zunächst einmal in einem ganz trivialen Sinne: Man liest mehr selbst (und leise) und hört weniger Gelesenes, wie noch in der Manuskriptkultur. Gemäß der oben geschilderten wahrnehmungstheoretischen Prämisse geht damit ebenfalls notwendigerweise eine massive Störung des Wechselspiels der Sinne einher, die den Menschen betäubt und ihn sogar – wie sich McLuhan dramatisch ausdrückt – in einen „geistigen Schlaf"[150] versetzt.

Doch damit nicht genug. Mit der Etablierung des Buchdrucks wird nämlich noch eine ganz spezielle visuelle Wahrnehmung befördert, die die Implikationen

---

[146] So der Teil einer Kapitelüberschrift in: McLuhan, Magische Kanäle, S. 261.
[147] Siehe dazu auch: McLuhan, Gutenberg-Galaxis, S. 205f. und S. 270; ders., Magische Kanäle, S. 40.
[148] Siehe bspw.: ebd., S. 305ff.
[149] Eine Betonung, die – wie weiter oben bereits geschildert – in der Manuskriptkultur durch kulturelle Praktiken des Vorlesens noch verhindert werden konnte. Siehe dazu bspw. auch: McLuhan, Gutenberg-Galaxis, S. 55.
[150] Ebd., S. 305; siehe dazu auch: ebd., S. 20.

der alphabetischen Schrift voll zur Geltung bringt. Visuelle Wahrnehmung ist nach McLuhan *per se* ein distanzierender und segmentierender Akt.[151] Ich nehme einzelne Dinge in Distanz zu mir war. Zudem stehen diese Dinge in einer räumlichen, quantifizierbaren Relation zueinander. Deshalb lassen sich auch unterschiedlichste Phänomene, wie Wetter, gesellschaftliche Prozesse, Zeit oder subatomare Phänomene, am besten mittels Visualisierung analysieren und damit berechenbar machen. Akustisch wäre das kaum möglich. Der akustische Raum wird dementsprechend von McLuhan als ein ganzheitlicher und synthetisierender verstanden, in den der Hörende vollständig eintaucht. Nun wird durch den Buchdruck nicht nur einfach die Sprache visualisiert, sondern via Holzdruck und dem im 16. Jahrhundert aufkommenden Kupferstich werden Bilder in die Texte integriert. Aber nicht irgendwelche Bilder, sondern technische Zeichnungen und Kunstwerke, die Dinge und Phänomene mittels der kurz vor dem Buchdruck erfundenen Linear- und Zentralperspektive darstellen. Damit werden die abgebildeten Dinge in eine homogene, mathematisch berechenbare Relation zueinander gebracht. Das wiederum leistet einer distanzierten und rein funktionalen Weltsicht weiter Vorschub.[152] Visualität – Mathematisierung – Formalisierung – Abstraktion – Rationalisierung – Distanzierung werden somit in ein Bedingungsverhältnis gesetzt, das sich im Buchdruck verdichtet, in ihm verbreitet und potenziert wird.

Noch auf einen anderen Bereich wirkte der Buchdruck massiv ein: Er zeichnet verantwortlich für die Etablierung der Individualität. Ist mit dem Buchdruck eine Strukturlogik in Gang gesetzt, die das Neue präferiert, zudem einen reflexiv-distanzierenden Blick auf die Welt etabliert, so gilt beides auch für den Einzelnen. Menschen der Neuzeit reflektieren über sich selbst in einer ganz anderen Weise als Menschen zuvor. Sie fragen sich nämlich, was ihre Besonderheit ist, ihre Individualität. Selbst wenn es zuvor schon Fragen danach gegeben haben mag, so wird im Zuge des Buchdrucks diese Frage flächendeckend gesellschaftlich relevant. Thematisch lässt sich das etwa ablesen an den unablässig selbstreflexiven Passagen voller intimer Gedanken und Empfindungen in den zum ersten Mal zwischen 1580-88 gedruckten ESSAIS von Michel de Montaigne, auf den auch McLuhan immer zu sprechen kommt.[153] Dort geht es um das Ich in seiner Privatheit, Intimität und Reflexivität. Kaum ein Wort kommt dort

---

[151] Siehe dazu bspw. die Gegenüberstellung von visuellem und akustischem Raum: McLuhan, Probleme der Kommunikation, v.a.: S. 62ff.
[152] Siehe dazu bzw. mit Bezug auf die Konstruktion der Zentralperspektive in der Renaissance: McLuhan, Das Medium ist Massage, S. 53; oder auch: McLuhan, Gutenberg-Galaxis, S. 140.
[153] Siehe dazu: ebd., S. 299ff.

dementsprechend öfters vor als das Personalpronomen ich und seine reflexiven Formen.[154]

Die Gutenberg-Galaxis kommt bei McLuhan nicht besonders gut weg. Durch die Abstraktions- und Individualisierungsprozesse sei der Mensch von der Welt und den anderen entfremdet worden. „McLuhan erkennt", wie Angela Spahr in ihrer Einführung zu McLuhans Thesen anschaulich schreibt, „im westlichen zivilisierten Menschen ein Wesen, das nur als Schatten oder Bruchteil seiner selbst existiert und in der Enge der Uniformität und dem Dunkeln des Unbewußten haust."[155] Demgegenüber steht die Hoffnung, die McLuhan mit dem Zeitalter der Elektrizität verbindet. Im globalen Dorf soll es möglich sein, dass die Entfremdung wieder aufgehoben wird und zwar in einem harmonischen Wechselspiel der Sinne und deren Bewohner untereinander.

Geschichtsschreibung als/und christliche Heilsgeschichte

McLuhans Mediengeschichte ist ohne Zweifel an Parametern der christlichen Heilsgeschichte ausgerichtet. In der christlichen Heilsgeschichte gibt es den Sündenfall, damit eine Vertreibung aus dem Paradies, jedoch letztlich wieder eine Rückkehr ins Paradies. Die narrative Logik der christlichen Heilsgeschichte ist vergleichbar mit dem Plot eines klassischen Westerns: Zunächst gibt es Einheit und Ordnung (die kleine Präriestadt/ das Paradies), dann der Einbruch der Unordnung (der Schurke reitet in die Stadt und bringt ein paar Leute um/ Sündenfall). Und letztlich wird die Ordnung wieder hergestellt (der Sheriff erledigt den Schurken/ Jesus und Gottvater rufen zum Jüngsten Gericht). Solch eine Narration besteht aus drei Phasen, wobei die dritte die Wiederkunft der ersten ist. Die narrative Strukturlogik ist also zirkulär ausgerichtet.

Auch in McLuhans Mediengeschichte findet man dieses Zirkularität wieder. Ist doch im Blick auf die Wahrnehmungsorganisation die Idee einer Störung virulent, die letztlich wieder aufgehoben werden kann. Es liegt nahe, im globalen Dorf die strukturelle Wiederkunft eines (lokalen) Dorfes zu erkennen, nur eben auf einer weltumspannenden Ebene. Zudem scheint das Ganze teleologisch ausgerichtet. Ist doch in McLuhans Mediengeschichte eine immer umfassendere Vernetzung der Menschen vorgesehen sowie eine immer schnellere Koordination durch Medientechniken. Bis dann, im Zeitalter der Elektrizität, die Medientechnik Informationen so schnell versenden kann, dass simultane Kommunikation rund um den Globus möglich ist. Retrospektiv gesehen liest sich die Kulturgeschichte als permanente Beschleunigungsgeschichte, die zu Beginn durch

---

[154] Siehe: Michel de Montaigne, Essais [1580-1588], Frankfurt am Main 1998.
[155] Spahr, Magische Kanäle, S. 68. Siehe dazu bspw.: McLuhan, Gutenberg-Galaxis, 312f.; ders., Magische Kanäle, S. 265f.

eine Wahrnehmungsstörung ausgelöst wurde und an deren Ende die Möglichkeit steht, diese Störung wieder zu überwinden. Es liegt nahe, dieses letzte Stadium als einen der Menschheitsgeschichte von Anfang an eingeschriebenen Zielpunkt zu verstehen. Ganz ähnlich wie bei dem Jesuitenpfarrer Teilhard die Menschheitsgeschichte auf die totale Vereinigung in der ‚Noosphäre' zuläuft, so scheint bei dem Katholiken McLuhan die Geschichte auf das globale Dorf hinauszulaufen.[156] Insofern wäre McLuhans Mediengeschichte eine kaum verdeckte, diesseitig gewendete christliche Heilsgeschichte.

Doch sollte man sich hüten, Strukturähnlichkeiten für Strukturidentität zu halten. Zwar zeigen sich durchaus Parallelen zwischen der christlichen Heilsgeschichte und McLuhans Mediengeschichte. Auch McLuhans Vokabular ist durchdrungen von christlichen Figuren und Metaphern, von Heilserwartungen und apokalyptischen Ahnungen.[157] Jedoch ist seine Mediengeschichte keineswegs deckungsgleich mit der christlichen Heilsgeschichte. Erstens ist das globale Dorf mitnichten eine Wiederkehr des oralen Zeitalters. Zwar sind auch hier die Menschen vernetzt, jedoch medientechnisch fundiert in einem sehr viel größeren Maßstab. Und noch weit wichtiger: Unterschiedliche Medien können nun gekoppelt werden und unterschiedliche Sinnesorgane stimuliert werden. Die Dominanz des Ohres, das Hauptmerkmal des oralen Zeitalters, ist nicht wiedergekehrt, sondern ein Wechselspiel unterschiedlicher sinnlicher Stimulationen ist im Zeitalter der Elektrizität möglich. Weiterhin taugt das orale Zeitalter mitnichten als Ausgangsparadies, das dann im Zeitalter der Elektrizität wieder zugänglich wird. Bringt doch, wie weiter oben bereits gezeigt, das orale Zeitalter bereits die erste Störung in der Sinneskoordination hervor. Zwar ist die Störung, die die alphabetische Schrift in der Gutenberg-Galaxis erzeugt, noch um einiges erschütternder. Nichtsdestotrotz ist ein einfaches Dreierschema, [Harmonie > Störung der Harmonie > Harmonie] in McLuhans Werk, *nicht* zu finden. Stattdessen lässt sich ein zweifaches Dreierschema ausmachen:

[jenseitige Harmonie]	> [Störung der Harmonie (orales Zeitalter) > Harmonie (Manuskriptzeitalter)]
	> [Störung der Harmonie (Gutenberg-Galaxis)
	> diesseitige Harmonie (Zeitalter der Elektrizität)]

Weiterhin ist McLuhans Mediengeschichte nicht nur buchstäblich eine *säkularisierte* Heilsgeschichte, weil sie das Paradies am Ende nicht in einem Jenseits situiert, sondern vor allem deshalb, weil der Endpunkt der Geschichte nicht

---

[156] Siehe zum Übertritt McLuhans zum Katholizismus: Marchand, McLuhan, S. 80ff.
[157] Siehe dazu vor allem die Sammlung: Marshall McLuhan, The Medium and the Light, insb. Kap. 7 „Our Only Hope Is Apocalypse", S. 57ff.

teleologisch determiniert ist und also nicht dem Verlauf der Geschichte von Anfang an eingeschrieben ist. Vielmehr ist das Ende offen, wie McLuhan schreibt – und die Ironie des Vokabulars, das er hier wählt, sticht aus dieser Perspektive besonders klar hervor. Schreibt er doch, wie oben bereits zitiert, dass die elektronischen Medien ein paradiesisches Zeitalter einleiten könnten; ebenso möglich ist es aber, dass sie „Wegbereiter des Antichrist"[158] seien. Nach McLuhan ist der Verlauf der (Medien-)Geschichte keine vorentschiedene Sache, wie das doch für die christliche Heilsgeschichte gilt. Er appelliert hier vielmehr in Manier der Aufklärung an die Verantwortung der Menschen, vor allem der Künstler, den „Kontrollturm der Gesellschaft" zu übernehmen, um einen „Schiffbruch der Gesellschaft", etwa durch mediale Entwicklungen, zu vermeiden.[159] Weiterhin ist McLuhans diesseitiges ‚Paradies', falls es denn zustande kommen sollte, ein recht mobiles. Wie oben bereits bei der Diskussion der kybernetischen Implikationen bei McLuhan benannt, ist es gedacht als ein dynamisches System. Die einzelnen Komponenten befinden sich dabei in permanenter Rückkopplung, also in Anziehung, Abstoßung und Wandel. Das passt zumindest zu einer christlichen Unifizierungsfantasie nicht allzu gut.

Toronto School of Communication

Hingegen ist McLuhans Geschichtskonzept sehr viel besser zu verstehen, wenn man den direkten wissenschaftshistorischen Hintergrund in Betracht zieht, vor dem sich McLuhan sein historisches Phasenmodell entwirft. Die Rede ist von der Forschung zum Verhältnis von Mündlichkeit und Schriftlichkeit, die bereits im 19. Jahrhundert in der Ethnologie auf der Agenda stand, seit den 1930ern unter dem Signum *Oral Poetry* in der Philologie im Zusammenhang mit der Auseinandersetzung um die Dichtung Homers virulent wurde[160] und Mitte des 20. Jahrhunderts in etwas mündete, was man retrospektiv als *Toronto School of Communication* bezeichnet.[161] Diese ‚Schule' zeichnet sich vor allem durch einen spezifischen Zugriff auf ihren Gegenstand aus. Denn sie setzt, wie Dieter Mersch schreibt,

---

[158] McLuhan, Geschlechtsorgan der Medien, S. 242; Hervorhebung von mir.
[159] McLuhan, Magische Kanäle, S. 108.
[160] Siehe dazu: Edward R. Haymes, Das mündliche Epos. Einführung in die „Oral-poetry-Forschung", Stuttgart 1977.
[161] Diese Schule muss wohl sehr viel eher als eine retrospektive Versammlung von Autoren angesehen werden, die irgendwann einmal in Toronto unterrichtet haben, einige Grundannahmen teilten, jedoch keinesfalls ein gemeinsames Programm entwickelt haben – siehe dazu genauer: Rita Watson/ Menahem Blondheim (Hg.), The Toronto School of Communication. Theory. Interpretations, Extensions, Applications, Jerusalem 2007.

beim Problem der Kommunikation an, um deren unterschiedliche Ausprägungen als ‚Mündlichkeit', ‚Schriftlichkeit' und ‚sekundäre Mündlichkeit' zu untersuchen und vor allem die negativen Effekte des Buchdrucks und der Mechanisierung zu kritisieren. Sie begründet auf diese Weise zum ersten Mal eine ‚Medienkulturgeschichte', die das Ganze der okzidentalen Kultur unter die Perspektive ihrer medialen Konstruktion stellt.[162]

McLuhan selbst gilt als einer der maßgeblichen Vertreter dieser Schule und seine oben dargestellte ‚Medienkulturgeschichte' beinhaltet nahezu idealtypisch die von Mersch benannte Zugriffsweise der *Toronto School of Communication*.

Einer der entscheidenden Ausgangspunkte für McLuhans ‚Medienkulturgeschichte' ist die *Oral Poetry*. Selbst in der klassischen Philologie ausgebildet, bezieht sich McLuhan in DIE GUTENBERG-GALAXIS explizit auf zwei Klassiker dieser Forschungsrichtung. Gleich zu Beginn heißt es: „Das vorliegende Buch stellt in mancherlei Hinsicht eine Ergänzung zu DER SÄNGER ERZÄHLT. WIE EIN EPOS ENTSTEHT von Albert B. Lord dar. Professor Lord hat das Werk von Milman Parry fortgesetzt, dessen Homer-Forschungen ihn veranlaßten, der Frage nachzugehen, wie die mündliche oder orale und die schriftliche Dichtung naturgemäß verschiedenen Mustern folgen."[163] Die zentrale These Parrys ist: Orale und schriftliche Dichtung unterscheiden sich in ihrer *Form* und zwar nicht aufgrund der jeweiligen Absicht des einen oder anderen Dichters, sondern aufgrund der unterschiedlichen *Mittel* des Sprachgebrauchs. Unterschiedliche Medien haben unterschiedliche Effekte auf die dichterische Form, so also seine These. In den 1930er Jahren machte Parry gemeinsam mit Lord sogar Feldstudien auf dem Balkan, um seine These nicht nur philologisch-historisch, sondern auch kulturvergleichend zu bestätigen. Lord scheibt diesbezüglich: „Es wurde die Methode verwandt, Sänger zu beobachten [...], um herauszufinden, inwieweit die Form ihrer Epen davon abhängig ist, daß sie ihre Kunst ausüben, ohne lesen und schreiben zu können."[164]

Damit sind Parry und Lord bereits auf einem Weg, der über reine philologische Studien hinausgeht und von den Ethnologen bereits seit dem 19. Jahrhundert beschritten wird. Dieser Weg führte im Laufe des 20. Jahrhunderts zu einem Modell, das explizit ausbuchstabiert und berühmt gemacht wurde durch den strukturalistischen Ethnologen Claude Lévi-Strauss, als er nämlich die Unterscheidung zwischen kalten und heißen Gesellschaften einführte.[165] Dieser

---

[162] Dieter Mersch, Medientheorie zur Einführung, Hamburg 2006, S. 14.
[163] McLuhan, Gutenberg-Galaxis, S. 1. Lords Buch wurde 1960 zum ersten Mal publiziert unter dem Titel THE SINGER OF TALES veröffentlicht. Sein ‚Leher' Milman Perry stellt die Homer-Frage seit den 1930er Jahren – siehe seine Texte dazu versammelt in: The Making of Homeric Verse: The Collected Papers of Milman Parry, Oxford 1987.
[164] Albert B. Lord, Der Sänger erzählt. Wie ein Epos entsteht [1960], München 1965, S. 21.
[165] Siehe bspw.: Claude Lévi-Strauss, Das wilde Denken [1962], Frankfurt am Main 1973.

Unterscheidung liegt eine vergleichsweise einfache These zugrunde, der die strukturalistische Ethnologie wie auch die *Toronto School* anhängt: Schriftlose Kulturen unterscheiden sich radikal von Schriftkulturen – und zwar nicht nur in ihrer Dichtung, sondern allgemeiner in ihren kommunikativen Prozessen, ihrer Art der Gedächtnisverwaltung wie in ihrer Sozialstruktur, ja sogar in ihren jeweiligen kognitiven Strukturen. Von den strukturalistischen Ethnologen genauso wie in der *Toronto School of Communication* wurde diese Differenz zur Zäsurierung der Kulturgeschichte gewendet: „Die Unterscheidung zwischen mündlicher und schriftlicher Sprache wird dabei verallgemeinert zu einer Epochenschwelle zwischen traditionalen und modernen Gesellschaften."[166]

Dass die Unterscheidung Mündlichkeit/ Schriftlichkeit Mitte des 20. Jahrhunderts so virulent in der Forschung wird, führt einer der Vertreter der *Toronto School*, nämlich Eric A. Havelock, auf die Wiederkehr der Stimme in den technischen Medien, allen voran dem Radio, zurück. In ALS DIE MUSE SCHREIBEN LERNTE heißt es rückblickend: „Die Zauberkraft der Oralität war wiedererwacht nach einem langen Dornröschenschlaf, in den sie [...] verfallen war. Wenn wir heute der Oralität in der Geschichte nachforschen, so forschen wir ebensowohl ihrem partiellen Wiedererwachen in uns selbst nach."[167] Dieses ‚Wiedererwachen der Oralität', oder wie es McLuhan plastisch ausdrückt, dieser erneute Widerhall der „Urwaldtrommeln"[168] führte Havelock zwar nicht zu einer genauen Analyse dieser neuen medialen Konstellation. Jedoch ist damit zumindest ein Grund benannt, warum mit dem Aufkommen technischer Medien wie Radio und Fernsehen das Interesse an nicht-schriftlicher Kommunikation wieder aufgeflammt ist. Darüber hinaus zeugt Havelocks Einschätzung vom Bewusstsein einer erneuten kulturgeschichtlichen Zäsur, die sich in der Gegenwart abspielt und von McLuhan spätestens seit seinen ‚Magischen Kanälen' ausführlich beschrieben wird.

Havelocks Blick auf Mündlichkeit und Schriftlichkeit jedenfalls geht historisch zurück. Genauer noch kreisen seine Forschungen immer wieder um eine Zäsur, die er nimmermüde wird, als die maßgebliche Zäsur des Abendlandes zu beschreiben, nämlich die Einführung der phonetischen Alphabetschrift in der griechischen Antike.[169] Für die *Toronto School* war Havelocks Perspektive mustergültig, ja stilbildend. Die für McLuhans Kulturgeschichte so folgenreichen Implikationen der alphabetischen Schrift – Formalisierung, Abstraktion, Innova-

---

[166] Sybille Krämer, Eintrag: Mündlichkeit/ Schriftlichkeit, in: Roesler/ Stiegler, Grundbegriffe der Medientheorie, S. 192-199, hier: S. 192.
[167] Havelock, Muse, S. 22.
[168] McLuhan, Gutenberg-Galaxis, S. 39.
[169] Siehe hierzu: Eric A. Havelock, Preface to Plato, Cambridge 1963; oder auch (bereits rückblickend): ebd., Muse.

tion – finden sich in Havelocks PREFACE TO PLATO historisch präzise situiert. Die Einführung der phonetischen Alphabetschrift in der griechischen Antike bildet denn auch nicht weniger als den Auftakt zur Moderne: „Die Alphabetschrift wird als ‚Motor' und Ursache eines einzigartigen kognitiven und wissenschaftlichen Fortschritts wie auch sozialer und politischer Entfaltung westlicher Zivilisationen gedeutet, mithin als der Königsweg zur ‚Modernität' verstanden."[170]

Harold A. Innis

Havelock greift in diesem Zusammenhang nicht nur explizit auf Ideen von Parry und Lord zurück, sondern auch auf einige Vorstellungen des Wirtschaftshistorikers Harold A. Innis.[171] Innis gab aber nicht nur Havelocks Arbeit Impulse, sondern kann wohl ohne größere Übertreibung als der eigentliche Stammvater oder doch zumindest als der maßgebliche Ideengeber der gesamten *Toronto School* gelten. „Mit McLuhans THE GUTENBERG GALAXY (1962), Eric A. Havelocks PREFACE TO PLATO (1963) und Jack Goodys und Ian Watts THE CONSEQUENCES OF LITERACY (1963) war", wie Barck schreibt, „eine epistemologische Konstellation entstanden, die Medienwissenschaft zur Untersuchung der technologischen Umwelt [...] befähigte."[172] Zurückgeführt wird diese neue epistemologische Konstellation jedoch auf Innis: „Als Anfang der 60er Jahre fast gleichzeitig jene drei Bücher erschienen, die das Profil der *Toronto School of Communication* als einer die vergangene Geschichte von Medien im Lichte gegenwärtiger Medienkultur analysierenden Gruppe bekräftigten, *hatte sich die Tragfähigkeit von Innis' 10 Jahre zuvor publizierten Gedanken erwiesen.*"[173] Dass Innis der Stammvater vieler Ideen der *Toronto School* ist, das betont auch McLuhan immer wieder. In DIE GUTENBERG-GALAXIS übt er sich in Bescheidenheit, die ihm normalerweise eher fremd ist, wenn er formuliert, sein Buch sei im Grunde nur „eine erklärende Fußnote"[174] zu den Ideen Innis'.

Innis betreibt von Haus aus Wirtschaftsforschung; ist also nicht wie Havelock und McLuhan Philologe. Das ist insofern interessant, als Innis dementsprechend nicht von der Analyse sprachlicher Artikulationsweisen her kommt. Er hatte zunächst ganz andere Forschungsgegenstände im Blick, was seinen Zugriff auf mediale Phänomene sehr spezifisch macht. Innis erste Forschungsinteressen

---

[170] Krämer, Mündlichkeit/ Schriftlichkeit, S. 192.
[171] Siehe etwa: Havelock, Muse, S. 36f.
[172] Karlheinz Barck, Harold Adam Innis – Archäologie der Medienwissenschaft, in: Harold A. Innis, Kreuzwege der Kommunikation. Ausgewählte Texte, hrsg. von Karlheinz Barck, Wien/ New York 1997, S. 3-13, hier: S. 11.
[173] Ebd.; zweite Hervorhebung von mir.
[174] McLuhan, Gutenberg-Galaxis, S. 63; siehe ähnlich noch einmal: ebd., S. 270.

drehten sich, wie etwa in seiner 1923 veröffentlichten Dissertation A HISTORY OF THE CANADIAN PACIFIC RAILROAD um die Entwicklung der kanadischen Eisenbahn und des nordamerikanischen Pelzhandels. Ihm ging es in diesen wirtschaftsgeschichtlichen Studien vor allem um den Einfluss, den die *materiellen Bedingungen von Transportmitteln* sowohl auf den Erfolg der Unternehmungen wie auf die sozialen Entwicklungen und die Machtgefüge der beteiligten Gemeinschaften hatten. Dabei entwickelte Innis eine *medienmaterialistische* Position, die in ihrem Grundansatz dem marxistischen Materialismus durchaus ähnelt. Jedoch wird eine für McLuhan (und letztlich auch für die gesamte medienwissenschaftliche Theoriebildung) entscheidende Verschiebung vorgenommen. Sind es bei Karl Marx noch die ökonomischen Verhältnisse, genauer die Spannung zwischen Produktionsmitteln und Produktivkräften, die die Gesellschaftsstruktur und die kulturellen Artikulationen bestimmen, so sind es bei Innis die materiellen und technologischen Bedingungen der ‚Medien'. ‚Medien' sind für Innis primär die *materiellen Träger* des Transports (beispielsweise Züge, Eisenbahnstrecken, Schifffahrtswege) und der Kommunikation (beispielsweise „Ton, Meißel", „Keilschrift", „Papyrus, der Pinsel, die Hieroglyphen", „das Schilfrohr", „die Druckerpresse"[175]). Diese ‚Medien' – und genau das ist Innis' medienmaterialistische Position – bedingen und präformieren Wissens-, Herrschafts- und Gesellschaftsstrukturen. „Wir können wohl davon ausgehen", so betont Innis in einem 1949 gehaltenen Vortrag, „daß der Gebrauch eines bestimmten Kommunikationsmediums über einen langen Zeitraum hinweg in gewisser Weise die Gestalt des zu übermittelnden Wissens prägt."[176] Noch fundamentaler und kulturhistorisch gewendet heißt es bereits zwei Jahre früher: „Ich habe versucht, darzulegen, welch tiefgreifenden Einfluß das Kommunikationswesen auf die Kultur des Abendlandes hatte und daß merkliche Veränderungen bei den Kommunikationsmitteln weitreichende Auswirkungen zeitigen."[177]

Einsichtig macht Innis diese ‚weitreichenden Auswirkungen' unter anderem mit seiner Gegenüberstellung von Raum- und Zeitmedien: „Jedes einzelne Kommunikationsmittel spielt eine bedeutende Rolle bei der Verteilung von Wissen in Zeit und Raum und es ist notwendig sich mit seinen Charakteristiken auseinanderzusetzen, will man seinen Einfluß auf den jeweiligen kulturellen Schauplatz richtig beurteilen."[178] Steintafeln beispielsweise begünstigen zum einen die Konservierung von Wissen über lange Zeit hinweg, zum anderen bilden sie ein Bildungsmonopol aus – allein schon aufgrund ihrer Materialität:

---

[175] Alles Beispiele, die Innis selbst in einem Aufsatz gleich im 2. Abschnitt anführt – siehe: Die Eule der Minerva [1951], in: Innis, Kreuzwege, S. 69-94, hier: S. 69.
[176] Innis, Tendenzen der Kommunikation [1951], in: Innis, Kreuzwege, S. 95-119, hier: S.96.
[177] Innis, Eule, S. 69.
[178] Innis, Tendenzen, S. 95.

Sie sind vergleichsweise dauerhaft, jedoch relativ schwer zu transportieren. Deshalb ist ihre räumliche Expansion von Wissen erheblich eingeschränkt. Es entstehen Bildungsmonopole. Für Papyrus gilt das Gegenteil: leicht zu transportieren, deshalb geeignet für die räumliche Ausbreitung von Wissen, und also für dessen Demokratisierung, jedoch im Vergleich zu Steintafeln recht kurzlebig, dementsprechend schlecht geeignet, Wissen über sehr lange Zeiträume zu konservieren.

Die Eigenschaften dieser materiellen Träger präformieren also laut Innis unterschiedliche Wissens-, Herrschafts- und Gesellschaftsstrukturen: Gesellschaften, die auf Dauer und Tradition ausgerichtet sind, verwenden vorrangig zeitorientierte Medien. Gesellschaften hingegen, die auf Expansion, Innovation und Dynamik zielen, finden ihre Fundamente vor allem in raumorientierten Medien. Damit markiert Innis eine Zäsur, die im Grunde genommen auch bei Lévi-Strauss zu finden ist, wenn er kalte und heiße Gesellschaften gegenüberstellt. Ähnlich wie Lévi-Strauss wendet Innis die Differenz kulturhistorisch: Die moderne Gesellschaft ist eine heiße Gesellschaft. Oder in Innis' Vokabular formuliert: Die moderne Gesellschaft findet ihre Grundlage im phonetischen Alphabet, der Papierproduktion und der Druckerpresse und tendiert mehr und mehr dazu, ein Übergewicht an raumorientierten Medien zu produzieren. Zeitmedien, und das heißt eben auch Orientierung an Gedächtnis und Tradition, bleiben dabei immer mehr auf der Strecke. Auch für McLuhan wird diese kulturgeschichtliche Gegenüberstellung relevant werden und klingt vor allem bei der Kontrastierung von oraler Kultur und Gutenberg-Galaxis nach.

Jedoch noch sehr viel prägender war für McLuhan Innis' generelle Wendung zu einer medienmaterialistischen Kulturgeschichte. So schreibt McLuhan in DIE GUTENBERG-GALAXIS: „Harold Innis war der erste, der darauf hinwies, daß die Formen einer bestimmten Medientechnik den Wandlungsprozeß schon implizieren."[179] Noch enthusiastischer formuliert McLuhan knapp eine Dekade später in einem Brief an den damaligen Präsidenten der Universität von Toronto, Claude Bissell:

> Am Sonntag machte ich die größte Entdeckung meines Lebens. Es passierte, während ich an dem Vorwort zu Innis' EMPIRE AND COMMUNICATIONS arbeitete [...]. Kurz gesagt besteht die Entdeckung in folgendem: 2.500 Jahre lang haben die Philosophen der westlichen Welt jede Technologie aus der Behandlung von Materie-Form-Problemen ausgeklammert. Innis hat viel Zeit seines Lebens darauf verwandt, um die Aufmerksamkeit auf die psychischen und sozialen Folgen von Technologien zu lenken.[180]

---

[179] McLuhan, Gutenberg-Galaxis, S. 63.
[180] McLuhan, Letters, S. 429 (Übersetzung nach: Barck, Innis, S. 5).

Mit Innis findet McLuhan also den Forscher, der endlich, nach 2500jährigem Versäumnis der abendländischen Philosophen, den Blick auf die Technologie lenkt und die Frage nach deren Auswirkungen stellt. Mit dieser Positionierung Innis' als dem Pionier, dem es zu folgen gelte, verweist McLuhan explizit auf das maßgebliche Fundament, von dem aus er selbst seine Medienkulturgeschichte ausformulieren und mit dessen Hilfe er sein Projekt gegen die philosophische bzw. geisteswissenschaftliche Tradition von knapp 2500 Jahren setzen konnte.

Das gilt indes nicht nur für die strukturbildende medienmaterialistische Perspektive Innis, sondern mindestens für zwei weitere Aspekte. Erstens operiert Innis mit einem recht weiten Medienbegriff. Mit solch einem Medienbegriff beschränkt man sich nicht mehr nur auf sprachliche Phänomene, sondern kann alle möglichen Gegenstände in den Blick nehmen: Eisenbahn, Schifffahrtswege, Steintafeln oder auch Waffen wie etwa den „Langspieß [...]".[181] McLuhan ließ sich von solch einem weit gefassten Medienbegriff durchaus inspirieren. Denn auch für ihn gilt: „Straßen und Nachrichtenwege", „Rad, Fahrrad und Flugzeug", „Waffen" sind Medien.[182] Damit bot sich ihm in der Nachfolge Innis auch die Möglichkeit, die vergleichsweise engen, weil sprachfixierten Grenzen einer philologisch inspirierten Forschung zu Stimme und Schrift zu überschreiten. So kommen nämlich auch Bilder und Zahlen in den Blick und eben auch unterschiedliche materielle und technologische Apparaturen, wie die Druckerpresse oder auch audiovisuelle Medien wie Film oder Fernsehen. Die Philologie erhält somit ihren „technologic turn"[183] aus einem materialistischen Zweig der Wirtschaftsgeschichte, der sie über die bloße Unterscheidung von Mündlichkeit und Schriftlichkeit hinausführt. Kulturgeschichte wird so zur Geschichte vielfältiger materieller Medienverhältnisse.

Zweitens spielt für Innis trotz dieser Ausweitung des Medienbegriffs die Sprache immer noch eine zentrale Rolle, um seiner Kulturgeschichte Kontur zu verleihen. Insbesondere der Übergang von Mündlichkeit zur Schriftlichkeit ist auch bei ihm Dreh- und Angelpunkt einer Geschichte des Abendlandes, die unverkennbar die Form einer Verfallsgeschichte annimmt. Innis schreibt regelrecht eine Geschichte „zunehmende[r] Eskalation der Verschriftlichung",[184] die das Vorbild für McLuhans wie für Havelocks Kritik an der Mechanisierung der modernen Welt werden wird. Zwar kritisiert Innis sehr viel weniger pauschal als Havelock und McLuhan die Einführung des phonetischen Alphabets. Jedoch

---

[181] Innis, Tendenzen, S. 101.
[182] Zitiert aus dem Inhaltsverzeichnis der ‚Magischen Kanäle', S. 6f.
[183] Barck, Innis, S. 4.
[184] Mersch, Medientheorien, S. 96.

zeigen auch seine Ausführungen unverkennbar massive Kritik an Schriftlichkeit überhaupt und vor allem eine deutliche Präferenz oraler Kommunikation.[185]

Trotz dieser Übereinstimmungen beschreiben Innis und McLuhan das Ende der Kulturgeschichte sehr unterschiedlich. Bleibt es bei Innis im Großen und Ganzen eine melancholisch besetzte Verfallsgeschichte, die mit der Schrift einsetzt und mit Apparaturen und Kommunikationsmitteln wie Rotationspresse, Radio und Fernsehen nur fortsetzt wird, gibt es bei McLuhan einen radikalen Bruch angesichts der elektrischen Medien. Die elektrischen Medien könnten uns aus Sicht McLuhans in ein globales Dorf führen, das die Möglichkeit der Aufhebung der Mechanisierung und Entfremdung verheißt. Havelock drückt diese fundamentale Differenz zwischen Innis und McLuhan pointiert aus:

Insofern auch er in der Druckerpresse einen Motor sozialen Wandels sah, war McLuhan Innis' Schüler. *Aber* McLuhans Buchdruckerpresse mit ihren beweglichen Typen war nicht die Rotationspresse, gegen die Innis polemisierte. Wenn McLuhan gegen den Buchdruck zu Felde zog und die moderne Kommunikationstechnik, insbesondere die elektronische, als eine Befreiung begrüßte, dann stellte er *de facto* Innis auf den Kopf.[186]

Globale Vernetzung

Dieses Auf-den-Kopf-stellen gelingt McLuhan wiederum, indem er auf Ideen zurückgreift, die eine vernetzte Welt imaginieren. Allen voran sind das Lewis' Idee einer Weltgesellschaft, Teilhard de Chardins Vorstellung einer Noosphäre und Ideen der Kybernetik Norbert Wieners. Weltgesellschaft, Noosphäre und Kybernetik synthetisiert McLuhan in der griffigen Phrase vom globalen Dorf und zwar zu einer Zeit, als Ereignisse in der Welt tatsächlich via Satellitenübertragungen, Radio- und Fernsehberichterstattung nahezu überall zugänglich gemacht wurden. Vor diesem Hintergrund tritt nunmehr durch Vertreter der *Toronto School*, allen voran eben durch McLuhan, Geschichte als *Medienkulturgeschichte* in Erscheinung, „die das Ganze der okzidentalen Kultur unter die Perspektive ihrer medialen Konstruktion stellt."[187]

---

[185] Siehe dazu etwa den Appell am Ende eines Vortrags vor Studenten: „Vielleicht ist es angebracht, mit einer Bitte zu enden, die Rolle der mündlichen Tradition als eine Grundlage für effektive, lebhafte Auseinandersetzung zu bedenken [...]." (Innis, Eule, S. 94.)
[186] Havelock, Muse, S. 37; Hervorhebung von mir.
[187] Mersch, Medientheorien, S. 14.

2.3 These 3: Das Medium ist die Botschaft

Ein kanadischer Werbespot beschreibt die ‚Entdeckung' des Slogans ‚Das Medium ist die Botschaft' sehr anschaulich und amüsant:[188] Wir schreiben das Jahr 1961 und befinden uns auf dem Campus der Universität Toronto. Wir sehen einige Studenten in einem Seminarraum, während ein schlaksiger, hochaufgeschossener Mann wild vor ihnen gestikuliert. Dieser Dozent will augenscheinlich seinen Studenten, obwohl diese bereits zusammenpacken, unbedingt noch etwas Aufregendes, Interessantes, Bedenkenswertes mit auf den Weg geben. Nach kurzer Überlegung sagt er: „It's obvious: The Medium is the Message." ‚Offensichtlich' ist jedoch auch: Der nun selbstzufrieden lächelnde Dozent weiß selbst noch nicht genau, was dieser schnell dahingeworfene Satz eigentlich bedeuten soll. Zumindest ist er selbst sehr fasziniert von dieser paradoxalen Wendung. Wie seine Studenten, die nach dem Seminar diskutieren, was diese Aussage denn genau bedeuten soll, so lässt auch unseren Seminarleiter die Phrase keine Ruhe mehr. Er schmeißt sich, in Selbstgesprächen vertieft, auf eine Couch in seinem Büro, und versucht sich in unterschiedlichen Deutungen des Satzes.[189]

Höchstwahrscheinlich entspricht diese Geschichte wohl leider nicht den Fakten. Tatsächlich lässt sich die Formulierung dieses Satzes einige Jahre früher finden. Seit 1958 verwendet McLuhan diese Phrase in seinen Vorträgen.[190] Ihren Ursprung hat sie jedoch weit weniger in einer genialen Eingebung, als vermutlich vielmehr, wie so häufig bei McLuhan, in einer minimalen Abwandlung. In diesem Fall geht es um die kreative Wiederverwertung eines Titels, unter dem der Anthropologe Ashley Montagu einen Vortrag gehalten hat, dem auch McLuhan beigewohnt haben soll. Der Titel lautet: Die Methode ist die Botschaft.[191]

‚Das Medium ist die Botschaft' ist ein Satz, der, ganz ähnlich wie die Wendung vom ‚globalen Dorf', die Vorliebe des Medienforschers für pointierte

---

[188] Siehe: The CRB Foundation Heritage Project, A Part of our Heritage – „The Medium is the Message", online abrufbar unter: http://www.youtube.com/ watch?v=wtJmbuE2qOs [20.10.10].
[189] Das ist insofern sehr passend, als sich McLuhan hier ja auf die Couch (!) legt, also auf das Utensil, das man zuvorderst mit der Psychoanalyse verbindet. Der Patient soll sich, der klassischen freud'schen Doktrin folgend, auf die Couch legen und in freier Assoziation sein Unbewusstes offenbaren und damit manifest machen, was bisher latent war, also verstehen lernen, was in ihm vorgeht. Da, wie in These 1 dargelegt, McLuhans Methode gewisse strukturelle Ähnlichkeiten zur Psychoanalyse hat – sind sie doch beide tiefenhermeneutisch angelegt – so beinhaltet das in dem kurzen Spot inszenierte Selbstgespräch auf der Couch einen sehr subtilen Verweis auf McLuhans Methode, Welt und Medien zu denken.
[190] Siehe dazu: Marchand, McLuhan, S. 198.
[191] Siehe dazu: Carpenter, That Not-So-Silent-Sea, S. 224.

Paradoxa exemplifiziert und er ist wohl *das* Etikett, das McLuhan in der Öffentlichkeit bis heute anhaftet. Darüber hinaus ist es ein Slogan, der in der medienwissenschaftlichen Forschung eine Erfolgsgeschichte ohnegleichen aufweist und bis dato eines der Zentralaxiome der Medientheorie darstellt. Jochen Hörisch beschreibt diesen Satz in seiner ‚Geschichte der Medien' mit Sinn für den Verve zäsuraler Ereignisgeschichtsschreibung dementsprechend als das Ereignis, das medienwissenschaftlicher Forschung überhaupt erst die Grundlage geliefert habe: „Die Geburt der neueren Medienwissenschaft lässt sich [...] präzise datieren. Sie betrat die Bühne mit dem Paukenschlagsatz des Exzentrikers McLuhan: ‚The medium is the message'."[192] Ähnlich wie Hörisch sieht das auch Rainer Leschke in seiner EINFÜHRUNG IN DIE MEDIENTHEORIE:

> Mit McLuhans These, dass die Medien selbst die Botschaft bildeten, und mit dem dadurch evozierten Übergang des Erkenntnisinteresses auf die Form von Medien ist allerdings von McLuhan erst das Terrain für eine eigenständige Medienwissenschaft geschaffen worden. [...] Die[se] Umstellung auf die Form der Medien geht dabei von der Annahme aus, dass das Wesentliche des Mediums in seiner Form und nicht in den von ihm distribuierten Inhalten liegt und dass die Form der Medien nicht abgeleitet ist, sondern dass es sich um eine autonome Qualität handelt, die sich nicht über irgendwelche Motive aufschlüsseln lässt, sondern die einer eigenständigen Theorie bedarf.[193]

Trotz aller Erfolgsgeschichte und wissenschaftstheoretischer Relevanz für die Medienforschung bleibt es jedoch recht unklar, wie dieser Slogan eigentlich genau zu verstehen sein soll. Was ist eigentlich genau die Form des Mediums? Wie kann das Medium zugleich sein eigener Inhalt sein? Widerspricht dies denn nicht dem gesunden Menschenverstand, davon auszugehen, dass die Form des Mediums wichtiger sei als sein eigentlicher Inhalt?

McLuhan selbst liefert hierfür einige Antworten – Antworten aber, die sich im Laufe der Zeit ändern. Es ist ganz ähnlich wie in der oben angeführten Werbung: In einer Art andauerndem Selbstgespräch versucht sich McLuhan daran anzunähern, was der Slogan eigentlich tatsächlich bedeuten soll. Einige seiner Antworten sollen im Folgenden nachgezeichnet werden. Dabei werde ich zum einen einige Missverständnisse ausräumen, die gerade bezüglich dieses Slogans kursieren. Zum anderen lässt sich hieran zeigen, dass McLuhans Oeuvre, entgegen häufiger Bekundungen in der Sekundärliteratur, eine erstaunliche Homogenität aufweist.

Die Methode ist die Botschaft

Wie bereits erwähnt ist laut Carpenter McLuhans berühmtester Slogan eine Abwandlung eines Titels, unter dem der Anthropologe Ashley Montagu an der

---

[192] Hörisch, Eine Geschichte der Medien, S. 71f.
[193] Leschke, Einführung in die Medientheorie, S. 245f.

Universität in Vancouver in den 1950ern einen Vortrag hielt, den auch McLuhan besucht haben soll. Der Titel lautete im Original „The Method is the Message", also ‚Die Methode ist die Botschaft'.[194] Tatsächlich führt das Vortragsthema bereits relativ nah an das heran, was McLuhan mit seinem Slogan bezeichnen will. Dass ‚die Methode die Botschaft' sei, meint bei Ashley: Es kommt nicht so sehr darauf an, was ein Lehrer in einer Unterrichtssituation explizit sagt, sondern welche Methode er wählt, den Stoff zu vermitteln. Diese entscheidet über Erfolg und Misserfolg.

Dazu passt McLuhans Begeisterung für den *New Criticism*. Geht doch diese literaturwissenschaftliche Schule davon aus, dass die Wahrnehmung eines Kunstwerkes vor allem über ihre Form auf den Rezipienten wirkt. Deshalb seien andere Aspekte, wie etwa der biografische Kontext des Künstlers oder der Inhalt eines Gedichts völlig irrelevant. Zur Veranschaulichung dieser These, stützt sich McLuhan wiederholt in seinen Texten und Briefen auf eine Aussage von T. S. Eliot, der behauptet, dass es bei einem Gedicht darauf ankomme, den Leser „abzulenken und ruhig zu stellen, während das Gedicht seine Wirkung auf ihn ausübt, so wie der Einbrecher sich stets mit einem Stück Fleisch für den Haushund ausrüstet."[195] Diese Aussage generalisiert McLuhan später im Hinblick auf Medien. In den ‚Magischen Kanälen', dem Buch, in dem er seinen Slogan ‚Das Medium ist die Botschaft' zum ersten Mal ausführlich entfaltet, heißt es demgemäß: „Der ‚Inhalt' eines Mediums ist mit dem saftigen Stück Fleisch vergleichbar, das der Einbrecher mit sich führt, um die Aufmerksamkeit des Wachhundes abzulenken."[196] Entscheidend ist hier zunächst einmal: McLuhan übernimmt die These vom Medium, das relevanter sei als der eigentliche Inhalt, aus der anthropologischen Forschung zur Art und Weise von Kommunikation und koppelt sie mit einer literaturtheoretischen Prämisse des *New Criticism*, für die die Formanalyse sprachlicher Kunstwerke zentraler Gegenstand ist.

Die Carpenter-McLuhan-Hypothese

Radikaler und grundsätzlicher ist McLuhans Slogan vor dem Hintergrund der sogenannten Sapir-Whorf-Hypothese zu lesen. Seit McLuhan zusammen mit Carpenter in den 1950er Jahren an der Zeitschrift EXPLORATIONS arbeitete, dürfte ihm diese Hypothese bekannt gewesen sein. Denn die „EXPLORATIONS besaßen sozusagen eine entsprechende ‚Hausethnologin' in Dorothy D. Lee, die ebenso emphatische Thesen zum Zusammenhang von Grammatik und Denk-

---

[194] Siehe dazu: Carpenter, That Not-So-Silent-Sea, S. 224.
[195] T. S. Eliot, The Use of Poetry and the Use of Criticism, London 1933, S. 151.
[196] McLuhan, Magische Kanäle, S. 38.

weise aufstellte"[197] wie die sehr viel populäreren Ethnologen Edward Sapir und dessen Schüler Benjamin Lee Whorf.

Linguistische Studien, die Sapir und Whorf unter anderem bei Hopi-Indianern unternommen haben, führten zu einer Verallgemeinerung ihrer Studien in der sogenannten Sapir-Whorf-Hypothese. Der Kern dieser Hypothese bildet ein *linguistisches Relativitätsprinzip*, das besagt: Denken und Wahrnehmung werden durch die jeweils verwendete Sprache präformiert, wenn nicht gar determiniert. Unterschiedliche Sprachen bilden dieser These zufolge also buchstäblich unterschiedliche Weltanschauungen aus. Die Vorstellungen von der Welt sind relativ zu den jeweils herrschenden Sprachkonventionen und abhängig von deren grammatikalischen Strukturen. Whorf beschreibt diese Relativität unter anderem am Zeitkonzept der Hopi-Indianer. Die Hopi-Indianer hätten in ihrer Sprache keine quantifizierenden Ausdrücke für Zeit, stattdessen nur qualitative Bezeichnungen des Wandels. Daraus zieht Whorf den (bis dato recht umstrittenen) Schluss, dass ein Hopi-Indianer eine völlig andere Zeitwahrnehmung hat, als ein Bewohner der westlichen Zivilisation, deren gesellschaftliche Koordination maßgeblich von einer quantifizierten, exakten Zeitmessung abhängig ist.[198] Diese Differenzen werden auf die fundamentalen Unterschiede der jeweiligen *Sprachstruktur* zurückgeführt.[199] Neil Postman, ein Medientheoretiker und Schüler McLuhans, der sich noch in den 1980er und 1990er Jahren auf die Sapir-Whorf-Hypothese stützten wird, (re-)formuliert dies folgendermaßen: „Wie die Menschen über Zeit und Raum, über Gegenstände und Vorgänge denken, das ist deutlich von den grammatischen Eigenschaften ihrer individuellen Sprache abhängig."[200]

Solch eine Perspektive dürfte vor allem im 20. Jahrhundert dennoch nicht allzu spektakulär gewesen sein, reiht sie sich doch in eine mindestens bis ins 19. Jahrhundert zurückreichende Linie sprachrelativistischer Konzepte ein: „Seit Nietzsches Rehabilitierung von Rhetorik und Lüge, der ‚Sprachkrise' und dem *linguistic turn* rückte die Strukturierung von Wahrnehmung, Bewußtsein und

---

[197] Erhard Schüttpelz, „Get the message through". Von der Kanaltheorie der Kommunikation zur Botschaft des Mediums: Ein Telegramm aus der nordatlantischen Nachkriegszeit, in: Irmela Schneider/ Peter M. Spangenberg (Hg.), Medienkultur der 50er Jahre. Diskursgeschichte der Medien nach 1945, Bd. I, Wiesbaden 2002, S. 51-76, hier: S. 72; siehe dazu ausführlicher: Carpenter, That Not-So-Silent-Sea, S. 238ff. Dort heißt es sogar, Dorothy Lee „was EXPLORATIONS most influential force" (S. 240).
[198] Siehe zur kritischen philosophischen Rekonstruktion der Sapir-Whorf-Hypothese: Franz Kutschera, Sprachphilosophie, München 1975, S. 289ff.
[199] Siehe dazu die *posthum* veröffentlichte Aufsatzsammlung: Benjamin Lee Whorf, Sprache, Denken, Wirklichkeit. Beiträge zur Metalinguistik und Sprachphilosophie, Reinbek 1963.
[200] Neil Postman, Wir amüsieren uns zu Tode. Urteilsbildung im Zeitalter der Unterhaltungsindustrie [1985], Frankfurt am Main 1988, S. 19.

Wirklichkeit durch Sprache zunehmend ins Blickfeld."[201] Interessanter ist, was Carpenter und McLuhan aus der Sapir-Whorf-Hypothese machen. In der Einleitung zu einer Anthologie, die Carpenter und McLuhan herausgaben und die Texte aus den EXPLORATIONS enthält, heißt es: „EXPLORATIONS explored the grammars of such languages as print, the newspaper format and television."[202] Der Forschungsansatz besteht also vor allem darin, die Grammatik der unterschiedlichen Medien, wie Schrift, Radio, Film oder Fernsehen, zu analysieren und ihren Einfluss auf unsere Wahrnehmung zu erforschen. Analog zur Sapir-Whorf-Hypothese formulieren der Anthropologe Carpenter und der in klassischer Philologie ausgebildete McLuhan etwas, das man die *Carpenter-McLuhan-Hypothese* nennen könnte: Die Grammatik der jeweiligen Medien präformiert das Denken und die Wahrnehmung der Welt. Aus einem linguistischen Relativitätsprinzip wird ein *mediales* Relativitätsprinzip. Der Slogan ‚Das Medium ist die Botschaft' bedeutet dann demgemäß, dass das Medium den Zugang zur Welt und das, was denkbar ist, bestimmt und damit auch letztlich bestimmt, was überhaupt inhaltlich transportiert bzw. verstanden werden kann.

Die Mediendifferenz ist die Botschaft

Dieses mediale Relativitätsprinzip beinhaltet noch eine Pointe, die vor allem wissenschaftshistorisch von Belang ist und zu verstehen hilft, warum McLuhans Slogan so viel Aufmerksamkeit auch in der Wissenschaft auf sich ziehen konnte. Sehr vereinfacht lässt sich die Situation in der nordamerikanischen Forschung zu den Gegenständen Medien, Information und Kommunikation in der Mitte des 20. Jahrhunderts wie folgt umreißen: Vorherrschend sind zum einen die technisch-mathematisch ausgerichtete Informationstheorie und die Kybernetik, zum anderen die soziologisch ausgerichtete Propaganda- und Massenkommunikationsforschung. Beide Forschungsfelder finden ihre Schnittmenge im Begriff der Kommunikation. Gemeinsam ist ihnen überdies ein Desinteresse an der Spezifik des Kanals. Vielmehr sind die Forscher darauf aus, ein allgemeines, übergreifendes Kommunikationsmodell zu entwickeln, das es im einen Fall ermöglichen soll, die Informationszirkulation berechenbar und im anderen Fall, die Wirkungen verständlich zu machen, die eine Information beim Empfänger hervorruft.[203]

Die sogenannte Lasswell-Formel, die der US-amerikanische Politologe und Kommunikationswissenschaftler Harold Lasswell 1948 vorstellte und die für die

---

[201] Claus Pias, ABC... Zur Einführung, in: ders. u.a. (Hg.), Kursbuch Medienkultur. Die maßgeblichen Theorien von Brecht bis Baudrillard, Stuttgart 1999, S. 77-80, hier: S. 77.
[202] Carpenter/ McLuhan, Introduction, S. ix.
[203] Siehe dazu ausführlich: Schüttpelz, Get the message, S. 59ff.

Kommunikationsforschung der damaligen Zeit maßgeblich wurde, lautet zwar: „Who/ Says What/ In Which Channel/ To Whom/ With What Effect."[204] Jedoch ging es dabei vor allem um die *Funktionalität* der Kommunikation, kaum um die Spezifik des ‚Channels'. Der Kanal wurde allenfalls hinsichtlich der funktionalen Effizienz befragt, nicht aber bezüglich einer vermeintlichen autonomen Qualität, die das, was übertragen wird und wie es wahrgenommen wird, affiziert, ja vielleicht sogar präformiert. Genau darauf zielt aber McLuhans Slogan im Gegensatz zur Kommunikationswissenschaft Lasswell'scher Provenienz ab. McLuhans Slogan beinhaltet die These, dass der Kanal unabhängig von den Absichten des Senders, unabhängig von Funktionalisierungen, bestimmte Effekte zeitigt und zwar nicht nur auf Empfängerseite, sondern auch auf der des Senders und bezüglich des Inhalts der Sendung.

Sehr deutlich wird das, wenn McLuhan selbst auf die damals vorherrschenden Kommunikations- und Informationstheorien zu sprechen kommt. So verweist er beispielsweise auf die mathematische Informationstheorie von Claude Shannon und Warren Weaver. Diese machen es sich zur Aufgabe, ein übergreifendes quantifizierbares Modell der Informationszirkulation zu entwickeln.[205] Der Kanal ist dabei vor allem in dem Sinn von Interesse, dass es um dessen Effizienz bei der intendierten Informationsweitergabe geht. Alles, was die Effizienz mindert, wird dabei nicht als mögliche autonome Qualität des Kanals interpretiert, sondern schlicht als Störung. Genau dagegen positioniert sich McLuhan in einem Brief an Jerry Angel. Gefragt, wie er zur Theorie von Shannon und Weaver stehe, schreibt er: „What they call ‚Noise' I call the medium, all the side effects, all the unintended patterns and changes."[206] Sehr instruktiv kommentiert der Medienwissenschaftler Jens Ruchatz diese Passage:

> Legt man diese Aussage zugrunde, dann ging es McLuhan darum, die unintendierten Effekte von Kommunikation neu zu gewichten, nämlich stärker als die intendierte Kommunikation, die traditionell als der Kern von Kommunikation aufgefasst wurde. Medienwissenschaft zu betreiben hieße dann, all das zu untersuchen, was jenseits der beabsichtigten Botschaft unweigerlich und in der Regel unbewusst mitkommuniziert wird.[207]

---

[204] Harold D. Lasswell, The Structure and Function of Communication in Society, in: Lyman Bryson (Hg.), The Communication of Ideas, New York 1948, S. 37-52, hier: S. 37.
[205] Siehe dazu: Claude Elwood Shannon/ Warren Weaver, Mathematische Grundlagen der Informationstheorie [1949], München 1976.
[206] Marshall McLuhan, Brief an Jerry Angel (1976), zitiert nach: Graeme Patterson, History and Communications. Harold Innis, Marshall McLuhan, the Interpretation of History, Toronto/ Bufallo/ London 1990, S. 100.
[207] Jens Ruchatz, Licht und Wahrheit. Eine Mediumgeschichte der fotografischen Projektion, München 2003, S. 45.

Solch ein Ansatz unterscheidet sich fundamental von den damals maßgeblichen soziologischen, kommunikations- und ingenieurwissenschaftlichen Forschungsgebieten. Solch ein Ansatz ist aber auch kein Alleinstellungsmerkmal McLuhans, sondern zeichnet die gesamte Forschung der *Toronto School of Communication* aus, die von Philologen und Ethnologen vorangetrieben wurde und die sich auf die medienmaterialistischen Thesen des Wirtschaftswissenschaftlers Innis beruft. Darum ist die *Toronto School of Communication* genauer betrachtet eigentlich sehr viel eher eine *School of Media,* denn *of Communication.*

Damit kommt eine weiter wichtige Differenz in den Blick. Geht es in der damaligen Kommunikationsforschung darum, ein vereinheitlichtes Modell von (Medien-)Kommunikation zu entwerfen, so ist es bei den an der kulturgeschichtlichen Gegenüberstellung von Mündlichkeit und Schriftlichkeit geschulten *Toronto School* eben gerade der *Unterschied der Medien,* der tatsächlich einen wichtigen Unterschied macht: Verschiedene Medien haben verschiedene Wirkungen, unabhängig von ihrer Funktionalisierung und dem zu transportierenden Inhalt. Genau das ist denn auch das Besondere und das besonders Innovative dieses Ansatzes, der in McLuhans Slogan verdichtet wird.

> Der Erfolg der Oralitäts-/Literalitäts-Dichotomie hängt daher weniger mit den neuen Erkenntnissen zu dieser Dichotomie zusammen als mit einem Ende der 50er sich durchsetzenden Wunsch der Forschung, nicht mehr die Isomorphien der Kommunikation, sondern ihre ‚Mediendifferenzen' zu betonen, ein Wunsch, der sich auch aus den innovativen Ansätzen zur Oralitätsforschung der frühen 50er Jahre entwickelte. Die EXPLORATIONS von Carpenter und McLuhan sind hier sowohl ein klares Beispiel als auch ein Schrittmacher dieser Entwicklung [...].[208]

Aus dieser Sicht ließe sich McLuhans Slogan wieder modifizieren: Nicht das Medium ist dann die Botschaft, sondern eigentlich die Mediendifferenz.

Medien als magische Kanäle

Doch wie hat man sich die Wirkung von Medien bzw. von Mediendifferenzen, die jenseits ihrer inhaltlichen Botschaft und jenseits ihrer Funktionalität liegen, denn nun genau vorzustellen? Ausführlicher beschreibt dies McLuhan in DIE MAGISCHEN KANÄLE. Der Titel der deutschen Übersetzung, ‚Magische Kanäle', ist zwar keine direkte Übersetzung des Originals, jedoch kommt er dem, wie McLuhan Medien versteht und was dieser mit dem Slogan ‚Das Medium ist die Botschaft' ausdrücken will, sehr nah. In sehr unterschiedlichen Zugriffen und Beschreibungen umkreist McLuhan immer wieder die ‚Magie' der Medien:[209]

---

[208] Schüttpelz, Get the message, S. 72.
[209] Explizit unter dem Begriff ‚Magie' geht McLuhan auf diese Magie jedoch eher selten ein. Eine der seltenen Passagen lautet: „Eine Analyse von Programm und ‚Inhalt' gibt keine Hinweise auf

„[E]s [das Medium] beeinflußt uns in einer Weise, die wir, während wir ihm ausgesetzt sind, weder wahrnehmen noch verhindern können."[210] An anderer Stelle heißt es hinsichtlich der gesellschaftlichen Veränderung, die durch die Medien hervorgerufen wird: „Diese Veränderung hängt nicht von einer Zustimmung oder Ablehnung der in einer Gesellschaft lebenden Menschen ab."[211] Mit Bezug auf die Gestaltpsychologie formuliert McLuhan wiederum in einem Interview: „Das, was man sieht, ist die Figur, das, was die Wirkung ausmacht, der Grund. Das ist der Sinn von: Das Medium ist die Botschaft. Das Medium ist verborgen, der Inhalt offensichtlich. Aber die eigentliche Wirkung rührt vom verborgenen Grund her, nicht von der Figur. Von einem Grund, der nicht bemerkt wird."[212] An anderer Stelle heißt es: „Alle Medien massieren uns gründlich durch. [...] Das Medium ist Massage."[213] Welchen Referenzrahmen und welche Metaphern McLuhan auch immer wählt, gemeinsam ist all den zitierten Aussagen: Medien haben tatsächlich etwas Magisches, das im Inhalt nicht zum Ausdruck kommt. Man nimmt sie nicht unmittelbar wahr; sie wirken indirekt, verborgen und unbemerkt auf uns ein, ohne dass wir uns direkt wehren könnten; sie haben (Neben-)Effekte, auch und vor allem jenseits der spezifischen Kommunikations- oder Manipulationsabsicht eines Senders; sie wirken unabhängig von der vermeintlich eigentlichen Botschaft.

McLuhan wird im ersten Kapitel der ‚Magischen Kanäle' noch sehr viel deutlicher und drückt die ‚eigentliche Botschaft' seines Slogans dort auch weniger metaphorisch aus. Dabei schließt er, das zeigen die vielen Beispiele aus dem Transportwesen, unverkennbar an das medienmaterialistische Erbe seines ‚Mentors' Innis an:

> [D]ie ‚Botschaft' jedes Mediums oder jeder Technik ist die Veränderung des Maßstabes, Tempos oder Schemas, die es der Situation des Menschen bringt. Die Eisenbahn hat der menschlichen Gesellschaft nicht die Bewegung oder das Rad oder die Straße gebracht, sondern das Ausmaß früherer menschlicher Funktionen vergrößert und beschleunigt und damit vollkommen neue Art von Städten und neue Arten der Arbeit und Freizeit geschaffen. Und das traf zu, ob nun die Eisenbahn in einer tropischen oder nördlichen Umgebung fuhr, und ist völlig unabhängig von der Fracht oder dem Inhalt des Mediums Eisenbahn. Das Flugzeug anderseits führt durch die Beschleunigung des Transportwesens zur Auflösung der durch die Eisenbahn bedingten Form

---

die Magie dieser Medien oder auf ihre unterschwellige Energie." (McLuhan, Magische Kanäle, S. 40).
[210] McLuhan, Probleme der Kommunikation, S. 47.
[211] McLuhan, Magische Kanäle, S. 39.
[212] Marshall McLuhan, „I ain't got no body..." Gespräch mit Louis Forsdale [1978], in: ders., Das Medium ist die Botschaft, S. 7-54, hier: S. 9.
[213] McLuhan, Das Medium ist Massage, S. 25.

der Stadt, der Politik und der Gemeinschaft, ganz unabhängig davon, wie und wofür das Flugzeug verwendet wird.²¹⁴

Entscheidend ist hier zunächst einmal ganz allgemein die Feststellung McLuhans, dass die Situation menschlicher Kommunikation fundamental durch die Medien verändert wird, und eben *nicht* vorrangig durch die Absichten der Menschen oder die vermittelte Botschaft. *Nicht*, was übertragen wird, ist entscheidend, sondern in *welcher medialen Form* Wahrnehmung, Denkweise und Sozialstruktur geprägt werden. Um pointierte Beispiele ist McLuhan in diesem Kontext nicht verlegen: „Viele Menschen sind wohl eher geneigt zu sagen, daß nicht in der Maschine, sondern in dem, was man mit der Maschine tut, der Sinn oder die Botschaft liege. Für die Art und Weise, wie die Maschine unsere Beziehung zueinander und zu uns selbst verändert hat, ist es [aber] vollkommen gleichgültig, ob sie Cornflakes oder Cadillacs produziert."²¹⁵

Das Medium als formgebendes Milieu

Medien verändern also die Bedingungen, unter denen produziert, kommuniziert, gedacht oder wahrgenommen wird. Sie sind mit anderen Worten nicht einfach nur Mittel, um Daten zu speichern bzw. zu übertragen, sondern sie bilden selbst ein *Milieu* aus, in dem produziert, kommuniziert, gedacht oder wahrgenommen wird. Die Qualitäten von Medien sind somit denn auch nicht direkt an den materiellen Artefakten ablesbar, sondern indirekt an den Effekten, die sie hervorrufen.

Mit Bezug auf Aristoteles wählt McLuhan hierfür seit Ende der 1960er Jahre den Begriff der *formalen Ursache*.²¹⁶ Medien sind aus diesem Blickwinkel *formgebend*; sie sind die *Ursache* für die Formung der Wahrnehmung, der Kommunikation und der Sozialstruktur. Oder sehr viel einfacher an einem Beispiel ausgedrückt, das McLuhan in einem Interview selbst wählt: „Man würde sehr wenig über das Auto erfahren, wollte man es einfach als ein Vehikel betrachten, das Leute hin und her transportiert. Ohne die Veränderungen der Stadt, die Schaffung von Vorstädten, Service-Veränderungen zu verstehen – die Umwelt, die es schuf –, würde man sehr wenig über das Auto erfahren."²¹⁷ Das Medium ist die Botschaft heißt dann: Ein Medium ist ein formgebendes Milieu.

---

²¹⁴ McLuhan, Magische Kanäle, S. 22f.
²¹⁵ Ebd., S. 21f.
²¹⁶ Aristoteles unterschiedet vier Arten der Kausalität, eine davon ist eben die formale Ursache – siehe: Aristoteles, Metaphysik [ca. 330. v. Chr.], Stuttgart 1970, S. 15ff. Siehe zur formalen Kausalität bei McLuhan ausführlicher: Florian Sprenger, (Be-)gründungen und Figurprobleme. Marshall McLuhans Denken über Medien und seine Folgen, in: Daniela Wentz/ André Wendler (Hg.), Die Medien und das Neue, Marburg 2009, S. 81-94, hier: S. 90f.
²¹⁷ McLuhan, Testen, bis die Schlösser nachgeben, S. 76f.

Gesetze der Medien

McLuhan hat sogar versucht, universelle Gesetze zu finden, die beschreiben sollen, wie Medien als formgebende Milieus wirken. Damit macht sich McLuhan daran, der Forderung, die er und Carpenter Ende der 1950er in der Zeitschrift EXPLORATIONS stellten, nämlich die Grammatik der Medien zu erkunden, selbst nachzukommen – und zwar nicht mehr nur bezüglich einzelner Medien. In den 1970er Jahren will McLuhan eine Grundstruktur ausgemacht haben, die *alle* Medien und ihre Effekte betreffen. Im *posthum* veröffentlichten Buch LAWS OF MEDIA werden diese Strukturen in Form von Gesetzen ausformuliert. Die zentrale These dieser sogenannten Tetrade lautet:[218] Jedes Medium ist durch eine viergliedrige Struktur gekennzeichnet, die folgende Form aufweist:

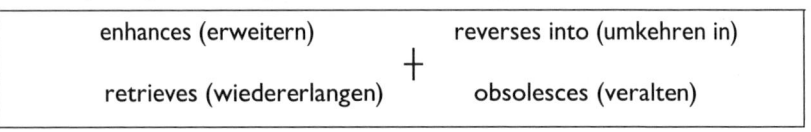

enhances (erweitern)	reverses into (umkehren in)
retrieves (wiedererlangen)	obsolesces (veralten)

An jedes Medium lassen sich somit folgende Fragen stellen: (1) Was hat es erweitert bzw. verstärkt? (2) Welche Prozesse hat es erneuert bzw. wiedererlangt? (3) In was hat es sich im Laufe der Entwicklung umgekehrt bzw. ist es umkippt? (4) Was ließ es veralten?

McLuhan selbst gibt zahllose Beispiele.[219] Hier seien diese ‚Gesetze' nur an einem neueren und sehr einfachen Beispiel vorgestellt, von dem McLuhan noch nichts wissen konnte, dem Handy: (1) Verstärkt wurde durch das mobile Telefon die kommunikative Vernetzung der Menschen, die sich räumlich an unterschiedlichen Orten befinden. (2) Einen Aufschwung erlebte dadurch erneut die orale Kommunikation. (3) Die Kommunikation per Handy ist aber schnell in etwas umgekippt, das kaum zu erwarten war: Es ist inzwischen sehr viel weniger mehr ein auditives Medium, denn ein Schreibmedium. Vor allem werden damit inzwischen Kurznachrichten verschickt, kurz: SMS. (4) Veraltet wurde der Festnetzanschluss. Tatsächlich haben inzwischen viele Personen überhaupt keinen Festnetzanschluss mehr. Beim Durchspielen dieser Gesetze zeigt sich sehr konkret, was es nach McLuhan bedeutet, ein Medium als ein formgebendes Milieu zu verstehen, das vielerlei Effekte hat, die – und das zeigen die vier Gesetze – gleichzeitig in sehr unterschiedliche, ja widerstreitende Richtungen weisen.

---

[218] Siehe hierzu v.a.: McLuhan/ McLuhan, Laws of Media, S. 129ff.
[219] Bspw.: ebd., S. 158f.

Kalte und heiße Medien

Neben den ‚Gesetzen' führt McLuhan eine Fundamentalunterscheidung zwischen den Medien ein. Unterscheidet sein Mentor Innis dichotomisch zwischen Zeit- und Raummedien, so differenziert McLuhan kalte und heiße Medien. Hieran zeigt sich denn auch klar ein Unterschied zwischen Innis' und McLuhans Interessenschwerpunkten. Geht es Innis mit seiner Unterscheidung vor allem um mediale Effekte auf die Sozialstruktur, so geht es bei McLuhan sehr viel mehr um direkte Wahrnehmungseffekte.

Heiße Medien sind solche, die detailreich und/oder einen einzigen Sinn ansprechen; kalte Medien hingegen sind detailarm und/oder sie sprechen mehrere Sinne gleichzeitig an. So sollen das Radio und die Schrift heiß, Fernsehen und Karikatur dagegen kalt sein. McLuhan verbindet damit diametral entgegengesetzte Effekte: Heiße Medien lassen „der Vorstellungskraft nur wenig Spielraum", was wiederum „zu *geringem persönlichen Engagement führt*", und das heißt „zur Distanzierung".[220] Kalte Medien hingegen „erfordern" geradezu „Vorstellungskraft und bieten ihr viel Spielraum. Sie wirken ‚integrierend und einschließend', was zu einem *starken persönlichen Engagement* führt – zur Partizipation."[221] Diese Unterteilung wendet McLuhan kulturgeschichtlich. War die Gutenberg-Galaxis vor allem durch kalte Medien bestimmt, die ein distanziertes Verhältnis zur Welt etablierten, so sei der heutige Bewohner des globalen Dorfes vor allem konfrontiert mit heißen Medien, die durch ihre „multisensorische Kommunikation"[222] viel Spielraum für die Vorstellungskraft freisetzen und zum Engagement anregen. Nicht nur eine globale Vernetzung führt also zu einer gemeinsamen Welt, sondern mit dem zunehmenden Einsatz heißer Medien vollzieht sich parallel eine multisensorische Wahrnehmungsvernetzung. Der Slogan ‚Das Medium ist die Botschaft' wird so mit Bezug auf Wahrnehmungsdifferenzen unterschiedlicher Medien und deren emotionaler und kognitiver Effekte konkretisiert.

Das Medium ist eine Botschaft (unter anderen)

Bei all den bis hierin vorgestellten Deutungen des Slogans wurde immer von der Botschaft, dem übermittelnden Inhalt abgesehen, und damit letztlich auch von den jeweiligen Absichten, Funktionalitäten und dem Kontext, in dem ein Medium auftritt bzw. verwendet wird. Damit könnte man der Meinung sein, dass nach McLuhan die Botschaft bzw. der jeweilige Kontext völlig irrelevant sei. McLuhan hat man dementsprechend nicht nur als Medienmaterialisten

---

[220] McLuhan, Probleme der Kommunikation, S. 45.
[221] Ebd., S. 46.
[222] Ebd.

verstanden, sondern ihm um einiges weitergehend einen Mediendeterminismus unterstellt.²²³

Eine mediendeterministische Position beinhaltet die Überzeugung: Medien bestimmen unsere Lage und zwar radikal. Egal, wo sie auftreten, egal, was jemand vermitteln will, Medien bestimmen vollständig die Sozialstruktur, was und wie wir kommunizieren, wahrnehmen und denken. Um es zu pointieren: Martin Luther hat an der Durchsetzung der Reformation keinen entscheidenden Anteil; die Reformation war – aus mediendeterministischer Position – eine notwendige Folge der Einführung der Druckerpresse. Genauso soll ein harmonisches globales Dorf eine notwendige Folge der elektrischen Medien gewesen sein. Obwohl McLuhan immer wieder gerade mit Verweis auf seinen populärsten Slogan als Ahnherr für solch eine mediendeterministische Position einstehen muss, ist es doch eine sehr ungenaue, ja im Grunde falsche Deutung seiner Position.²²⁴ Zwar betont McLuhan wieder und wieder die kaum zu unterschätzende Relevanz der Medien für Kommunikation, Wahrnehmung und Denken. Aber damit ist nicht automatisch eine mediendeterministische Position verbunden. Das lässt sich auch an den Texten McLuhans selbst klar zeigen.

Zunächst einmal ist McLuhans extreme Betonung der Relevanz des Mediums dem wissenschaftshistorischen Kontext geschuldet. Denn, wie gezeigt, ging es Mitte des 20. Jahrhunderts in der nordamerikanischen Forschung vor allem um die Entwicklung eines universellen Kommunikationsmodells, weniger um Medienspezifika. Um dieses Desiderat auch klar zu markieren, scheint es durchaus sinnvoll, die Gegenposition so stark als möglich zu machen, auch und gerade in polemischer Zuspitzung.

Zudem formuliert McLuhan *nicht*, dass der Inhalt *überhaupt keine Rolle* spielen würde; jedoch ist er für seine Forschungsinteressen, wie der Medienforscher formuliert, „vollkommen uninteressant".²²⁵ Demgemäß ist, wenn man sich etwa eine der oben bereits zitierten Passagen noch einmal unter diesem Aspekt anschaut, darin kein Determinismus zu erkennen: „Für die Art und Weise, wie die Maschine unsere Beziehung zueinander und zu uns selbst verändert hat, ist es vollkommen gleichgültig, ob sie Cornflakes oder Cadillacs produziert."²²⁶ Gleichgültig ist es für unsere Beziehung zueinander und zu uns selbst. Das impliziert aber keineswegs, dass das, was produziert wird, nicht relevant ist bei-

---

[223] Siehe jüngst wieder bspw.: Klaus Benesch, Does Technology Drive History? McLuhan, Leo Marx und die materialistische Medientheorie, in: de Kerckhove u.a., McLuhan neu lesen, S. 95-104, v.a.: S. 96f.
[224] Siehe dagegen die Argumentation in → 3. Lesart: Kritik, S. 152.
[225] McLuhan, I ain't got no body, S. 12.
[226] Ebd., S. 21f.

spielsweise für unsere Gesundheit, die Umweltverschmutzung oder die Rate der Unfalltoten.

Auf diesen Punkt angesprochen, erklärt McLuhan in einem Interview sehr deutlich:

> Wenn ich betone, daß weniger der Inhalt, sondern eher das Medium die Botschaft ist, dann meine ich damit nicht, daß der Inhalt überhaupt keine Rolle spielt – nur, daß er ganz klar eine untergeordnete Rolle spielt. [...] Wenn wir das ganze Augenmerk auf den Inhalt richten und das Medium dabei praktisch ganz außer acht lassen, dann verschenken wir jede Chance, die Wirkung neuer Technologien auf den Menschen wahrzunehmen und zu beeinflussen [...].[227]

McLuhans Position ist also: Erst durch das Außerachtlassen bestimmter Faktoren können überhaupt spezifische Effekte in den Blick kommen. Das heißt aber keinesfalls, dass diese Faktoren an und für sich belanglos seien. Vielmehr werden Medien als formgebende Milieus betrachtet, die, wie jedes Milieu, Dinge ermöglichen, andere ausschließen, aber nicht jeden einzelnen Vorgang determinieren oder andere Wirkungsfaktoren von vorneherein ausschließen. Ganz im Gegenteil sogar, die Inhalte der Medien treten in Wechselwirkung mit dem medialen Milieu, wie McLuhan schreibt: „[S]o besteht die eigentliche Botschaft in ihrem Gesamteffekt auf den menschlichen Empfänger und ist das Ergebnis des *vielschichtigen Zusammenwirkens* [...] sowohl von Inhalt als auch Medium, die in einem physikalischen, psychologischen und sozialen Gesamtmilieu wirken und einander beeinflussen."[228]

Zudem gibt McLuhan in der oben genannten Interview-Passage ganz explizit an, dass die Wirkungen neuer Technologien „zu beeinflussen"[229] sind. Das wiederum muss bedeuten: McLuhan ist kein Mediendeterminist. Wäre er es, so könnte von einer Hoffnung auf Beeinflussung keine Rede sein. Wenn wir durch die Medien vollständig determiniert wären, würde es überhaupt keinen Sinn machen, diese beeinflussen zu wollen, denn sie bestimmen ja dann vollständig, was wir wahrnehmen und denken. Unser Bestreben, sie beeinflussen zu wollen, entspränge dann logisch nur dem deterministischen Programm der Medien selbst. Die freie Entscheidung zur Veränderung und Beeinflussung der Medien vonseiten der Nutzer müsste so Illusion sein. Da aber McLuhan einige Hoffnung in die Fähigkeiten der Künstler setzt, die Funktionsweise der Medien zu durchschauen und in ihrem (und unserem) Sinne beeinflussen zu können und er dieselbe Hoffnung für seine Art von Wissenschaft hegt, kann er keine mediendeterministische Position einnehmen.

---

[227] McLuhan, Geschlechtsorgan der Medien, S. 193.
[228] McLuhan, Probleme der Kommunikation, S. 47; Hervorhebung von mir.
[229] McLuhan, Geschlechtsorgan der Medien, S. 193.

In diesem Zusammenhang spricht McLuhan auch von „Gegenmilieu"[230] und meint damit: Kunst wie Wissenschaft müssen sich aktiv in Differenz zum jeweils vorherrschenden Milieu setzen, um sich (und uns, den Bewohnern der jeweiligen Medienmilieus) deren Wirkungen überhaupt erst bewusst zu machen. Wie auch immer das genau aussehen mag, sei es durch schockierende oder unverständliche Kunst, durch provokative Thesen, die kontraintuitive Behauptungen aufstellen, wie beispielsweise, dass das Medium die Botschaft sei – es impliziert auf jeden Fall, dass man sich von den Formgebungen seines jeweiligen Milieus distanzieren und sich reflektierend dazu verhalten *kann*. McLuhan selbst formuliert das sehr deutlich:

> Das Medium ist ‚eine Botschaft' – es beeinflusst uns in einer Weise, die wir, während wir ihm ausgesetzt sind, weder wahrnehmen noch verhindern können. Wenn wir aber seine Auswirkungen nicht merken, dann wird das Medium zur ‚Botschaft' – einer Art von sensorischer ‚Botschaft', die umso stärker wirkt, als wir ihre Folgen nicht vorausgesehen und uns daher auch nicht vor ihr geschützt haben.[231]

Wohlgemerkt: Folgen, vor denen wir uns ‚nicht geschützt haben' und *nicht* ‚nicht schützen hätten können'. McLuhans Perspektivenwechsel, der sich in dem Slogan ‚Das Medium ist die Botschaft' verdichtet, ist so gesehen weniger radikal als ihm Freund wie Feind gern unterstellen und bedeutet eigentlich: Das Medium ist *eine* Botschaft, eine besonders wichtige freilich, aber eben eine unter anderen.

Das Medienmilieu ist die Botschaft

Hinzu kommt noch ein weiterer Aspekt: Medien gibt es nicht im Singular, es gibt immer schon mehrere Medien. Auch wenn McLuhan seine Kulturgeschichte um ein jeweils dominierendes Leitmedium herum strukturiert, ist er sich sehr wohl darüber im Klaren, dass Medien in Wechselbeziehung zueinanderstehen. „[K]ein Medium [hat] Sinn oder Sein aus sich allein [...], sondern nur aus der ständigen Wechselwirkung mit anderen Medien."[232] Diese Wechselwirkungen können sich sehr unterschiedlich ausgestalten, eben je nachdem, welche Medien aufeinandertreffen und auf welchem „kulturellen Nährboden"[233] dies geschieht. So bilden sich sehr unterschiedliche „Gesamtmilieus"[234] oder „Umwelten",[235] wie McLuhan das nennt. So soll sich etwa die Revolution, die die Einführung des Buchdrucks mit sich gebracht hat, beispielsweise in England nicht recht durchgesetzt haben. Der Grund dafür liegt im spezifischen ‚kulturellen Nährbo-

---

[230] McLuhan, Probleme der Kommunikation, S. 49.
[231] Ebd., S. 47.
[232] McLuhan, Magische Kanäle, S. 50.
[233] Ebd., S. 26.
[234] McLuhan, Probleme der Kommunikaton, S. 47.
[235] McLuhan, Massage, S. 84.

den', auf dem das neue Medium weniger gut gedeihen konnte als im kontinentalen Europa: „In England jedoch war die Macht der alten mündlichen Überlieferung des Gewohnheitsrechts, gestützt von den mittelalterlichen Institutionen des Parlaments, so groß, daß die Uniformität und Kontinuität der neuen visuellen Zivilisation des Buchdrucks sich nicht vollkommen durchsetzen konnte."[236] McLuhans Mediengeschichte besteht so gesehen, wie Oliver Lerone Schultz in einem philosophisch inspirierten Einführungstext zu McLuhan schreibt, „aus einer ständigen Umorganisation und Verschachtelung von aufeinander folgenden Umwelten."[237] Das Medium ist die Botschaft heißt dann: Die ineinander verschachtelten Medien sind die Botschaft(en). Oder einfacher: Das Medienmilieu ist die Botschaft.

Aus diesem Blickwinkel lässt sich denn auch eine Aussage McLuhans deuten, die oftmals zur Deutung des Slogans ‚Das Medium ist die Botschaft' herangezogen wurde, nämlich: „[D]er Inhalt eines Mediums [ist] immer ein anderes Medium".[238] Man könnte diese Aussage so verstehen, dass McLuhan mit seinem Slogan eigentlich nur sagen wollte: Neue Medien bestehen aus anderen Medien bzw. sie beziehen sich auf diese. Beispielsweise in dem Sinne, dass der Inhalt der Schrift die Sprache ist oder das Fernsehprogramm in seinen Anfängen die Sendeformate und -strukturen des Radios übernommen hat. Dementsprechend könnte man annehmen, McLuhan interessiert sich für die Verschachtelungen, die in einzelnen Medien zu finden sind. Das geht jedoch haarscharf an der Intention McLuhans vorbei. Noch im selben Kapitel heißt es nämlich zwei Abschnitte weiter, dass „der ‚Inhalt' jedes Mediums der Wesensart des Mediums gegenüber blind macht."[239] Die Verschachtelungen eines einzelnen Mediums zu untersuchen, wäre also genau die falsche Strategie.

Viel plausibler ist eine andere Deutung: Die Verschachtelungen müssen auf die medialen Milieus bezogen werden. Jedes einzelne Medium kann angemessen nur dann verstanden werden, wenn das Milieu untersucht wird, in dem es situiert ist bzw. auf das es trifft. Der Buchdruck hat dann eben nicht mehr überall dieselbe Wirkung, sondern je nach Milieu. Die ‚wahre' Botschaft, der ‚wahre' Inhalt eines Mediums ist dann das Verhältnis zu den anderen Medien in einem jeweiligen Milieu.

---

[236] McLuhan, Magische Kanäle, S. 32.
[237] Oliver Lerone Schultz, Marshall McLuhan – Medien als Infrastrukturen, in: Alice Lagaay/ David Lauer (Hg.), Medientheorien. Eine philosophische Einführung, Frankfurt/ New York 2004, S. 31-68, hier: S. 37.
[238] McLuhan, Magische Kanäle, S. 22.
[239] Ebd., S. 23.

Medien als Metaphern

Zur Beschreibung von Medien wählt McLuhan viele Metaphern. Sie sind Prothesen des Körpers, Massagen, Milieus, Gestalten (im Gegensatz zu Formen), magische Kanäle. Darüber hinaus wählt er auch die Metapher als Metapher für Medien: „Alle Medien sind mit ihrem Vermögen, Erfahrungen in neue Formen zu übertragen, wirksame Metaphern."[240] Und weiter: „Denn genauso wie eine Metapher Erfahrungen umformt oder überträgt, tun das auch die Medien."[241] Metaphern sind ja tatsächlich Umformungsmittel für Erfahrungen insoweit, als sie einen Begriff aus einem semantischen Feld in ein anderes übertragen und somit dieses andere semantische Feld neu bzw. anders perspektiviert werden. Damit wird eine neue Erfahrung des jeweiligen Gegenstandes möglich. Ein Kamel als Wüstenschiff zu bezeichnen, perspektiviert bestimmte Eigenschaften des Kamels neu oder doch zumindest aus einem anderen Licht, beispielsweise: langsam schaukelnd, sanft gleitend, stetig vorantreibend, selbstgenügsam, zu verwenden als Transportmittel o.ä. McLuhan wendet diese Eigenschaft sprachlicher Metaphern auf Medien: Unterschiedliche Medien ermöglichen unterschiedliche Erfahrungen.

Dass der in klassischer Philologie ausgebildete McLuhan auf die Idee kam, Medien ausgerechnet als Metaphern zu verstehen, ist naheliegend. Denn hierfür gibt es einen bekannten, ebenfalls in der Philologie ausgebildeten Vorläufer, nämlich Friedrich Nietzsche. Nietzsche hat 1873 einen für die Geisteswissenschaften im 20. Jahrhundert wegweisenden Text geschrieben, der den Titel UEBER WAHRHEIT UND LÜGE IM AUSSERMORALISCHEN SINNE trägt. Darin übt Nietzsche dezidiert Sprachkritik. Im Kern geht es um Folgendes: Sprache repräsentiert die Welt nicht einfach richtig oder falsch. Sprache ist auch nicht einfach neutrales Mittel zum Gedankenaustausch. Vielmehr ist Sprache ein Mittel, das die Welt je unterschiedlich erscheinen lässt und unser Denken präformiert. In unterschiedlichen Sprachen denken wir unterschiedlich und haben einen unterschiedlichen Zugang zur Welt. Richtiges Denken oder adäquaten Zugang zur Welt soll es folglich nicht geben. Jede Erkenntnis ist sprachrelativ und definiert eine andere Realität. Diese Thesen finden sich wieder in der oben bereits behandelten Sapir-Whorf-These und mündeten im 20. Jahrhundert im *linguistic turn*, leiteten also eine epistemologische Wende ein.

Interessanter aber als die These selbst, ist hier, wie Nietzsche über die Sprache spricht. Ihm zufolge ist nämlich die Sprache ein „Heer von *Metaphern*".[242]

---

[240] Ebd., S. 97.
[241] Ebd., S. 101.
[242] Friedrich Nietzsche, Ueber Wahrheit und Lüge im aussermoralischen Sinne [1873], in: ders., Nachgelassene Schriften 1870-1873. Kritische Gesamtausgabe, 3. Abteilung, Band II, hrsg.

Damit wird gleichsam behauptet: Jeglicher direkter und d.h., unmetaphorischer Zugang zur Welt ist ausgeschlossen. Die Sprache ist ein ‚Heer von Metaphern', von dem wir aber vergessen haben, dass es ‚nur' Metaphern sind, die aber nicht die Sache selbst bezeichnen. Anstelle von vermeintlich harten wissenschaftlichen Kategorien wie Wahrheit, Realität etc. plädiert Nietzsche deshalb dafür, dass diese Kategorien abzulösen sind. Statt strenger Wissenschaft sollen immer neue Metaphern entworfen werden, die die Welt unterschiedlich beschreiben, buchstäblich neue Bilder der Welt entwerfen, sodass wir mit und durch diese Metaphern unterschiedliche Erfahrungen machen können – unabhängig von der Frage, ob diese Beschreibungen nun richtig sind oder nicht.

Und genau hier findet man den Zusammenhang zu McLuhan. Bei ihm ist nicht mehr die Sprache allein ein ‚Heer von Metaphern', das durch die Künstler unterschiedlich ausgestaltet werden soll. Diese Aufgabe wird bei ihm von den *Medien* übernommen. Sie sind Metaphern, die unterschiedliche Erfahrungen ermöglichen. Gleichzeitig ist den Menschen aber nicht bewusst, dass Medien Metaphern sind, die nicht die Sache selbst wahrnehmen lassen, sondern nur die Welt nach ihren Vorgaben. Medien müssen als Metaphern zunächst einmal verstanden werden, um sie dann unterschiedlich einsetzen zu können. Oder wie es Neil Postman, der in vielem McLuhans Thesen folgt und so auch hier, zwei Dekaden später noch klarer ausdrücken wird: Medien „gleichen […] Metaphern, die ebenso unaufdringlich wie machtvoll ihre spezifischen Realitätsdefinitionen stillschweigend durchsetzen."[243]

Grammatik: Die Lesbarkeit der Medien

Wie bereits vermerkt: Die Metapher ‚Metapher' kommt nicht von ungefähr. McLuhan war ausgebildeter Philologe. Und es wäre nun eine flache Deutung, wenn man davon ausginge, dass McLuhan zu Beginn Gedichte interpretiert und rhetorische Formen studiert und sich dann irgendwann mit etwas völlig anderem beschäftigt habe, eben mit ‚Medien'. Sehr viel plausibler ist es, von einer Kontinuität im Werk McLuhans auszugehen.[244] Um es pointiert auszudrücken: Im Herzen blieb der kanadische Medienforscher immer Philologe, wenngleich ein sehr eigentümlicher. Diese Kontinuität ist allein schon daran zu erkennen,

---

von Giorgio Collt/ Mazzino Montinari, Berlin/New York 1973, S. 367-384, hier: S. 374; Hervorhebung von mir.
[243] Postman, Wir amüsieren uns, S. 20.
[244] Solch eine Kontinuitätsthese vertritt auch Gordon in seiner voluminösen Biografie über McLuhan: „From the earliest pages of the Nashe thesis [McLuhans Doktorarbeit] it is possible to detect the themes McLuhan would continue to develop to the end of his career." (Gordon, McLuhan, S. 104.) Oder auch: „In retrospect, the coherence of his work becomes apparaent […]." (Ebd., S. 304.)

dass McLuhan unterschiedliche Gegenstände und Themen mit Vokabeln und Konzepten aus dem philologischen Register beschreibt. In seiner Doktorarbeit beschäftigte er sich mit dem antiken Trivium, das sich aus Dialektik, Rhetorik und Grammatik zusammensetzt. In den EXPLORATIONS war er gemeinsam mit Carpenter auf der Suche nach der Grammatik der Medien, in DIE MAGISCHEN KANÄLE beschreibt er in diesem Sinne etwa die „Grammatik des Schießpulvers"[245] und Medien als Metaphern. Und vor allem in dem *posthum* veröffentlichten Buch LAWS OF MEDIA, das, wie es im Untertitel heißt, eine „new science" etablieren soll, geht es im abschließenden Kapitel genau um diese neue Wissenschaft als „Media Poetics"[246]. Auch dort werden noch einmal, wie in DIE MAGISCHEN KANÄLE, Medien als Metaphern beschrieben[247] und wie bereits in den EXPLORATIONS wird in LAWS OF MEDIA, die These hochgehalten: „New Media are new languages, their grammar and syntax yet unknown."[248]

Will man genauer sein, so lässt sich die Kohärenz nicht nur auf ein philologisches Vokabular beziehen, das McLuhans Texte von Anfang bis zum Ende durchzieht. Präziser müsste man eigentlich davon sprechen, dass McLuhan zeitlebens ein Grammatiker war. Unter Grammatik ist hier nicht einfach die Erforschung der Syntax zu verstehen, vielmehr ist es in antiker Tradition eine spezifische Erkenntnis- und Wissensform.

> Die klassischen Grammatiker verstanden Grammatik als Kunst der Interpretation im Allgemeinen, die sich über Literatur hinaus auf das Universum selbst bezog. [...] Grammatiker sind Alchimisten und Enzyklopädisten, die ihren Auftrag darin sehen, alles in einem Bezug auf die grammatikalischen Formen einer zugrunde liegenden sprachlichen Ordnung zu verstehen und zu untersuchen. [...] Grammatik ist der Königsweg zur Lektüre sowohl biblischer Schriften wie auch der Natur.[249]

Genau hieran schließt McLuhan an. Als moderner Grammatiker liest er jedoch nicht mehr die Natur oder die biblischen Schriften, sondern Medien und fragt nach deren grammatikalischen Formen und der ihnen zugrunde liegenden Ordnung. ‚Modern' sind McLuhans Lektüren insofern, als sie nicht davon ausgehen, dass die Welt erscheinen können wird, wie sie ist. Das haben noch die alten Grammatiker gedacht, da sie davon ausgingen, dass die sprachliche und die natürliche Ordnung übereinstimmen. McLuhans Lektüren gehen eher dem nach, welche Effekte Medien haben, welche Strukturen diese Effekte haben. Es sind aber immer Effekte, die uns nicht zur reinen, unverstellten Welt zurückführen. Weil Medien Metaphern sind, führen sie uns zu unterschiedlichen Welt-

---

[245] McLuhan, Magische Kanäle, S. 31.
[246] McLuhan/ McLuhan, Laws of Media, S. 215.
[247] Siehe: McLuhan, Magische Kanäle, S. 97.
[248] McLuhan/ McLuhan, Laws of Media, S. 229.
[249] Peters, McLuhans grammatische Theologie, S. 63f.

wahrnehmungen und Denkweisen, aber eben nicht zu einer richtigen oder wahren. Nichtsdestotrotz versucht McLuhan, eine universelle Struktur der Medien zu erkunden. Genau hierin ist er durchaus ein Grammatiker im traditionellen Sinne: Alles wird in Bezug gesetzt zu den grammatikalischen Formen und Strukturen. Darum sieht McLuhan überall Muster. Darum ist auch verständlich, wenn er alle möglichen Wissensgebiete durchforstet, in seine ‚grammatologischen' Lektüren einbezieht und sie in seine These von dem Medium, das die Botschaft sein soll, verdichtet.[250]

Es geht dabei nicht mehr um das große abendländische Projekt der Lesbarkeit der Welt, wie es von Hans Blumenberg in seiner gleichnamigen Publikation rekonstruiert wird,[251] sondern um die Lesbarkeit der *Medien*, ihrer Strukturen und Funktionsweisen. Mit seinen Lektüren, seinem Verfahren der Mustererkennung versucht McLuhan also Medien lesbar zu machen. Jedoch muss das eine unendliche Aufgabe sein und zwar deshalb, weil es erstens immer *neue* mediale Konstellationen geben kann, zweitens weil immer *spezifische* mediale Konstellationen untersucht werden, drittens weil die Effekte der Medien *nicht abschließbar* zu beschreiben sind und viertens, weil man selbst seine Analysen von einem *bestimmten* medialen Milieu aus betreibt, das – und hier kommt wieder einmal McLuhans Fundamentalaxiom zum Zuge – präformiert, wie man etwas überhaupt betrachten kann. McLuhans grammatologisches Projekt ist so gesehen durchaus auch ein hermeneutisches: Medien zu verstehen ist eine unendliche Aufgabe und geschieht immer aus einer bestimmten Perspektive, von der aus man sich an andere Bezugsfelder herantastet, sei das nun, wie in diesem Kapitel mittels der Methode eines hermeneutischen Zirkels oder wie im Falle McLuhans durch eine ‚grammatologische Mustererkennung'.

2.4 Everything is connected

Wie es sich für einen echten Grammatiker gehört, ist bei McLuhan alles mit allem verbunden. Das gilt nicht nur für Medien, die ineinandergreifen, nicht nur für Wissenschaftsdisziplinen, aus denen er sich üppig bedient und die er, um noch einmal die Metapher von Carpenter aufzugreifen, in einer riesigen Wiederverwertungsmaschine aufbereitet. Es gilt ebenso für seine drei Hauptthesen; sie greifen auch ineinander – und zwar in folgendem Sinne: Das globale Dorf, von dem die These 2 handelt, ist für McLuhan Grundvoraussetzung, um überhaupt zur These vom Medium, das die Botschaft sei, zu kommen: „Vor der elektri-

---

[250] Siehe hierzu auch bezogen auf McLuhans Textorganisation → I. Lesart: Rhetorik, S. 57ff.
[251] Siehe: Hans Blumenberg, Zur Lesbarkeit der Welt, Frankfurt am Main 1979.

schen Geschwindigkeit und der Berücksichtigung der Gesamtwirklichkeit war es nicht klar, daß das Medium die Botschaft ist."[252] Medientheorie ist so gesehen ein Produkt einer bestimmten mediengeschichtlichen Konstellation, die es ermöglicht, die Wechselbeziehungen zwischen Akteuren und Medien simultan einsichtig zu machen.

Hierfür ist es wiederum notwendig, dass die Körperausweitungen so weit vorangeschritten sind, dass das zentrale Nervensystem in Form der Telegrafie ausgeweitet ist (These 1). So gesehen ist These 1 die Bedingung für These 2 (die Bildung eines globalen Dorfes) und diese wiederum die Bedingung für These 3 (nämlich die Einsicht, dass das Medium die Botschaft ist). Von der These drei gelangt dann McLuhan *hinter* die Schwelle zum globalen Dorf und interpretiert die gesamte Kulturgeschichte als Mediengeschichte. Diese Bewegung und Vernetzung der Thesen hat die Form einer hermeneutischen Schleife: Von einem bestimmten Bezugsrahmen aus wird rekonstruiert, wie dieser Bezugsrahmen uns zu unseren Erkenntnissen führt. Und von dort aus wird versucht, sich anderen (weiteren) Bezugsrahmen anzunähern. McLuhan macht also bei seiner Annäherung an die Medien in etwa dasselbe, wie das, was hier mit McLuhan versucht wurde. McLuhans ‚Understanding Media' ist also strukturell vergleichbar mit dem Vorhaben, McLuhan zu verstehen. Wenngleich beides – und zwar *prinzipiell* – eine unendliche Aufgabe bleiben muss.

---

[252] McLuhan, Magische Kanäle, S. 30.

3. Lesart: Kritik – McLuhan zerstören

Forschungslogik

Nachdem McLuhan die Aufsatzsammlung OBJECTIVE KNOWLEDGE[1] des Wissenschaftstheoretikers Karl R. Popper durchgeblättert hatte, entwarf er die erste Skizze seiner sogenannten „Laws of Media".[2] In den Jahren davor war der kanadische Denker mit harten Bandagen angegangen worden. Die allermeisten Wissenschaftler ließen, wenn sie denn McLuhan überhaupt noch wahrnahmen, Anfang der 1970er Jahre kaum ein gutes Haar an ihm. McLuhan zu kritisieren, gehörte zum guten Ton. Jonathan Miller kommt in seiner 1971 zum ersten Mal erschienenen (und in den folgenden Jahren recht einflussreichen) Monografie zu dem Schluss, McLuhan habe „ein gigantische[s] System von Lügen"[3] aufgebaut. Theoretiker wie Umberto Eco oder Jacques Derrida formulieren ihre Ablehnung gegenüber McLuhan nicht minder deutlich. Wirft ihm Ersterer fehlende Systematik vor, so der Zweite eine ideologisch vollkommen naive Haltung.[4] In der deutschsprachigen Rezeption erging es McLuhan kaum besser. Im BAUKASTEN ZU EINER THEORIE DER MEDIEN kritisiert etwa Hans-Magnus Enzensberger McLuhans „reaktionäre Heilslehre"[5] und spricht ihm jegliche wissenschaftliche „Satisfaktionsfähigkeit"[6] ab.

---

[1] Siehe: Karl R. Popper, Objective Knowledge. An Evolutionary Approach, Oxford u.a. 1972.
[2] Siehe dazu: Marchand, McLuhan, S. 344f. und: McLuhan/ McLuhan, Laws of Media, S. viii.
[3] Miller, McLuhan, S. 116.
[4] Zu Ecos Kritik siehe: Vom Cogito interruptus; Derridas kritische Auslassung (die nicht einmal einen ganzen Satz umfasst, nichtsdestotrotz abfälliger kaum sein kann) siehe: Signatur, Ereignis, Kontext [1972], in: ders., Randgänge der Philosophie, Wien S. 291-314, hier: S. 313.
[5] Enzensberger, Baukasten, S. 121.
[6] Ebd.

McLuhan reagierte so gut wie nie direkt argumentativ auf Kritik.[7] Seine Entgegnungen auf skeptische Reaktionen wurden nachgerade berühmt. Kritische Nachfragen pflegte er nonchalant abzuwehren: „Wenn Ihnen das nicht gefällt, erzähle ich Ihnen etwas anderes."[8] Solch eine Haltung verhalf McLuhan vielleicht zu einem legendären Status, wissenschaftlich gesehen machte es ihn aber wohl kaum ‚satisfaktionsfähiger'. Zumindest im letzten Jahrzehnt seines Lebens reagierte McLuhan indirekt auf seine Kritiker und zwar, nachdem er eingangs erwähnten Blick in Poppers Buch OBJECTIVE KNOWLEDGE geworfen hatte. Popper buchstabiert in diesem Buch weiter aus, was er in seinem bereits 1935 zum ersten Mal veröffentlichten erkenntnistheoretischen Hauptwerk LOGIK DER FORSCHUNG, vorgestellt hatte. Dort formuliert der Wissenschaftstheoretiker unter anderem eine Minimalanforderung an eine wissenschaftliche Aussage: Sie *„muß an der Erfahrung scheitern können."*[9] D.h.: Eine wissenschaftliche Aussage kann nur genau dann als eine solche gelten, wenn sie falsifizierbar ist, wenn sie also prinzipiell widerlegbar ist. Sollte eine Aussage (prinzipiell) nicht wiederlegbar sein, so handelt es sich nach Popper *nicht* um eine wissenschaftliche Aussage, sondern um Meinung, Ideologie oder schlicht um Aberglaube.

McLuhan war nach der Lektüre Poppers genau darauf aus: Er wollte etwas formulieren, das er seinen Kritikern zufolge bis dato niemals fertiggebracht hatte, eben keine bloße Meinung zu äußern, keiner Ideologie nachzuhängen oder Aberglauben zu verbreiten. Stattdessen sollten es endlich einmal valide *wissenschaftliche* Aussagen sein.[10] Demgemäß entwarf McLuhan vier Gesetze:

1. Gesetz: Jedes Medium *erweitert* bzw. *verstärkt* bestimmte vorhergehende Wahrnehmungs-, Kommunikations- und Erkenntnistendenzen.

2. Gesetz: Jedes Medium *veraltet* bzw. *ersetzt* bestimmte vorhergehende Wahrnehmungs-, Kommunikations- und Erkenntnistendenzen.

3. Gesetz: Jedes Medium *erneuert* bzw. *wiederbelebt* bestimmte (zuvor obsolet gewordene) Wahrnehmungs-, Kommunikations- und Erkenntnistendenzen.

4. Gesetz: Jedes Medium *kehrt* (ab einem bestimmten Zeitpunkt) seine Wahrnehmungs-, Erkenntnis- und Kommunikationstendenzen *ins Gegenteil um*.[11]

Diese Gesetze sollen auf alle Medien anwendbar sein.[12] McLuhan forderte die *science community* in einem Artikel, der unter dem Titel MCLUHAN'S LAWS OF

---

[7] In Briefen jedoch konnte er sich bitterlich beschweren – siehe dazu ausführlicher das Einleitungskapitel vorliegender Arbeit, S.15 (Fußnote 28).
[8] Zitiert nach: Postman, Vorwort, S. 8.
[9] Karl R. Popper, Logik der Forschung [1936], Tübingen [11]2005, S. 17.
[10] Siehe dazu: McLuhan/ McLuhan, Laws of Media, S. viii und 8.
[11] Siehe dazu bspw.: ebd., S. 7.

THE MEDIA 1975 erschien, explizit auf, sich ‚seiner' Gesetze anzunehmen. Die Forscher der Welt sollten den Versuch unternehmen, McLuhans Gesetze – im Sinne Poppers – zu falsifizieren.[13]

> [E]r wartete hoffnungsvoll auf Bataillone wissenschaftlich denkender Kritiker, die entweder versuchen würden, seine Festung zu stürmen, oder die im Gegenteil bereit waren anzuerkennen, daß er tatsächlich nicht der intellektuelle Kaspar war, zu dem sie ihn gemacht hatten. [...] Aber leider war die einzige Reaktion ein langer unzusammenhängender Brief von einem gewissen William Henry Venable, der sich als ‚Ingenieur und praktizierender Rechtsanwalt' vorstellte [...].[14]

Dass McLuhans Hoffnung enttäuscht wurde und dass das Desinteresse an seinen Gesetzen auch nach dem *posthum* veröffentlichten Buch LAWS OF MEDIA. THE NEW SCIENCE kaum abnahm, liegt aber wohl weniger an der tatsächlichen Gültigkeit der Gesetze. Die ‚Bataillone an Wissenschaftlern' schweigen bis heute. Nicht weil sie es nicht geschafft haben, die Gesetze zu falsifizieren. Sehr viel plausibler ist dieses Desinteresse damit zu erklären, dass die Gesetze nicht falsifizierbar sind und also überhaupt keine wissenschaftlichen Aussagen darstellen, die ernsthaft zu diskutieren wären.

Dass die ‚Gesetze' keine wissenschaftlichen Aussagen im Sinne Poppers sind, ist schnell zu zeigen. Diese vier Gesetze lassen sich relativ einfach in vier Fragen reformulieren: (1) Was hat Medium X verstärkt? (2) Was ließ Medium X veralten? (3) Welche Prozesse hat Medium X wiederbelebt? (4) In was hat sich Medium X im Laufe der Entwicklung umgekehrt? Das Problem ist nun: Auf diese sehr allgemeinen Fragen lassen sich *immer* Antworten finden und für jedes Medium lassen sich *immer* diese vier Tendenzen ausfindig machen, einfach weil sie so *unspezifisch* sind und *alles* umfassen. Die ‚Gesetze' können so schlecht scheitern und sind deshalb auch *nicht* falsifizierbar. ‚The New Science', die durch die ‚Laws of Media' begründet werden soll, wäre so gesehen nicht eine neue Wissenschaft, sondern das, was McLuhans Texte immer schon auszeichnete, nämlich alles zu sein, nur eben keine Wissenschaft. Selbst dann also, wenn sich McLuhan einmal explizit darum bemüht, wissenschaftlich ‚satisfaktionsfähig' zu sein, ist er es mitnichten.

---

[12] Da McLuhan einen sehr weiten Medienbegriff hat, beziehen sich die Gesetze auf sehr viele Phänomene. So heißt es in LAWS OF MEDIA: Die Gesetze handeln „about any human artefact". (Ebd.) Genau genommen beanspruchen sie Gültigkeit auch darüber hinaus. Das ist deutlich zu erkennen, wenn im hinteren Teil des Buches Beispiele angeführt werden, auf die die Gesetze anzuwenden sind. Dort findet man dann nicht nur „TV" (ebd., S. 158f.) oder „Computer" (ebd., S. 160f.), sondern auch „Crowd" (ebd., S. 131) oder „Jungle" (ebd., S. 192f.).
[13] Marshall McLuhan, McLuhan's Laws of Media, in: Technology and Culture, 1/1975, S. 74-78.
[14] Marchand, McLuhan, S. 346.

Warum McLuhan kritisieren?

Wenn dem tatsächlich so ist und wenn McLuhans Thesen schon seit knapp vierzig Jahren mit guten Gründen als wissenschaftsuntauglich ausgewiesen sind, bleibt freilich die Frage, wieso man sich heute überhaupt noch mit McLuhan auseinandersetzen sollte. Eine Antwort könnte lauten: aus wissenschafts*historischen* Gründen. Diese Herangehensweise mag sinnvoll sein zum besseren Verständnis der Wissenschafts*geschichte*, auch und vor allem der Wissenschaftsgeschichte der Medienwissenschaft.[15] Das ändert jedoch nichts an der Tatsache, dass McLuhans Denkgebäude zumindest der heutigen Medien*theorie* nichts zu bieten hat. Eine alternative Antwort könnte lauten: als Beitrag zum aktuellen medienwissenschaftlichen Diskurs. Es ist erstaunlich, wie populär McLuhan in gewissen Kreisen der Kultur- und Medienwissenschaften immer noch bzw. genauer wieder ist, trotzdem sein Werk in so gut wie allen Bereichen erhebliche Probleme aufweist. Das könnte dann entweder zu einer Untersuchung der Rezeptionsgeschichte führen[16] oder aber zu einer Versammlung zentraler kritischer Argumente, die man gegen McLuhans Position (erneut) vorbringen muss.

Letzterer Weg soll hier eingeschlagen werden, erstens deshalb, weil McLuhans Texte aufgrund ihrer vielen Widersprüche, Inkohärenzen und unangemessenen Verallgemeinerungen wunderbar geeignet sind, generell ins kritische wissenschaftliche Lesen einzuführen. Zweitens ist aus aktuellem Anlass der Wiederentdeckung McLuhans als vermeintlich wegweisender Autor der digitalen Kultur ins 21. Jahrhundert, wie es in einigen jüngeren Publikationen nachzulesen ist,[17] geboten, noch einmal deutlich zu zeigen, wie verquer McLuhans Argumentationen eigentlich sind und der kanadische Medienforscher alles andere als ein Wegweiser für die Zukunft sein sollte. Über die reine Kritik an McLuhans Positionen hinaus soll drittens der Mehrwert der kritischen Beschäftigung mit McLuhan darin bestehen, *unterschiedliche Arten* von Kritik vorzustellen. Zu zeigen ist, dass Kritik nicht gleich Kritik ist, sehr unterschiedliche Ziele haben kann und auch Unterschiedliches zu beobachten erlaubt.

Kritikarten

Zwei Grundarten von Kritik möchte ich unterscheiden: Zum einen einfache Formen der Kritik und zum anderen komplexere Formen. *Einfache* Kritik bedeutet schlicht, einen Text, eine Argumentation, eine These oder eine Beschreibung aufgrund von offensichtlichen Ungereimtheiten, fahrlässigen Verkürzungen und sachlichen Fehlern zu kritisieren. Die Behauptung ist kaum

---

[15] Siehe zur wissenschaftshistorischen Situierung → 2. Lesart: Hermeneutik.
[16] Siehe dazu → 4. Lesart: Pragmatismus.
[17] Bspw.: Levinson, Digital McLuhan.

übertrieben, dass sich solche ‚einfachen' Ungereimtheiten, Verkürzungen und Fehler in McLuhans Texten auf nahezu jeder Seite seines Werks finden. *Komplexere* Formen der Kritik sind solche, die sich eher mit den subtilen, nicht sofort ins Auge springenden Problemen eines Ansatzes, eines Textes oder einer These beschäftigen und diese Probleme unter einem bestimmten Gesichtspunkt herausarbeiten. So ist es beispielsweise einer *ideologiekritischen* Perspektive daran gelegen, die Verschleierungen und Täuschungen über tatsächliche gesellschaftliche Verhältnisse in Werbung, Film, Literatur oder (vermeintlicher) Wissenschaft aufzudecken. Eine *dekonstruktive* Kritik hingegen geht ausschließlich textimmanent vor. Es geht dann nicht um gesellschaftliche Realitäten, die der Text verschleiert (oder nicht), sondern primär um die Aufdeckung des Konstruktionscharakters des Textes: Welche unausgesprochenen und problematischen Gewissheiten liegen dem Text zugrunde? In welche Widersprüche manövriert sich der Text selbst?

Obwohl es sehr viele, sehr elaborierte kritische Positionen in kultur- und medienwissenschaftlichen Gefilden gibt, möchte ich mich neben der Darstellung der einfachen Kritik in diesem Kapitel auf die Ideologiekritik und die Dekonstruktion beschränken.[18] Diese Beschränkung hat mindestens zwei Gründe: Erstens sind beide sehr prominente Kritikverfahren, die bis dato in und für die Geistes- und Kulturwissenschaften eine wichtige Rolle spielen (oder doch zumindest lange Zeit spielten). Zweitens sind es Verfahren, die trotz gewisser Ähnlichkeiten erheblich voneinander abweichen. So lässt sich exemplarisch nicht nur zeigen, was an McLuhan in elaborierter Form zu kritisieren ist, sondern auch wie unterschiedlich, ja widerstreitend die Fragehorizonte solcher kritischen Formen aussehen können. Jedoch zunächst zur einfachen Form der Kritik, zur Beschreibung der offensichtlichen Ungereimtheiten, Lücken und Fehler. Sechs Probleme habe ich herausgegriffen, auf die ich nacheinander anhand von Beispielen kurz eingehen werde.

---

[18] Beispielsweise wäre hier die kritische Perspektive der *Cultural Studies* zu nennen. Einzelne Vertreter der *Cultural Studies* haben sich dementsprechend kritisch mit McLuhan auseinandergesetzt, siehe bspw. Raymond Williams, A Structure of Insights [Rezension zu Marshall McLuhans DIE GUTENBERG-GALAXIS], in: University of Toronto Quarterly 33 (3), 1964, S. 338-340. Eine andere Kritikart ist eine *psychoanalytische* Perspektive, die die latenten Beweggründe und Begierden hinter den manifesten Argumentationsformen aufzudecken hofft, siehe exemplarisch Kay Kirchmanns Lektüre des Medientheoretikers Paul Virilio: Blicke aus dem Bunker. Paul Virilios Zeit- und Medientheorie aus der Sicht einer Philosophie des Unbewußten, Stuttgart 1998, S. 36ff. Für eine *semiotisch* inspirierte Kritik an Derrida siehe: Eco, Vom Cogitus Interruptus. Darüber hinaus ist in den Kulturwissenschaften an die äußerst virulente *diskursanalytisch* perspektivierte Kritik an Wissens- und Machtformen zu denken – siehe dazu die programmatischen Ausführungen in: Michel Foucault, Ordnung des Diskurses, München 1974.

3.1 Einfache Kritik

Das Problem sachlicher Fehler

Nichts spricht gegen große Entwürfe. Das McLuhan ein Faible für große Entwürfe hatte, steht wohl außer Zweifel.[19] Details müssen aus solch einer Perspektive auch kaum interessierten. Dennoch besteht ein Unterschied darin, sich für Details nicht zu interessieren und Details falsch wiederzugeben. Solch Fehler im Detail gibt es bei McLuhan *en masse*. Nur drei kleinere Beispiele seien angeführt:

Erstes Beispiel: McLuhan schreibt im Vorwort zu seiner Essaysammlung DIE INNERE LANDSCHAFT: „Man entließ Louis Pasteur aus dem Arztberuf, weil er darauf bestand, daß der Arzt vor der Operation seine Hände wäscht."[20] Hier verwechselt McLuhan Pasteur mit dem ungarischen Arzt Ignaz Philipp Semmelweis, der sich zeitlebens unermüdlich für rigide Hygienevorschriften einsetzte und eben deshalb entlassen wurde.[21] Über Pasteur ist hingegen nichts dergleichen überliefert.

Zweites Beispiel: In DIE MAGISCHEN KANÄLE kommt McLuhan auf die Entstehung der Kinematografie zu sprechen, die bis heute als eine Ursprungserzählung des Films fungiert: Der Fotograf Eadweard Muybridge wurde von Leland Stanford 1872 engagiert, um herauszufinden, ob ein galoppierendes Pferd alle vier Füße gleichzeitig von der Erde hebt oder eben nicht. McLuhan beschreibt diese historische Episode wie folgt: „Diese Wette wurde zwischen dem Pionier der Fotografie Edward [sic![22]] Muybridge und dem Pferdebesitzer Leland Stanfort 1889 abgeschlossen."[23] So wird in McLuhans Version aus dem tatsächlichen *Auftrag* an Muybridge eine *Wette* zwischen diesem und Stanford. Diese Wette wird außerdem auf das Jahr *1889* verlegt (der Auftrag erfolgte indes bereits 1872).[24] Historische Sachverhalte werden also modifiziert bzw. falsch wiedergegeben.

---

[19] Siehe als ein Beispiel unter vielen McLuhans Anspruch, die gesamte Philosophiegeschichte ‚neu' zu schreiben → 2. Lesart: Hermeneutik, S. 122f.
[20] McLuhan, Innere Landschaft, S. 13.
[21] Auf diesen Fehler verweist auch: Peter Bexte, Cadillac und Gebetsmatte. McLuhans TV-Gemälde, in: de Kerckhove u.a., McLuhan neu lesen, 323-337, hier: S. 328. Inzwischen kursiert sogar der Begriff *Semmelweis-Reflex*. Er bezeichnet eine reflexartige Ablehnung neuer Erkenntnisse in Wissenschaft und medizinischer Praxis.
[22] Der Mann heißt mit Vornamen richtigerweise Eadweard.
[23] McLuhan, Magische Kanäle, S. 279.
[24] Siehe dazu bspw. ausführlicher: Paul Hill, Eadweard Muybridge, Berlin 2001.

Ein drittes Beispiel liefern McLuhans Übersetzungskünste. Bei der Analyse einer Volkswagen-Werbung versteigt sich der kanadische Interpret zu wilden Assoziationen über den Zusammenhang zwischen einer Automobilmarke und den vermeintlich wolkenverhangenen Träumen einer Volksgemeinschaft, die er in der Werbung konnotiert wissen will. Als Beleg für diesen Konnex schreibt er: „By the way, ‚volk' is German for ‚cloud'. The ‚folk' indicates a corporate tribial dream."[25] Wer ‚Volk' als ‚Wolke' versteht, bei dem kann es mit der philologischen Übersetzungskompetenz nicht allzu weit her sein.

Ob die angeführten Fehler nun an McLuhans Nachlässigkeit bei der Überprüfung historischer Sachverhalte und Quellen liegt, es McLuhan einfach an philologischer Akribie mangelt oder doch eher an seinem Hang zur dramatischen Pointierung, ist in diesem Zusammenhang irrelevant.[26] Von Interesse ist vielmehr, *dass* McLuhan Sachverhalte falsch beschreibt oder doch zumindest ignoriert. Zwar wurden nur kleine Fehler angeführt, jedoch sind diese erstens exemplarisch, viele weitere wären anzuführen.[27] Zweitens liegt damit die Vermutung nicht fern, dass jemand, der so mutwillig historische und philologische Details ignoriert, ja falsch wiedergibt, eben auch ganz generell für seine großen Entwürfe passend machen könnte, was nicht passt.

Das Problem unscharfer Begriffe

Wissenschaftstheoretisch gesehen gibt es aber noch ein weitaus größeres Problem: McLuhan ist eher lax bei der Bestimmung seiner Basisbegriffe. So gibt er kaum einmal eine präzise Definition und wenn doch, dann ist die Bestimmung meist weit angelegt. ‚Weit' meint in diesem Zusammenhang: Der Gegenstand wird so allgemein bestimmt, dass er jede analytische Trennschärfe wie auch jede pragmatische Operationalisierbarkeit verliert. Deutlich wird das, wenn man sich McLuhans Basisbegriff schlechthin zuwendet, nämlich ‚Medien'. Als Medien bestimmt McLuhan zunächst einmal all das, was als materielle Körperausweitung des Menschen gelten kann. Allein schon dadurch eröffnet sich ein sehr weites Feld: Von Zahl und Schrift über Hammer, Rad zu Buchdruck, über Straße, Haus, Stadt, Geld zu Elektrizität, Fernsehen, Flugzeug und Computer. Erhebliche Schwierigkeiten gehen damit einher: Erstens sind hier extrem *heterogene Phänomene*, beispielsweise Werkzeuge, Instrumente, Transport- und Kommunikationsmittel, versammelt, ohne dass deutlich gemacht wird, was deren

---

[25] Marshall McLuhan, Culture is our Buisness, New York 1970, S. 32. Auf diesen Fehler macht aufmerksam: Maria Klaner, Medien und Kulturgesellschaft. Ansätze zu einer Kulturtheorie nach Marshall McLuhan, München 1989, S. 82.
[26] Siehe zur Interpretation der ‚Muybridge-Stanford-Wette' als eine Pointierungsstrategie → I. Lesart: Rhetorik, S. 34 (Fußnote 73).
[27] Siehe bspw. die Ausführungen bereits in: Miller, McLuhan, S. 41f.

materielle, strukturelle oder funktionale Gemeinsamkeiten und Unterschiede sind, jenseits dessen, dass sie eben alle als Körperausweitungen gelten können.

Zweitens wird in dieser Medienbestimmung, selbst dann, wenn man sich nur auf Kommunikationsmedien wie Film oder Fernsehen konzentriert, *nicht* einmal *zwischen Kanal und Code unterschieden.* Das ist insofern misslich, als es doch einen erheblichen Unterschied macht, ob man beispielsweise das Fernsehen unter dem Aspekt seiner Kanalstruktur betrachtet, in der Ort A mit beliebig vielen Orten B verbunden werden kann (also der Sender mit seinen Empfängern) oder hinsichtlich seines Codes, also in welcher Art und Weise das Programm organisiert wird und auf den Bildschirmen erscheint.[28] Oder anders formuliert: Bei McLuhans Medienbegriff gibt es *keinen Unterschied zwischen Informationsverarbeitung (Code) und Energietransport (Kanal),* obwohl es doch bei diesen Facetten eines Mediums um kategorial getrennte und in der Analyse zu unterscheidenden Phänomenen geht.[29]

Drittens ist der Medienbegriff *nahezu ins Unkenntliche ausgeweitet.* Ist doch jedes technische Artefakt Gegenstand der McLuhan'schen Medienwissenschaft, egal ob Fernseher oder Waschmaschine. Wenn man sich dann noch vor Augen führt, dass nach McLuhan auch *kulturelle Praktiken,* wie „Krieg",[30] „Sport und Spiel"[31] Medien sind und darüber hinaus ebenfalls alle Arten von *Institutionen* Medien sein sollen,[32] dann hat der Begriff ‚Medien' jegliche Trennschärfe verloren.

Wissenschafts*theoretisch* ist das eine Bankrotterklärung. Wenn alles ein Medium ist, heißt das auch, dass nichts Spezifisches mehr ein Medium ist. Alles ist dann irgendwie medial, alles wird in einer medialen Wolke der Indifferenz aufgelöst. So ausgeweitet ist der Begriff nicht mehr sinnvoll zu operationalisieren. Nichts ließe sich dann noch untersuchen.

Das Problem grobschlächtiger Kategorien

Kleinteilige Analyse ist McLuhans Sache nicht. Ihm geht es um die großen Linien. Dass McLuhan vor allem die generelle Struktur von Medien nachzeichnen und eine universale Medien- und Kulturgeschichte schreiben möchte, ist im Grunde ein ehrenwertes Ziel. Problematisch ist jedoch, dass sich

---

[28] Siehe zu dieser Kritik bereits: Eco, Vom Cogito interruptus.
[29] Siehe dazu auch bspw.: Bernhard Vieff, Zur Inflation der Igel – Versuch über die Medien, in: de Kerckhove u.a., McLuhan neu lesen, S. 213-232, hier: S. 214f.
[30] McLuhan, Magische Kanäle, S. 509.
[31] Ebd., S. 356.
[32] „*Spiele* sind wie *Institutionen* Ausweitungen des sozialen Menschen und der organisierten Gesellschaft, *wie* Techniken Ausweitungen des animalischen Organismus sind." (Ebd., S. 357; Hervorhebungen von mir.)

zum einen, wie bereits angeführt, einige sachliche Fehler in seinen Geschichten finden und dass zum anderen die großen Linien seiner Geschichte mit allzu groben Kategorien beschrieben werden. Letzteres sollen zwei Beispiele verdeutlichen, das eine betrifft die epochalen Zäsuren in McLuhans Medien- und Kulturgeschichte, das andere sein Verständnis von kulturellen Phasen, Nationalität und Gruppenidentität.

McLuhan gliedert die gesamte Kulturgeschichte in vier Phasen. Zuerst soll es die orale Phase gegeben haben, danach die literale. Im 15. Jahrhundert etablierte sich dann laut McLuhan die Gutenberg-Galaxis und spätestens ab dem 20. Jahrhundert veranschlagt der Medienforscher das Zeitalter der Elektrizität.[33] Das Ende der jeweiligen Phasen wird mit einem besonderen Medium markiert, dem die Macht zugesprochen wird, das vorhergehende Zeitalter zu beenden und ein neues einzuläuten. Ist es im ersten Fall die (alphabetische) Schrift, so im zweiten Fall der Buchdruck, dessen Vorherrschaft wiederum von den elektrischen Medien abgelöst worden sei. Die Schnitte, die hierbei gesetzt werden, sind sehr radikal und zwar so radikal, dass sich die Frage stellt, ob solch eine Vorstellung von historischer Entwicklung auch nur im Geringsten plausibel sein kann. McLuhan bedient sich zur dramatischen Gestaltung seiner Erzählung eines Revolutionsmodells: Ein Medium kommt (woher auch immer) und – Peng! – alles verändert sich schlagartig. Medien organisieren so klare Differenzen von Vorher und Nachher, was für ein einfaches narratives Ordnungsmodell freilich recht attraktiv ist, jedoch hinsichtlich historischer Wirklichkeiten kaum plausibel erscheinen kann.[34]

Viel einsichtiger erscheint es doch, von allmählichen Verschiebungen und komplexen Prozessen auszugehen, die sich an unterschiedlichen Orten, in unterschiedlichen Kontexten anders verlaufen und unter Umständen andere Folgen zeitigen. Statt klarer Schnitte ist viel eher von allmählichen, heterogenen und je spezifischen Entwicklungen auszugehen. Sozialwissenschaftler und Historiker drücken so etwas auch gern mit der Wendung von der ‚Ungleichzeitigkeit des Gleichzeitigen' aus.[35] Das soll in diesem Zusammenhang einfach bedeuten: An unterschiedlichen Orten passieren zur selben Zeit unterschiedliche Dinge.

---

[33] Siehe zu dieser Epocheneinteilung ausführlicher → 2. Lesart: Hermeneutik, v.a.: These 2.
[34] Siehe dazu ausführlicher: Rainer Leschke, Vom Eigensinn der Medienrevolutionen. Zur Rolle der Revolutionsrhetorik in der Medientheorie, in: Grampp u.a., Revolutionsmedien – Medienrevolutionen, S. 143-169.
[35] Genauer geht es eigentlich neben der Ungleichzeitigkeit des Gleichzeitigen ebenfalls um die Gleichzeitigkeit des Ungleichzeitigen (also darum, dass zu unterschiedlichen Zeiten die gleichen Phänomene auftreten können). Siehe dazu Richard Albrechts Versuch der methodologischen und theoretischen Fundierung solch eines Konzeptes in: The Utopian Paradigm – A Futurist Perspective, in: Communications, 16 (1991) 3, S. 283-318.

Schlicht deshalb ist das so, weil man es in unterschiedlichen Kontexten mit unterschiedlichen (und heterogenen) Rahmenbedingungen zu tun hat. So macht es doch beispielsweise einen erheblichen Unterschied, ob die Einführung des Buchdrucks in Städten vor sich ging, in denen protestantische Reformationsbestrebungen politisch unterstützt wurden und dementsprechend Flugblätter mit Texten (und Bildern) von Martin Luther der Bevölkerung flächendeckend zugänglich waren oder ob im Gegensatz dazu, die katholische Kirche zur selben Zeit an einem anderen Ort den Buchdruck verwendete, um Ablassbriefe drucken zu lassen. Die Effekte des Buchdrucks dürften in beiden Kontexten sehr unterschiedliche gewesen sein oder doch zumindest verschieden verarbeitet worden sein und damit (und sei es auch nur für eine bestimmte Zeit) unterschiedliche Folgen gezeitigt haben.[36] Genau solch eine ‚Gleichzeitigkeit des Ungleichzeitigen' fällt in McLuhans grobschlächtiger, radikaler Zäsurierung der Kulturgeschichte unter den Tisch. McLuhans Medienrevolutionen lassen so Entwicklungsprozesse nicht anders denken als in radikaler Differenz zwischen Vorher und Nachher. Das ist aber ein Effekt seines Modellzwangs, mitnichten aber eine Konsequenz tatsächlicher historischer Entwicklungen.

Ein weiteres Problem wiegt aber vielleicht noch schwerer. McLuhan hat nämlich trotz aller universalhistorischer Ausrichtung den Hang, wie Geoffrey Winthrop-Young treffend schreibt, „Nationen als homogene Wahrnehmungsgemeinschaften zu behandeln".[37] Demzufolge nehme ein ‚Kanadier' die Welt anders wahr als ein ‚Deutscher' und ein solcher wiederum anders als ein ‚Russe'.[38] Aber alle Kanadier nehmen McLuhan zufolge zu einem bestimmten historischen Zeitpunkt, abhängig von der jeweils herrschenden Medienkonstellation, die Welt gleich wahr, auch alle Deutschen und alle Russen.[39] Dahinter steht die Idee, dass es *den* Kanadier, *den* Deutschen, *den* Russen mit jeweils spezifischer Mentalitätsstruktur gibt.

---

[36] Siehe dazu ausführlicher: Giesecke, Michael, Der Buchdruck in der frühen Neuzeit. Eine historische Fallstudie über die Durchsetzung neuer Informations- und Kommunikationstechnologien, Frankfurt am Main 1998, S. 226ff.
[37] Geoffrey Winthrop-Young, Von gelobten und verfluchten Medienländern. Kanadischer Gesprächsvorschlag zu einem deutschen Theoriephänomen, in: Zeitschrift für Kulturwissenschaften 2, 2008, S. 113-152, hier: S. 114.
[38] Siehe als Beispiele für *den* Russen: McLuhan, Magische Kanäle, S. 63 und S. 137; für *den* Deutschen bspw.: ebd., S. 455, für *den* Kanadier: ders., Canada. The Borderline Case, in: David Staines (Hg.), The Canadian Imagination. Dimensions of a Literary Culture, Cambridge 1977, S. 226-248.
[39] Siehe hierfür als Beispiel die These, dass Hitler nicht nur ein reines Produkt des Radios sei, sondern zu solch einer Macht nur in der (auch medial gegenüber bspw. Frankreich) ‚verspäteten' Nation kommen konnte, also im Kontext einer spezifischen nationalen Medienkonstellation – siehe bspw.: McLuhan, Magische Kanäle, S. 454f.

Solch eine essenzialistische Vorstellung von ‚Nation' ist völlig unhaltbar. Erstens ist das Konzept ‚Nation' selbst eine historisch vergleichsweise späte Erscheinung, ein fragiles Konstrukt diskursiver Differenzsetzungen.[40] Zweitens sind Nationen keine homogenen, abgeschotteten Gebilde, sondern Produkt aus einem Gefüge internationaler Beziehungen, transnationaler Einflüsse wie auch selbst immer schon zusammengesetzt aus extrem heterogenen Merkmalen und Akteuren. Eine (transhistorische) Essenz einer Nation anzunehmen, scheint aus diesem Blickwinkel völlig unplausibel, ja sogar naiv, auf jeden Fall aber allzu grobschlächtig und unterkomplex.[41]

‚Homogene Wahrnehmungsgemeinschaften' postuliert McLuhan indes nicht nur für Nationen und/oder für spezifische kulturelle Phasen. Auffällig ist ebenso, dass er bestimmte Personengruppen als *pars pro toto* für die gesamte Nation respektive für eine kulturelle Phase im Ganzen einsteht. Um hier nur ein sehr schlagendes Beispiel zu nennen: Im englischen Original ist der Untertitel von McLuhans Buch THE GUTENBERG-GALAXY folgender: „The Making of Typografic Man". Es geht also laut Untertitel um die Herstellung des typografischen *Mannes*. Gemeint ist jedoch: Durch die Erfindung der Druckerpresse wird eine bestimmte Art von Wahrnehmungsweise geformt. Und schnell wird bei der Lektüre des Buches klar: ‚Typografic Man' sind prinzipiell alle Menschen, die in einer historischen Phase leben, die durch die Drucktechnologie dominiert wird. ‚Typografie Man' ist also ein *pars pro toto* für alle.

In dieser Konstruktion zeigen sich noch einmal sehr klar die Probleme von McLuhans Zugang zur Kulturgeschichte ab: nämlich die jeglichem historischen Sachverhalt spottenden Homogenisierungen und Universalisierungen. Was ist denn neben dem ‚Typografic Man' mit der, sagen wir, ‚Typografic Woman', dem ‚Typografic Child' oder auch mit kranken Menschen, alten Menschen, Menschen, die nicht mit Buchdruckerzeugnissen in Kontakt kommen, die auf dem Dorf leben, statt in den städtischen Zentren, Analphabeten etc.[42] Diese Dif-

---

[40] Zur historischen Genese und zu Bedeutungsverschiebungen ausführlich: Reinhart Koselleck, Eintrag: Volk, Nation, Nationalismus, Masse, in: Otto Brunner u.a. (Hg.), Geschichtliche Grundbegriffe, Historisches Lexikon zur politisch-sozialen Sprache in Deutschland. 8 Bd., Stuttgart 1992, hier: Bd. 7, S. 141–431.

[41] Dieselbe Kritik ließe sich an McLuhans Vorstellung von afrikanischen Ureinwohnern vorbringen. Hier werden schlicht alle afrikanischen Ureinwohner als präzivilisatorisches Gegenmodell zu europäischen und nordamerikanischen Zivilisationen stilisiert – siehe bspw.: McLuhan, Magische Kanäle, S. 41 und S. 51.

[42] Genau solch eine Kritik formuliert John Durham Peters in einem Interview auf die Frage hin, was er denn vor allem an McLuhan zu kritisieren habe – siehe in: de Kerckhove u.a., McLuhan neu lesen [DVD-Zusatzmaterial]. Im Übrigen gitl diese Kritik auch dann, wenn man davon ausgeht, dass kein englischsprachiger Muttersprachler ‚man' als Mann verstehen würde,

ferenzen – und damit auch die möglichen Differenzen hinsichtlich der jeweiligen Effekte und Auswirkungen der jeweiligen Medien auf Menschen – werden allesamt stillschweigend nivelliert. Damit ist eine angemessene Beschreibung kulturgeschichtlicher Prozesse und Mentalitäten von vorne herein nahezu unmöglich gemacht.[43]

Das Problem monokausaler Erklärung

McLuhan hat eine klare Vorstellung von Wirkungszusammenhängen. Tritt ein neues Medium in die gesellschaftliche Sphäre ein, hat es klare Wirkungen auf alle Bereiche des menschlichen Lebens. Solch eine Perspektive ist *monokausal*, weil es genau eine Ursache gibt (Medium X), die ganz bestimmte (und in McLuhans Fall) weitreichende Wirkungen nach sich zieht. Ausgeblendet wird die Frage, woher das neue Medium kommt und warum es in der gesellschaftlichen Sphäre etabliert wird. Bei McLuhan scheint es so zu sein, dass ein Medium, wie etwa der Buchdruck, einfach vom Himmel fällt und dann alles radikal verändert.

Auch wenn man davon ausgeht, dass Medientechniken Einfluss auf gesellschaftliche Prozesse haben, heißt das ja nicht, alle anderen Faktoren ausblenden zu müssen. Zu jeder Einführung eines neuen Mediums gibt es eine Vorgeschichte, Ideen, Bedürfnisse, ökonomische oder auch militärische Interessen, gesellschaftliche Koordinationsnotwendigkeiten etc., die dazu führen oder doch zumindest maßgeblich dazu beitragen, dass ein Medium tatsächlich gebaut wird, Verbreitung findet, Akzeptanz erhält etc. Zumindest von einem Wechselspiel oder einer gegenseitigen Beeinflussung unterschiedlicher Faktoren wäre hier auszugehen. Das alles blendet McLuhan aus, um (s)eine unterkomplexe, medientechnisch fundierte monokausale Kulturgeschichte zu schreiben.[44]

---

sondern immer schon als Mensch. Jedoch: ‚Mensch' ist einfach eine zu grobe Kategorie, um kultur- und medienhistorische Prozesse konkret beschreibbar zu machen.

[43] Im Gegensatz etwa zu den Beschreibungen der Historikerin Elizabeth L. Eisenstein: Sie legt ein Buch über die Effekte der Einführung des Buchdrucks vor, das eine Beschränkung auf *bestimmte* Schichten der Bevölkerung vornimmt – siehe explizit zu dieser Beschränkung die Einleitung in: Die Druckerpresse. Kulturrevolutionen im frühen modernen Europa, Wien/ New York 1997.

[44] Ein wunderbares Gegenbeispiel ist die Einführung der mechanischen Uhr in Europa. In mittelalterlichen Klöstern gab es ein drängendes Problem: Wie lässt sich gemeinsames Arbeiten und Beten zeitlich koordinieren? Es gab also ein (der Medientechnik vorgängiges) Bedürfnis, das dann letztlich zur Erfindung bzw. zur Durchsetzung der mechanischen Uhr beigetragen hat. Hier ist die Kausalkette also umgekehrt: Nicht das Medium bestimmt die Anwendung, sondern aufgrund eines bestimmten Bedürfnisses wird ein Medium erfunden und funktionalisiert. Siehe dazu ausführlicher: Kay Kirchmann, Verdichtung, Weltverlust und Zeitdruck. Grundzüge einer Theorie der Interdependenzen von Medien, Zeit und Geschwindigkeit im neuzeitlichen Zivilisationsprozess, Opladen 1998, S. 183ff.

Das Problem der Körperausweitungsthese

Da Medien für McLuhan alle Artefakte und Techniken sind, die der Mensch herstellt und die Funktionen des menschlichen Körpers bzw. menschlicher Sinne übernehmen, sind sehr viele, sehr unterschiedliche Dinge Körperausweitungen: Hammer, Rad, Brille, Telegrafie, Buch, Druckerpresse, Computer. Bei einigen dieser Artefakte scheint die Körperausweitungsthese sofort einleuchtend: Den Hammer als Ausweitung (der Schlagkraft) des Armes zu verstehen, ist ähnlich naheliegend wie die Brille als Ausweitung (der Sehkraft) des Auges zu begreifen. Vielleicht lassen sich auch noch die Telegrafienetze als (wenngleich vereinfachte) Ausweitungen der menschlichen Nervenbahnen deuten.[45] Schwieriger wird es jedoch bei anderen Artefakten, beispielsweise beim Kochtopf.[46] Der Kochtopf kann keine Körperextension sein. Es gibt kein Körper- oder Sinnesorgan, das Nahrung in einem Behältnis (zum Verzehr) erhitzt, ebenso wenig ein funktionales Äquivalent.[47] Vielmehr wird mit dem Kochtopf ein neues, fremdes Element in den menschlichen Weltzugang eingeführt, das diesen verändert.

Umso komplexer die Maschinen und Apparate sind, desto schwieriger wird ganz generell die Zuordnung zu einer Körperausweitung. Welches Sinnesorgan bzw. welche Körperfunktion wird beispielsweise durch die Druckerpresse ausgeweitet? Ist es die Ausweitung des Denkens, das sich in den gedruckten Texten manifestiert? Ist es die Ausweitung des Auges, weil die Texte in Form von Druck-Erzeugnissen gelesen werden? Oder hat es vielmehr mit einer Erweiterung der Arme zu tun, da die Druckerpresse nun mechanisch die Druckerschwärze der Lettern auf Papier druckt? Ist das zum Druck verwendete Papier womöglich die Erweiterung des Denkraumes? Ist der Buchdruck vielleicht alle diese Erweiterungen auf einmal? Bei diesem Beispiel sind dann die Analogien von Körper und Artefakten nicht nur äußerst vage, sondern zielen zudem in sehr unterschiedliche Richtungen, sodass die Frage durchaus erlaubt ist, welchen Erkenntniswert die These von der Körperextension dann überhaupt noch haben kann.

McLuhans Ausdeutungen der Körperausweitungsthese sind zumeist vage und oftmals einfach falsch. Das gilt insbesondere für ein Beispiel, das in der

---

[45] Siehe dazu ausführlicher → 2. Lesart: Hermeneutik, v.a.: These 1.
[46] Dieses Beispiel wurde übernommen aus: Harun Maye, Was ist eine Kulturtechnik?, in: Zeitschrift für Medien- und Kulturforschung (1/2010), S. 121-135, hier: S. 124.
[47] Selbst wenn man davon ausgienge, dass bspw. im Darm Nahrung via Gärprozesse quasi erhitzt, so wäre der Vorgang zumindest nicht funktional analog zur Narhungszubereitung durch Erhitzung. Im einen Fall geht es, um Verarbeitung der Nahrung zum Verzehr, im anderen Fall um Verarbeitung zur Ausscheidung von Narhung(-sresten).

Forschungsliteratur und im Feuilleton bist heute immer wieder gern aufgegriffen wird, nämlich für den vernetzten Computer.[48] McLuhan gilt er als Ausweitung des Denkens – eine Ausweitung, die uns zu einem global operierenden „kosmischen Bewußtsein"[49] verhelfen soll. Falsch ist diese Analogie schlicht deshalb, weil Denkprozesse – und das zeigen die Neurowissenschaften ganz deutlich – prinzipiell anders funktionieren als die Rechenoperationen eines Standardcomputers. Ein Computer operiert seriell und mit einer starren Hierarchie, das Gehirn hingegen parallel und holistisch vernetzt.[50]

Die Analogien zwischen Gehirn und Computer sind nicht nur schief und/oder falsch; sie übersehen darüber hinaus etwas Entscheidendes: Sie weisen nämlich nicht nur die Ähnlichkeiten auf, die McLuhan immer wieder betont, sondern auch *Differenzen*, die McLuhan kaum interessieren. Ein anthropologisches Medienverständnis, das die Medien ausgehend vom menschlichen Körper versteht, kommt aus dieser Perspektive an seine Grenzen. Ob Kochtopf, Rad, Buchdruck oder Computer: Medien sind nicht einfache Ausweitungen des Körpers, sondern mit ihnen werden ebenso *körperfremde* Elemente in die menschliche Praxis eingeführt. Diese medialen Artefakte verändern den Menschen und seine Wahrnehmung – und zwar nicht unbedingt nach dem Schema einer sukzessiven Ausweitung menschlicher Fähigkeiten oder gar gemäß einer Vervollkommnungslogik. Medientechniken lassen sich nicht reduzieren auf Auswüchse menschlicher Organe, Funktionen und Bedürfnisse, sondern führen etwas Fremdes ein, das wiederum auch nur bedingt steuerbar ist.[51]

Das Problem der Heterogenität und der Widersprüchlichkeit

Bei der Lektüre von McLuhans Texten kann man eine ganz ähnliche Erfahrung machen wie bei der Bibellektüre. Für jede Behauptung scheint es andernorts eine Gegenbehauptung zu geben. Oder moderater formuliert: Die behandelten Gegenstände werden aus sehr unterschiedlichen Perspektiven betrachtet; die Zugänge erscheinen so extrem heterogen und zum Teil zumindest untereinander inkompatibel. Das birgt freilich einige Schwierigkeiten: Was ist denn nun eigentlich das entscheidende Argument, die entscheidende Perspektive? Auch

---

[48] Zur Forschungsliteratur siehe bspw.: Levinson, Digital McLuhan; zur Übernahme im Feuilleton siehe → 4. Lesart: Pragmatismus, v.a.: Kap. „McLuhan und die Massenmedien".
[49] McLuhan, Magische Kanäle, S. 128.
[50] Siehe dazu bspw.: Theo Mulder, Das adaptive Gehirn. Über Bewegung, Bewusstsein und Verhalten, Stuttgart 2007, S. 28ff.
[51] Zu einer allgemeinen Kritik an McLuhans Körperextensionsthese bspw.: Georg Christoph Tholen, Mit und nach McLuhan. Bemerkungen zur Theorie der Medien jenseits des anthropologischen und instrumentellen Diskurses, in: de Kerckhove u.a., McLuhan neu lesen, S. 127-139, v.a.: S. 131f und S. 134f.

für einen Kritiker ist es dadurch nicht immer leicht. Weist man auf ein unplausibles Argument hin, ist schnell ein Verteidiger zur Stelle, der seinerseits darauf hinweist, McLuhan habe an anderer Stelle ganz anders argumentiert, man müsse das übersehen haben oder es sei in Wirklichkeit ganz anders gemeint gewesen.

Das ist freilich eine Ausweichstrategie, mit der man McLuhan eigentlich nie recht zu fassen bekommt. Denn um einzelne Argumente kritisieren zu können, muss man systematischer lesen als es seine Texte sind, McLuhans Werk also ‚zurichten'. Genau das wird einem dann vorgeworfen.[52] Nichtsdestotrotz bleibt es auf das Gesamte gesehen wissenschaftstheoretisch doch höchst unbefriedigend, wenn sich ein Autor ständig widerspricht bzw. seine heterogenen Perspektiven nicht zusammenführt. Für diese extreme Heterogenität und Widersprüchlichkeit ließen sich zahllose Beispiele finden.[53] Jedoch möchte ich nur eines, dafür aber ein besonders eklatantes, anführen.

In DIE MAGISCHEN KANÄLEN heißt es in einer Passage sehr deutlich: „Indem wir fortlaufend neue Techniken übernehmen, machen wir uns zu ihren Servomechanismen. [...] Der Mensch wird sozusagen zum Geschlechtsteil der Maschinenwelt, wie es die Biene für die Pflanzenwelt ist, die es ihnen möglich macht, sich zu befruchten und immer neue Formen zu entfalten."[54] Die Medienentwicklung folgt aus dieser Perspektive einer von menschlichen Bedürfnissen und Interessen völlig unabhängigen Strukturlogik. Medientechniken instrumentalisieren die Menschen, nicht umgekehrt. Der Mensch weiß von allem nichts und glaubt sich als Herr über die von ihm hergestellten Maschinen. Hier kommt eine recht fatalistische Position zum Ausdruck: Die Geschichtsentwicklung ist mediendeterminiert; der Mensch bloß der Handlanger der Medien; die entscheidenden Bewegkräfte sind ihm unbekannt.

Anderseits gibt es in demselben Buch wiederum Passagen, die dieser Perspektive eindeutig widersprechen: Bestimmte Menschen, Künstler nämlich, können relativ problemlos aus diesem mediendeterminierten Prozess aussteigen, und „das Verhältnis der Sinne zueinander berichtigen, noch ehe ein neuer Anschlag der Technik bewusste Vorgänge betäubt".[55] Der Künstler kann die Medien in seinem Sinne funktionalisieren. „Um einen unnötigen Schiffbruch der Gesell-

---

[52] Es wird darauf verwiesen, dass man McLuhans Ironie übersehen habe oder seinem Denken in Analogien Unrecht tue, wenn man Passagen auf argumentative Konsistenz überprüfen möchte – siehe zu solch einer Deutung auch → 1. Lesart: Rhetorik. Dass sich McLuhan durch solch eine Strategie *unangreifbar* macht und damit resistent gegen jede mögliche Kritik und Diskussion, darauf verweist: Weingart, Alles, S. 225.
[53] Siehe dazu bspw. ausführlich: Alexander Wittwer, Verwirklichungen. Eine Kritik der Medientheorie, Freiburg 2001, S. 31ff.
[54] McLuhan, Magische Kanäle, S. 81.
[55] Ebd., S. 109.

schaft zu verhindern, will der Künstler nun seinen elfenbeinernen Turm verlassen und den Kontrollturm der Gesellschaft übernehmen."[56] Hier ist der Mensch also kein ‚Servomechanismus' der Maschinen mehr.

Mit dem Schwanken zwischen Mediendeterminismus und autonom operierendem Künstler zeigt sich McLuhan entweder als inkonsistenter Mediendeterminist oder wahlweise als inkonsistenter medienkritischer Aufklärer, der Autonomie und Wahlfreiheit des Menschen postuliert. Der Widerspruch zwischen Zwang und Autonomie wird jedenfalls nicht aufgelöst und McLuhan schwankt von Passage zu Passage zwischen beiden Optionen.[57] Vorausgesetzt man hängt immer noch einer zweiwertigen Logik in aristotelischer Tradition an, derzufolge entweder a der Fall ist oder non-a, jedoch nicht beides gleichzeitig, kommt eine solche Position einer intellektuellen Bankrotterklärung gleich.

3.2 Komplexe Kritik

3.2.1 Ideologiekritische Kritik

Neben den angeführten, vergleichsweise offensichtlichen Problemen in McLuhans Texten gibt es auch einige subtilere Probleme, die erst aus einer bestimmten theoretischen Position als Probleme wahrgenommen werden (können). Eine dieser Perspektiven, die kurz vorgestellt werden soll, ist die ideologiekritische.[58] Ideologie*kritik* ist, wie der Begriff ja schon sagt, *per se* und vor allem ein kritisches Geschäft. Diese Feststellung mag trivial sein, hat aber einige Konsequenzen. Ideologiekritik will beispielsweise Gesellschaftsphänomene nicht nur beschreiben, verstehen oder erklären; sie will sie kritisch analysieren. Und das impliziert immer auch die Utopie einer ‚besseren' Gesellschaft.[59] Kurz: Ihr kritisches Geschäft zielt auf Gesellschaftsveränderung.[60]

---

[56] Ebd., S. 108.
[57] McLuhan lehnt den Determinismus an einigen Stellen seines Werkes regelrecht brüsk ab – siehe dazu v.a.: McLuhan, Gutenberg-Galaxis, S. 4 und S. 306. An anderen Stellen scheint dagegen eindeutig eine mediendeterministische Position impliziert zu sein – siehe (neben der bereits zitierten Passage) bspw.: McLuhan, Magische Kanäle, S. 81.
[58] Siehe dazu sehr viel ausführlicher: Gerhard Hauck, Einführung in die Ideologiekritik. Bürgerliches Bewußtsein in Klassik, Moderne und Postmoderne, Berlin 1992.
[59] Das kann eine über sich selbst aufgeklärtere Gesellschaft sein oder eine gerechtere, eine klassenlose usf.
[60] Das unterscheidet sie fundamental von allen *funktionalistischen* Ansätzen, allen voran der Systemtheorie. Die Ideologiekritik will auch nicht im Sinne der Hermeneutik menschliche

Der Ideologiekritik geht es aber nicht einfach um Kritik ganz generell, ebensowenig um irgendeine Gesellschaftsveränderung. Ein Ideologiekritiker kritisiert *Ideologie*. ‚Ideologie' ist ein recht schwer zu fassender Begriff. Zumindest einige zentrale Merkmale lassen sich indes dennoch ausmachen: Von einer neutralen Perspektive aus ließe sich ‚Ideologie' als eine Bezeichnung für Ideen, Vorstellungen, Werte und Normen beschreiben, die zu einem spezifischen Zeitpunkt in einer bestimmten Gesellschaft vorherrschend sind und das Denken und Handeln der Menschen leiten. ‚Ideologie' wäre so schlicht ein anderes Wort für Weltanschauung. Aus einer *kritischen* Perspektive jedoch ist solch eine neutrale Bestimmung unbefriedigend: Ideologie ist nicht einfach nur eine Weltanschauung, sondern sie ist eine, die die Menschen verblendet, täuscht, sie im Unklaren über die tatsächlichen Sachverhalte belässt. Ideologie ist so gesehen ein Mittel zur Verschleierung gesellschaftlicher Realität, die immer auch, zumindest wenn man der marxistischen Traditionslinie der Ideologiekritik folgt, eine ungerechte Realität der Machtverhältnisse ist. Durch die Ideologie werden solche Machtverhältnisse stabil gehalten bzw. affirmiert.

Der Kapitalismus beispielsweise stellt aus dieser Perspektive eine zu kritisierende Ideologie dar. Von seinen Befürwortern wird der Kapitalismus gepriesen als demokratische Grundlage der Freiheit des Einzelnen, sich selbst chancengleich verwirklichen zu können und den Wohlstand zu erhöhen. Tatsächlich aber geht es, aus Sicht eines Ideologiekritikers, dabei um Stabilisierung kapitalistischer Macht- und Besitzverhältnisse. Kapitalismus wird so als die dem Menschen angemessene Ordnung der Dinge naturalisiert. Das heißt unter anderem auch: Der Kapitalismus immunisiert sich mit seiner Ideologie gegen Alternativen und Kritik, soll er doch der wahren Natur des Menschen entsprechen und quasi von selbst den Wohlstand der Gesellschaft vermehren. Genau hier tritt der Ideologiekritiker auf den Plan: Er will die Verschleierungs- und Harmonisierungsstrategien aufdecken, die den Kapitalismus als einzig gangbaren Weg vorstellig machen.

Allgemeiner formuliert: Ideologie zeichnet sich erstens dadurch aus, dass sie die wahren gesellschaftlichen Verhältnisse verschleiert.[61] Zweitens sind ideolo-

---

Handlungen und Artefakte möglichst präzise verstehen – siehe dazu ausführlicher → 2. Lesart: Hermeneutik. Denn sowohl die Frage nach der Funktion für die Gesellschaft als auch das reine Verstehen-Wollen führen nämlich nicht zwangsläufig zu einer kritischen Einstellung gegenüber gesellschaftlichen Prozessen, aus Sicht der Ideologiekritik sogar eher zum Gegenteil. Gelangt man doch vom Verstehen schnell zum Verzeihen und von einer funktionalen Betrachtung zur Ausblendung moralischer Fragen. Denn was gut funktioniert, muss nicht unbedingt gerecht oder gar freiheitsfördernd sein.

[61] Das kann absichtlich geschehen oder aber die Ideologie ist so weit gediehen, der Verblendungszusammenhang so weit fortgeschritten, dass die einzelnen Akteure, die Ver-

gische Verlautbarungen darum bemüht, eine bestimmte Einstellung zur Welt als die einzig angemessene, selbstverständliche, quasi natürliche erscheinen zu lassen, obwohl diese doch kontingent ist und durchsetzt von Machtinteressen. Drittens werden gesellschaftliche Entwicklungen, Machtverhältnisse und Lebensumstände aus einer ideologischen Perspektive radikal komplexitätsreduziert, homogenisierend und stereotyp dargestellt, Widersprüchlichkeiten indes weitestgehend ausgeblendet. Viertens führt Ideologie immer ein Versprechen auf Harmonie, auf die Lösung aller Widersprüche menschlicher Existenz, mit sich. Genau diese problematischen Konstruktionen will die Ideologiekritik aufdecken.

Ideologiekritik lässt sich auf alles mögliche anwenden, beispielsweise auf Firmen, die in ihren Werbungen zeigen, wie umweltverträglich das Verpackungsmaterial Tetrapak ist, da es „überwiegend aus einem nachwachsenden Rohstoff, nämlich Holz" bestehe,[62] die aber vergessen zu erwähnen, dass Tetrapak daneben aus einem Drittel Plastik und einem Drittel Alufolie besteht, was Tetrapak zu einem der umweltschädlichsten Materialien überhaupt macht. Kritisch beleuchten lassen sich so auch politische Parteien, die Personen anstellen, um ihren WIKIPEDIA-Eintrag zu ‚betreuen' oder auf *daily soaps*, die immer nur Herz-Schmerz-Angelegenheiten problematisieren und Harmonieversprechen liefern, die jeglicher gesellschaftlichen Realität Hohn sprechen. Bestimmte Sprachjargons sind unter ideologiekritischer Perspektive ebenso zu betrachten wie wissenschaftliche Ansätze. Damit komme ich wieder auf McLuhan zurück.

Das Problem der Verschleierung

McLuhan konzentriert sich in seinen Schriften vor allem auf medientechnische Aspekte. ‚Das Medium ist die Botschaft' heißt in diesem Sinne: Egal, welcher Inhalt transportiert wird, egal wo, egal wann und egal, welche Interessen jeweils mit dem Gebrauch des Mediums einhergehen, entscheidend für das Verständnis von gesellschaftlichen Zusammenhängen sind ausschließlich die jeweiligen medientechnischen Konstellationen.[63] Ob ein Fernsehsender eine investigative

---

schleierungen als solche überhaupt nicht mehr erkennen und im Glauben an die Wahrheit der Ideologie, diese weiter verbreiten.

[62] Siehe dazu die TETRAPAK-Werbung: „Rohstoffe"/ „Hase Bob", online zugänglich unter: URL: http://www.youtube.com/watch?v=3jrxuctMYLY [Stand 30.11.10]. Genau hier findet man eine ideologische Verschleierung. Eine solche unterscheidet sich von der Lüge. Tatsächlich ist Holz mit knapp über einem Drittel der Hauptbestandteil von Tetrapak, jedoch werden durch das bewusste Verschweigen der anderen Ingredienzien eben die ökologischen Probleme der Verpackung verschleiert.

[63] Siehe dazu ausführlicher (wenngleich moderater interpretiert): → 2. Lesart: Hermeneutik, These 3.

Dokumentation über die Verhörmethoden in Abu Ghuraib sendet oder eine Coca-Cola-Zero-Werbung, spielt aus dieser Sicht keine Rolle. Entscheidend für die Wirkung des Fernsehens ist, dass er sich gesellschaftlich flächendeckend durchgesetzt hat und als Programmmedium audiovisuell Informationen aus aller Welt simultan in die Wohnzimmer sendet. Ebenso wenig ist dabei relevant, wem eine Sendeanstalt gehört, ob sie öffentlich-rechtlich organisiert ist oder privat, ob sie als Aktiengesellschaft operiert oder aufgrund von Spenden existiert, ob ihre Träger eher rechtskonservativ sind, liberale oder sozialistische Ideen in die Welt setzen wollen ... Diese Liste ließe sich endlos fortsetzen. Bei McLuhan spielt das alles keine Rolle. Entscheidend ist einzig und allein die Medientechnik. Damit blendet der Medienforscher die kulturellen Kontexte und ökonomischen Verhältnisse weitestgehend aus.

Diese Ausblendung ist zunächst ein wissenschaftliches Defizit, welches es McLuhan schwer macht, eine angemessene Medien- und Kulturgeschichte zu schreiben. Wie sollte man denn auf mediale Phänomene, ihre Entwicklung und ihre Wirkungen eingehen können, ohne auch den jeweiligen Kontext und die jeweiligen Interessen zu berücksichtigen? Die Medientechnik allein macht, entgegen McLuhans Behauptung, mit den Menschen noch überhaupt nichts. Es bedarf Akteuren, Strukturen, Praktiken und Interessen, mit denen die Medientechniken zu Agenten gesellschaftlicher Prozesse und Entwicklungen überhaupt erst werden können.[64]

McLuhans einseitiger Blick hat noch andere Implikationen: Zeigt sich der Medientheoretiker hier doch als Technikfetischist. Medientechnologie wird als Zaubermacht, die alle andere Faktoren dominiert, regelrecht verehrt. Dabei spielt es keine Rolle, ob McLuhan nun neue Technologien tatsächlich emphatisch feiert oder aber das Schreckensgespenst des durch Medien willenlos gemachten Menschen heraufbeschwört.[65] In beiden Varianten spielt die Medientechnik die Rolle des mythischen Weltenlenkers, unter dessen Zügeln alle anderen gesellschaftlichen Phänomene kuschen. Das bedeutet erstens: Gegen Medientechnologie kann man sich nicht wehren. Zweitens ist sie für alles verantwortlich. Ergo sind drittens alle anderen Kräfte und Akteure nicht verantwortlich für die gesellschaftlichen Prozesse. Damit wird implizit viertens den gesellschaftlichen Machtverhältnissen zugestimmt, ja diese zementiert. Denn: Wenn die Medientechnik unsere Lage bestimmt, welchen Sinn hätte es dann, gegen monopolistische Medienkonzerne vorzugehen, gegen Studiengebühren zu protestieren, die Privatisierung der Deutschen Bahn oder die

---

[64] Siehe dazu ausführlicher weiter oben im Kapitel 3.1 Einfache Kritik: „Das Problem monokausaler Erklärung"
[65] Siehe: ebd.

Machenschaften der Aktienmärkte? McLuhans permanentes Insistieren auf die Macht der Medientechnik verschleiert die tatsächlichen gesellschaftlichen Verhältnisse und verschiebt die Verantwortlichkeit jenseits gesellschaftlicher Akteure und Institutionen.

Solch eine Position verkennt oder verschweigt, was Theodor W. Adorno und Max Horkheimer in ihrer DIALEKTIK DER AUFKLÄRUNG bereits in den 1940er Jahren klar zum Ausdruck brachten: „Verschwiegen wird dabei, daß der Boden, auf dem die Technik Macht über die Gesellschaft gewinnt, die Macht der ökonomisch Stärksten über die Gesellschaft ist."[66] Medientechnik – und das gilt auch und vor allem für unsere heutige Gesellschaft – ist unentrinnbar in ökonomische Strukturen eingebettet, in der ihre Möglichkeiten nach wirtschaftlichem Kalkül ausgelotet werden. Dagegen von einer Eigendynamik der (Medien-)Technik auszugehen, ist naiv, zynisch oder eine kalkulierte Fehlinterpretation. Auf jeden Fall verschleiert solch ein Blickwinkel die gesellschaftlichen Machtverhältnisse und zementiert den Status quo.

Das Problem der Affirmation

Mitte des 20. Jahrhunderts entwickelte sich etwas, das man heute mit Begriffen wie ‚Informationsgesellschaft', ‚Netzwerkgesellschaft' oder auch ‚Mediengesellschaft' zu fassen versucht. Gemeinsam ist diesen Beschreibungsphrasen, dass die Medientechnologie zur Interpretation gegenwärtiger Gesellschaften als wichtig erachtet wird. Bereits in den 1940er Jahren machten Adorno und Horkheimer auf diesen Prozess aufmerksam, indem sie nachzeichneten, wie sich allmählich aus den Massenmedien, wie Zeitungen, Film, Radio und Fernsehen, ein ökonomisch fundiertes „*System*"[67] der Kulturindustrie ausbildete, das seither massiv auf die Bedürfnisse der Menschen einwirkt. Die Unterhaltungsindustrie stieg zu einem der maßgeblichen Wirtschaftsfaktoren auf und mit der Entwicklung der Satelliten- und Computertechnologie wurde damals der Grundstein gelegt für die heute alle sozialen Spähren durchdringende digitale Netzwerkkultur.

Solche Übergangsphasen gehen nicht ohne Irritationen, Hoffnungen und Befürchtungen vonstatten. Ideologiekritische Positionen der damaligen Zeit beschrieben die medientechnischen Entwicklungen entweder als Prozess einer von ökonomischen Interessen geleiteten Manipulation und Entmündigung der Menschen, die man als solche entlarven muss, bevor der Verblendungszusammenhang keine Kritik mehr zulässt.[68] Oder aber es wurde dazu aufgefordert,

---

[66] Horkheimer/ Adorno, Dialektik der Aufklärung, S. 129.
[67] Ebd.; Hervorhebung von mir.
[68] Siehe hierzu v.a.: Horkheimer/ Adorno, Kulturindustrie.

sich die neuen technischen Möglichkeiten zum Aufbau einer sozialeren, gerechteren Welt endlich aktiv anzueignen (und d.h., dem Monopol der Mächtigen zu entreißen).[69] McLuhan hingegen ging einen anderen Weg. Keine anstrengende ‚Aneignung' wird gefordert und auch die Manipulations- und Entmündigungsangst wird abgedimmt. Zumindest in den Texten der 1960er Jahren, allen voran in McLuhans wissenschaftlich ambitioniertestem Werk, den ‚Magischen Kanälen', feiert er hauptsächlich die (damals) noch neuen Medien: Fernsehen und Computer werden ein globales Dorf schaffen, in dem die gesamte Menschheit in Harmonie leben wird.[70] Zudem sei durch die flächendeckende Automation die Notwendigkeit körperlicher Arbeit obsolet geworden. Die Menschen werden so aus den von ihnen entfremdeten Verhältnissen efreit sein und sich vor allem künstlerisch-kreativen Tätigkeiten widmen können.[71] Friede, Freude, Eierkuchen im globalen Dorf.

Blind für soziale und ökonomische Faktoren geschichtlicher Veränderungen versteht diese Perspektive technologische Entwicklungen nicht nur als unausweichliches Schicksal, sondern stellt es auch noch als *wünschenswert* dar. Das ist durch und durch affirmativ. Jegliches Hinterfragen von gesellschaftlichen und medientechnologischen Vorgängen wird hier zugunsten einer bedingungslosen Bejahung der Technik obsolet. Wahrscheinlich liegt genau darin die Attraktivität solch einer Position, wie Brigitte Weingart vermutet, eben „das vermeintlich Unausweichliche nicht nur erträglich, sondern auch wünschenswert zu machen".[72] Es dürfte dementsprechend kaum ein Zufall sein, dass McLuhan mit solch einer Position in den 1960er Jahren äußerst populär wurde – und zwar weniger in wissenschaftlichen und intellektuellen Kreisen, als vielmehr in den Massenmedien selbst. Hatten doch Fernsehen, Radio und Magazine wie der PLAYBOY mit McLuhan ihren charismatischen Apologeten gefunden.[73]

Das Problem der Heilsgeschichte

McLuhans Medien- und Kulturgeschichte – und das passt wunderbar zur Feier der neuen Medien – ist unverkennbar *heilsgeschichtlich* angelegt. In der christlichen Heilsgeschichte gibt es den Sündenfall, damit eine Vertreibung aus dem Para-

---

[69] So die Forderung in: Enzensberger, Baukasten.
[70] Siehe hierzu sehr deutlich bspw.: McLuhan, Magische Kanäle, S. 18.
[71] Siehe dazu vor allem das letzte Kapitel in DIE MAGISCHEN KANÄLE: „Automation", S. 520ff., insb.: S. 540. Siehe dazu kritisch: Jens Schröter, Von Heiß/Kalt zu Analog/Digital. Die Automation als Grenze von McLuhans Medienanthropologie, in: de Kerckhove u.a., McLuhan neu lesen, S. 304-320.
[72] Weingart, Alles, S. 225.
[73] Siehe dazu ausführlicher → 4. Lesart: Pragmatismus, Kap. „McLuhan und die Massenmedien".

dies, letztlich aber wieder eine Rückkehr ins Paradies. Die narrative Logik der christlichen Heilsgeschichte ist vergleichsweise primitiv und kann sich kaum mit gegenwärtig in der Geschichtswissenschaft diskutierten Entwicklungskonzepten messen, eher ist sie der Narration eines schlechten Westerns vergleichbar: Eine kleine Stadt in der Prärie lebt glücklich, bis ein Ganove auftaucht und alle in Angst und Schrecken versetzt. Der Sheriff muss ihn zur Strecke bringen. Danach leben alle wieder glücklich, ja noch glücklicher als zu Beginn, weil die Abwehr der äußeren Bedrohung das Gemeinschaftsgefühl zu stärken wusste. Solch eine Narration besteht aus drei Phasen, wobei die dritte strukturell die Wiederkunft der ersten bedeutet.

Auch in McLuhans Mediengeschichte findet man diesen Zirkel wieder. So leben die Menschen in der oralen Kultur vergleichsweise harmonisch in permanenter Wechselwirkung zusammen in kleinen Dörfern. Dann werden durch Einführung der Schrift und potenziert durch den Buchdruck die Menschen voneinander entfremdet. Und erst wieder mit den elektrischen Medien kann diese Entfremdung allmählich wieder aufgehoben werden. Nunmehr sind die Menschen wieder in einer Dorfgemeinschaft verbunden, die nun aber dank dem Telegraphen, dem Radio, dem Fernsehen global vernetzt ist. Es liegt nahe, im globalen Dorf die strukturelle Wiederkunft eines (lokalen) Dorfes zu erkennen, nur eben auf weltumspannender Ebene. Hier findet man also die Verlaufsform der Heilsgeschichte wieder.[74]

Wie die christliche Heilsgeschichte ist McLuhans Geschichte teleologisch ausgerichtet, auch ihr wohnt eine Erlösungsfantasie inne. Das letzte Stadium der Menschheitsgeschichte, das Zeitalter der Elektrizität, scheint bei McLuhan der Menschheitsgeschichte von Anfang an als Verheißung und Zielpunkt eingeschrieben zu sein. Bewegen wir uns doch danach im elektrischen Zeitalter auf einen Punkt „schließliche[r] Harmonie aller Kreaturen"[75] zu. Insofern wäre McLuhans Mediengeschichte eine kaum verdeckte, diesseitig gewendete christliche Heilsgeschichte.[76] Damit werden die kaum überschaubaren und oftmals als bedrohlich empfundenen technologischen, ökonomischen wie sozialen Entwicklungen zwar nicht analytisch erfassbar. Dafür wird aber für Sinn und Orientierung gesorgt – und zwar in Form der abendländischen Meistererzählung

---

[74] Siehe zu einer anderen Deutung von McLuhans ‚Heilsgeschichte' → 2. Lesart: Hermeneutik, S. 99ff. Siehe zu einer ausführlichen Kritik dieser ‚Heilsgeschichte': Wittwer, Verwirklichungen, S. 61ff.
[75] McLuhan, Magische Kanäle, S. 18.
[76] Zur Kritik dieser diesseits zugewandten Heilsgeschichte vor dem Hintergrund des teleologischen Geschichtsverständnisses Georg Wilhlem Friedrich Hegels siehe: Dieter Mersch, Kritik des Medienteleologismus. McLuhan, Flusser und Hegel, in: de Kerckhove u.a., McLuhan neu lesen, S. 196-209.

schlechthin, eben der Heilsgeschichte. Zu dem Preis freilich, dass die Verbindung zur gesellschaftlichen Realität vollständig gekappt ist. An deren Stelle treten kompensatorische Erlösungsfantasien, die eher das verschleiern, was sie behaupten aufzudecken, nämlich die Grundlagen gesellschaftlicher Prozesse.

McLuhan nennt diese Einstellung selbst passenderweise „mythisch".[77] Liefert McLuhan doch anstelle kritischer Analysen eine sagenhafte Geister- und Göttererzählung. Das wäre an und für sich nicht allzu verwerflich. Jedoch ist daran problematisch, dass diese mythische Heilsgeschichte beansprucht, gesellschaftliche Realität zu beschreiben, obwohl sie doch nur ein Hirngespinst ist, ein Hirngespinst, das McLuhan nicht nur zum ‚Agenten Roms' werden lässt, wie er selbst einmal schrieb,[78] sondern sehr viel mehr noch zu einem Agenten des Kapitals (wenngleich er das wahrscheinlich nicht einmal selbst bemerkt hat).

3.2.2 Dekonstruktivistische Kritik

Die Dekonstruktion ist nicht zuvorderst eine Theorie, ein Ansatz oder gar eine Methode. Es ist vielmehr eine Destabilisierungstendenz, die sich in jeder Artikulation immer schon ereignet.[79] Das zumindest ist eine zentrale Prämisse der Dekonstruktivisten. Dekonstruktivisten behaupten also, dass nicht sie etwas in den Text hineinlesen, ihn von einer externen Position aus *ad absurdum* führen oder kritisieren wollen. Vielmehr behaupten sie: Während der Text Sinn, Bedeutung und Wahrheitsanspruch formulieren und aufrechterhalten will, unterminiert und durchkreuzt er gleichzeitig immer schon seinen eigenen Anspruch auf Sinn, Wahrheit und Bedeutungskonstitution. Diese Gleichzeitigkeit von Konstruktion und Destruktion, die bei jedem Text am Werke sei, gelte es ‚nur' deutlich nachzuzeichnen, um die konstitutive Offenheit jeder Sinnsetzung, die Möglichkeiten unterschiedlicher Interpretationen und also die Destabilität jedes

---

[77] McLuhan, Magische Kanäle, S. 16.
[78] McLuhan verstand sich selbst freilich nicht als Agent Roms. Er führte diese Wendung an, um pointiert zu charakterisieren, wie ihn ein Kritiker (fälschlicherweise aus Sicht McLuhans) charakterisiert – siehe: McLuhan Letters, S. 435.
[79] In dieser Weise äußert sich zumindest Jacques Derrida, der Ahnherr der Dekonstruktion, in einem Interview: „Bevor [die Dekonstruktion] zu einem Diskurs, zu einer organisierten Praxis wird, die einer Philosophie, einer Theorie, einer Methode *ähnelt*, ist *sie nicht ist* und diese diese instabilen Stabilitäten oder diese Destabilisierungen behandelt, die sie zu ihrem Hauptthema erklärt, ist die ‚Dekonstruktion' zunächst diese Destabilisierung, die sozusagen ‚in den Dingen selbst' stattfindet [...]." (Jacques Derrida, Limited Inc., Wien 2001, S. 187.)

Textes zu zeigen. Genau das wäre dann die Herangehensweise der Dekonstruktion, die im Gegensatz zur Kritik der Ideologiekritik keine externen Kriterien heranzieht, wie etwa die tatsächliche gesellschaftliche Realität, um ihr kritisches Geschäft zu betreiben.[80] Vielmehr ist die Dekonstruktion eine *Lektürepraxis*, die zeigen will, dass jeder Text sich selbst problematisch wird und seine eigenen Behauptungen unterminiert.[81]

Das Problem vermeintlicher Unmittelbarkeit

Die Texte werden sich unter anderem deshalb selbst problematisch, weil sie, folgt man Jacques Derridas dekonstruktiven Lektüren, von der Idee einer Selbstpräsenz des Sinns im Sprechen beseelt sind und dort den Ausgangspunkt allen Sinns, aller Ordnung und Wahrheit setzen.[82] Genau diesem Postulat von der Selbstpräsenz des Sinns im Sprechen, das mit der Idee einer überzeitlichen Wahrheit einhergeht, spürt Derrida in seinen dekonstruktiven Lektüren vornehmlich klassisch philosophischer Texte des Abendlandes nach. Derrida will dabei zeigen, in welche aporetischen Figuren sich die Texte mit solch einem Postulat verwickeln. Obwohl nicht gerade zu den klassischen philosophischen

---

[80] Um die Differenz noch etwas genauer zu fassen: Ideologiekritiker behaupten, dass sich eine bestimmte Ideologie in Texten zeigen kann, diese aber erst von außen, etwa mit Blick auf die tatsächlichen gesellschaftlichen Verhältnisse kritisiert werden kann. Der Dekonstruktivist behauptet stattdessen, dass sich der Text selbst kritisiert und dafür keine externen Kriterien, kein Blick von außen nötig sind. Damit ist auch eine fundamentale erkenntnistheoretische Differenz benannt: Gibt es in der Ideologiekritik noch einen Standpunkt, von dem auch gesellschaftliche Realität, Bedürfnisse, Bedeutungszuschreibungen objektiv beschrieben werden können, so wird von den Dekonstruktivisten bestritten, dass ein solch objektiver Blickwinkel einzunehmen sei. Stattdessen gibt es nur unendliche viele, relative und unkontrollierbare Bedeutungs- und Sinnzuweisungen. Dementsprechend ist es auch konsequent, wenn die Dekonstruktion strikt auf textimmanente Phänomene achtet, also darauf, wie ein Text behauptet, Wahrheit zu verkünden (etwa auch ein ideologiekritischer), jedoch aber inkohärent oder gar widersprüchlich argumentiert, mit hierarchischen Begriffsoppositionen operiert u.a.

[81] Genaugenommen eigentlich auch eine Schreibpraxis. Denn: Wenn der Dekonstruktivist davon ausgeht, dass jeder Text seine eigenen Sinn- und Bedeutungszuweisungen unterminiert, dann muss dies auch in die Textproduktion des Dekonstruktivisten eingehen. Denn für diese Texte gilt diese Prämisse ja dann ebenso. D.h., ein Dekonstruktivist muss Texte produzieren, die ihre Konstruiertheit ausstellen und die sich nach Möglichkeit einem eindeutigen Sinn verweigern, sondern selbst immer schon mehrere (Interpretations-)Möglichkeiten anbieten. Das dürfte unter anderem der Grund sein, warum Texte von ‚waschechten' Dekonstruktivisten so kryptisch, metaphorisch und voller Abschweifungen sind. Diese Schreibpraxis wird hier aber vermieden werden, weil es die kritische Argumentation verkomplizieren würde. Damit hat man es hier jedoch dementsprechend nicht mit echten dekonstruktivistischen Textpassagen zu tun. Die Lektüre McLuhans ist dekonstruktivistisch, jedoch nicht die Schreibpraxis.

[82] Das ist Derridas großes Thema von Anfang an, siehe dazu bspw. die Textsammlung: Jacques Derrida, Die différance. Ausgewählte Texte, Stuttgart 2004.

Texten gehörend, verwickelt sich McLuhan in ganz ähnliche Probleme und Widersprüche, wie zu zeigen sein wird.

Zuvor aber muss noch geklärt werden, warum die Annahme eines unmittelbaren Sinns im Vernehmen der Stimme problematisch sein soll. Folgt man Derrida, so wird in der abendländischen Philosophie spätestens seit Platon, die Stimme als ein besonderes Phänomen beschrieben. Das Sprechen stellt aus dieser Perspektive nicht einfach nur einen kommunikativen Akt dar, sondern ein Sich-selbst-Vernehmen, das zu einer „Hypostatisierung einer innerlichen und unmittelbaren Präsenz des Sinns"[83] führt. Das hat unter anderem die Konsequenz, die geschriebene Sprache abzuwerten, als bloßes minderwertiges Supplement des reinen Sinns im Sprechen zu verstehen. Schrift stellt so verstanden die Schwundstufe des gesprochenen Wortes dar und kann niemals Sinn so gut vermitteln wie das unmittelbare Gespräch bzw. niemals so präsent sein, wie eine stimmliche Artikulation. Das kann man so bereits seit der Antike in philosophischen Texten nachlesen, so etwa in Platons PHAIDROS, findet sich aber auch sehr viel später etwa bei Jean-Jacques Rousseau oder in der Phänomenologie Edmund Husserls.[84]

Jedoch: Die Vorrangstellung der Mündlichkeit zu behaupten, beruht auf einer unhaltbaren Prämisse, die den Wahrheitsanspruch der Texte von Platon, Rousseau oder auch Husserl unterminiert. Denn nach Derrida ist dieses unmittelbare Vernehmen des Sinns in der Stimme und der unvermittelte dialogische Austausch Fiktion. Es kann nämlich keine unmittelbare Präsenz des Sinns geben. Denn: Selbst der gesprochenen Sprache liegt eine Art ‚Schrift' zugrunde.[85] In der Vorrede seiner GRAMMATOLOGIE schreibt Derrida dementsprechend programmatisch: „Wir werden zu zeigen versuchen, daß es kein sprachliches Zeichen gibt, das der Schrift vorherginge.[86]

Wie aber sollte man es verstehen, dass Schrift dem Mündlichen vorausgeht, wo es doch recht evident ist, dass die Schrift kulturgeschichtlich sehr viel später nachweisbar ist als das gesprochene Wort? Deshalb ist es wichtig, Derridas Schriftbegriff näher zu betrachten. Schrift ist in seinen Texten nicht einfach etwas, das Worte aufzeichnet. Vielmehr ist es eine universelle semiotische Ver-

---

[83] Mike Sandbothe, Pragmatische Medienphilosophie. Zur Grundlegung einer neuen Disziplin im Zeitalter des Internet, Weilerwist 2001, S. 101.
[84] Siehe dazu ausführlich: Jacques Derrida, Grammatologie [1967], Frankfurt am Main 1983.
[85] Genau damit ist denn auch eine Grundoperation der Dekonstruktion *in actu* zu finden: Derrida macht eine Dichotomie aus (Mündlichkeit vs. Schriftlichkeit); dann zeigt er, wie in vielen Texten diese Dichotomie normativ aufgeladen wurde (Mündlichkeit gut; Schriftlichkeit defizitär); daraufhin dreht er die Bewertung der Dichotomie um, um zu zeigen, wie Schriftlichkeit der Mündlichkeit vorausgeht, ja diese überhaupt erst möglich macht.
[86] Derrida, Grammatologie, S. 29.

weisungsstruktur, die Derrida auch *différance* nennt.[87] Jedes Zeichen hat aus dieser Perspektive seinen Sinn nur durch die Differenz zu anderen Zeichen, niemals aber an und für sich. Das Zeichen ‚Baum' bezeichnet so je unterschiedliche Vorstellungen, je nachdem, welchen Wortschatz eine Person hat, ob er es ‚nur' in Differenz zu dem Zeichen ‚Haus' setzen kann oder mit dem Zeichen ‚Strauch' das Zeichen ‚Baum' spezifiziert etc. Dieses differenzielle Zeichensystem kann bei verschiedenen Personen unterschiedlich sein und sich zeitlich verändern.

Der Clou dieser Überlegung ist, dass legitimerweise *kein* Kriterium anzugeben ist, wann nun endlich der wahre Sinn eines Zeichens gefunden sein könnte. Denn die Sinnzuweisungsmöglichkeiten und das differentielle Zeichensystem sind *per se* unendlich offen, lassen sich nicht abschließen, geschweige denn kontrollieren. Nie kommt man zu einem letzten Zeichen, das alle anderen erklärt, nie kommt man zu einer letzten Regel, die nicht wiederum selbst dem Spiel des differenziellen Zeichensystems unterliegt.[88] Der Sinn verschiebt sich unendlich oder andersherum ausgedrückt: ist unendlich aufgeschoben. Jede Fixierung auf einen eindeutigen Sinn oder eine eindeutige Bedeutung eines Zeichens ist nicht zu begründen, buchstäblich eine unendliche, also unbewältigbare Aufgabe. Akzeptiert man den differenziellen Zeichencharakter jeglicher Bedeutungszuweisung, so gerät man zu sich selbst in Widerspruch, wenn man die Fixierbarkeit eines eindeutigen Sinnes postuliert.

Das gilt denn auch für mündliche Aussagen. Selbst bei diesen kann der Sinn niemals ganz und gar präsent sein. Stattdessen ist er unendlich aufgeschoben, führt immer eine Distanz und unendlich viele mögliche Bedeutungszuweisungen mit sich. Das gilt für jeden mündlichen Austausch und so eben auch für McLuhans orale Kulturen. Laut McLuhan bestünde dort auf Grundlage oraler Kommunikation nicht nur eine unmittelbare Integration des Einzelnen in die Gemeinschaft, sondern im kommunikativen Austausch sei immer auch der Sinn der Artikulationen unmittelbar präsent.[89] Orale Kultur ist aus McLuhans Sicht also doppelt sinnstiftend: Einzelne Akteure und das Kollektiv bilden eine unauflösliche Einheit, in der der Sinn unmittelbar präsent ist. Aus der Perspektive Derridas muss das eine Fiktion sein. *Jegliche* Kommunikation hat zur Grundlage ein differenzielles Zeichensystem, das eindeutige Bedeutungsfixierung verunmöglicht, den letztendlichen Sinn immer aufschiebt. So kann McLuhans Behauptung von der Unmittelbarkeit des Sinns in mündlicher Kommunikation

---

[87] Siehe dazu: Jacques Derrida, Die différance [1972], in: ders., Die différance, S. 110-149.
[88] Siehe dazu ausführlicher auch: Jacques Derrida, Die Struktur, das Zeichen und das Spiel im Diskurs der Wissenschaft vom Menschen [1967], in: ders., Die Schrift und die Differenz. Frankfurt am Main, S. 422-442.
[89] Siehe dazu beispielsweise: McLuhan, Gutenberg-Galaxis, S. 27.

nicht zutreffen. Diese Aussage muss in einen Widerspruch zur generellen Struktur von Kommunikationsprozessen führen.

Noch deutlicher wird das, wenn man sich McLuhans Geschichtsschreibung zuwendet. Seit der Einführung der alphabetischen Schrift werde nach McLuhan die doppelte Sinnstiftung der oralen Kultur sukzessive unterminiert. Die Menschen entfremdeten sich voneinander; unmittelbare Sinnstiftung werde ersetzt durch indirekte Kommunikation *via* Schrift. Diese soll jedoch niemals die Bedeutungsfülle dialogischer Kommunikation erreichen können. Mit Einführung der Schrift beginnt für McLuhan eindeutig eine Verfallsgeschichte des unmittelbaren Sinns. Aufgehoben werde dieser Verfall jedoch mit dem Einzug der elektrischen Medien. Diese ermögliche wieder einen direkten kommunikativen Zugang der Menschen zueinander. Die orale Kultur kehrt wieder, diesmal medientechnisch fundiert und flächendeckend vernetzt in einem globalen Dorf. Die Entfremdungen der Schriftkultur werden so aufgehoben, unmittelbare Kommunikation wieder möglich. Medien- und Kulturgeschichte wird unter diesem Blickwinkel eine Rückkehrgeschichte: Man kehrt zurück zur unvermittelten Kommunikation, zur direkten Verständigung der Bewusstseine und zur Präsenz des Sinns.[90] Derrida schreibt diesbezüglich kritisch: „Wir wohnen *nicht* einem Ende der Schrift bei, das der ideologischen Darstellung McLuhans zufolge eine Transparenz oder eine Unmittelbarkeit der gesellschaftlichen Beziehungen wiederherstellen soll [....]."[91] McLuhans Geschichtsschreibung läuft so verstanden letztlich auf das widersprüchliche Ansinnen hinaus, die Entfremdung durch Medientechniken mit und in Medientechniken überwinden zu wollen. Der unmittelbare Sinn soll durch mediale Vermittlung wieder hergestellt werden. Medien wären so Mittler von Unmittelbarkeit – einer Unmittelbarkeit, die gerade durch den Einsatz von Medien verloren gegangen sein soll.

Doppelt problematisch ist McLuhans Vorstellung eines unmittelbaren Sinns also erstens, weil jegliche Artikulation die unmittelbare Sinngebung verfehlt, ja, konstitutiv verfehlen muss. Zweitens können uns folglich auch keine medientechnischen Entwicklungen zu einem unmittelbaren Sinn zurückführen. Solch eine Position hat eine vergebliche Zielrichtung: Verspricht sie doch „die Erlösung *von* Medien *durch* [...] Medien".[92] Viel plausibler scheint es von medialen Pluralisierungsprozessen auszugehen, die uns weit mehr zu einer immer größe-

---

[90] Siehe dazu McLuhan sehr deutlich: McLuhan, Magische Kanäle, S. 127f. Siehe für eine ausführlichere (wenngleich anders perspektivierte) Auseinandersetzung mit McLuhans Rückkehrgeschichte → 2. Lesart: Hermeneutik, These 2.
[91] Jacques Derrida, Signatur, Ereignis, Kontext, S. 313; Hervorhebung von mir.
[92] Weingart, Alles, S. 225.

ren Verstreuung und Verschiebung von Sinnsetzungen in einer immer komplexer vernetzten Welt führen.[93]

Das Problem der Dichotomien

Der Dekonstruktion geht es darum, wie bereits formuliert, aufzuzeigen, wie ein Text konstruiert ist. Welchen Ordnungsprinzipien folgt er? Mit welchen Mitteln versucht er, glaubwürdig zu wirken? Wie versucht er, den Rezipienten davon zu überzeugen, dass er etwas Wichtiges, Sinnvolles, Plausibles, Wahres aussagt? Zentraler Aspekt der dekonstruktiven Lektürepraxis ist die Aufdeckung der den allermeisten Texten zugrunde liegenden rigiden dichotomischen Ordnungsmuster. Denn sie sind mehr oder weniger auffällig durch einfache Oppositionen strukturiert (wahr/falsch; gut/schlecht; männlich/weiblich; gesund/krank; anwesend/abwesend usf.). Alles, was sich jenseits solcher Oppositionen befindet, wird zumeist ausgespart oder doch marginalisiert. Die Texte sind einer zweiwertigen Logik, einem Denken in strikter Gegenüberstellung verpflichtet, also einem dichotomischen Denken. Die Formulierungen sind aber nicht einfach nur durch Oppositionen strukturiert, sondern diese Begriffspaare sind in den allermeisten Fällen *asymmetrisch* und *normativ* aufeinander bezogen. D.h.: Ein Begriff des Oppositionspaares soll höherwertig sein als der andere. Damit wird der eine Begriff des Dichotomiepaares aufgewertet, der andere ist dann das ‚Andere', die Abweichung, das Supplement, dementsprechend minderwertiger.

Beispielsweise wird in der abendländischen Ideengeschichte die Frau lange Zeit nicht nur in Opposition zum Mann gedacht, sondern vor allem vom Mann ausgehend, als das Andere, die Abweichung, vom Normzustand Mannsein. Wobei wiederum Mannsein nichtsdestotrotz seine herausragende Stellung gerade eben erst durch die Gegenüberstellung zum vermeintlich untergeordneten Frausein erhält und so gesehen, das Abgeleitete, das Supplement konstitutiv benötigt, um sich selbst als Normalzustand, als Ursprung zu setzen. Ganz ähnlich verhält es sich mit der Gegenüberstellung von Präsenz und Absenz. So wird, wie der obigen Diskussion zu entnehmen ist, bei McLuhan die Präsenz, das Unmittelbare als das Höherwertige eingesetzt und Absenz als das Minderwertige verstanden. Eine solche Gegenüberstellung formuliert McLuhan, obwohl erstens, folgt man Derridas Argumentation, vollkommene Präsenz des Sinnverstehens eine Illusion bleiben muss und zweitens die Idee von Präsenz überhaupt erst aufkommen kann, wenn Absenz herrscht. Damit wäre das vermeintlich Abgeleitete, trotz und gegen die manifeste Absicht, die im Text artikuliert wird, das eigentlich Ursprüngliche. Hiermit hat man ein nahezu idealtypisches Bei-

---

[93] In diese Richtung argumentiert bspw. Mike Sandbothe im Anschluss an Derrida – siehe: Pragmatische Medienphilosophie, v.a.: S. 103ff.

spiel, wie sich ein Text, indem und während er etwas behauptet, gleichzeitig sein Gegenteil mitführt und sich so selbst unterminiert.

Interessant ist nun bei McLuhan: Er selbst lehnt dichotomische Argumentation und zweiwertige Logik ab. Oder genauer noch: Sie werden einer bestimmten mediengeschichtlichen Phase zugeordnet, die inzwischen überwunden sein soll. Diese Art des Denkens nämlich bringt McLuhan in Zusammenhang mit der mediengeschichtlichen Einführung der Schrift und dann vor allem des Buchdrucks.[94] Insbesondere in der Gutenberg-Galaxis, also in der kulturgeschichtlichen Phase, die durch die Verbreitung von Informationen *via* Druckerpresse geprägt gewesen sein soll, seien spezifische Wahrnehmungs-, Kommunikations- und Erkenntnisformen ausgebildet worden, die mit Abstraktion und Homogenisierung verbunden sind. Dabei habe sich flächendeckend das Denken in Dichotomien bzw. die zweiwertige Logik als absolutes Maß der Wahrheit ausgebildet, nach dem sich alles zu richten habe. Jetzt aber, im Zeitalter der Elektrizität, sei diese Art von Denken obsolet geworden. An die Stelle von logisch kohärenten Erklärungen und klaren Aussagen sei ein vielfältiges Erkunden getreten, die Dinge werden aus unterschiedlichen, auch teilweise inkompatiblen Blickwinkeln betrachtet, die assoziativ, sprunghaft, fragmentarisch, collagierend vorgehen. Die Maxime gilt: Kreativität statt Logik.[95]

McLuhan hält sich selbst in seiner grundlegenden Zugriffsweise aber *nicht* an diese Maxime. Zwar schreibt er ohne Zweifel fragmentarisch, collagierend, sprunghaft und assoziativ.[96] Jedoch ist seine Zugriffsweise strikt dichotomisch – und zwar nahezu hinsichtlich aller Phänomene, mit denen er sich beschäftigt. So teilt er beispielsweise Theoretiker gern ein in Denker, die entweder ihre rechte Gehirnhälfte aktivieren und diejenigen, die ‚nur' ihre linke Hirnhemisphäre nutzen.[97] Es gibt kalte und heiße Medien, jedoch keine Mischformen. Visuelle Wahrnehmung wird übergangslos gegen taktile aufgeboten. Es gibt die Logik der Druckerpresse und es gibt die Auflösung dieser Logik durch das Fernsehen, aber nichts dazwischen. Dementsprechend gibt es die schroffe dichotomische Gegenüberstellung der Gutenberg-Galaxis und des Zeitalters der Elektrizität. Das Medium wird hart gegen seinen Inhalt gestellt. Die Liste ließe sich fortsetzen.[98]

Der entscheidende Punkt ist: Obwohl McLuhan seine Texte fragmentarisch gestaltet, im textuellen Verlauf zumeist auf argumentative Kohärenz verzichtet,

---

[94] Siehe dazu ausführlicher → 2. Lesart: Hermeneutik, These 2.
[95] Siehe bspw.: McLuhan, Magische Kanäle, S. 15 und S. 538ff.
[96] Siehe dazu ausführlich → 1. Lesart: Rhetorik.
[97] Siehe dazu ausführlicher: Marchand, McLuhan, S. 314ff.
[98] Siehe zu all diesen Gegenüberstellungen ausführlicher → 2. Lesart: Hermeneutik, v.a.: These 2 und These 3.

bleibt er dennoch – und entgegen seiner eigenen Bekundung – einer rigiden dichotomischen Ordnung verpflichtet, die erstens Begriffspaare weiterhin gegeneinanderstellt und die zweitens einen der Begriffe als höherwertig einstuft. Kalte Medien sind besser als heiße, weil sie die Fantasie der Rezipienten fördern, im Gegensatz zu heißen Medien; rechtssphärisch zu denken ist ganzheitlicher, kreativer und natürlicher als linkssphärisches, analytisch eingeschränktes, auf zweiwertiger Logik basierendes Denken; das Medium ist entscheidend, der Inhalt irrelevant; das Fernsehen verbindet, die Druckerpresse entfremdet etc. McLuhan will explizit dichotomisches Denken verabschieden, verbleibt aber nahezu obsessiv in dichotomischen Denk- und Argumentationsmustern. McLuhans Texte unterwandern sich so permanent selbst. Sie behaupten etwas, tun dann aber genau das Gegenteil.

Das Problem des performativen Selbstwiderspruchs

McLuhan kritisiert dichotomisches Denken, argumentiert aber gleichzeitig dichotomisch – damit ist man schon auf halbem Wege zum sogenannten performativen Selbstwiderspruch.[99] Ein performativer Selbstwiderspruch ist nicht einfach ein Widerspruch in einer Argumentationskette. Es geht nicht darum, dass ich beispielsweise an eine Stelle sage „McLuhan ist toll" und an einer anderen „McLuhan ist das allerletzte" – und mir somit augenscheinlich selbst widerspreche. Es ist ebenfalls mehr, als Kritik zu üben an dem bereits weiter oben ausgeführten Widerspruch, dass McLuhan Kritik an dichotomischem Denken übt, aber anderseits selbst einer dichotomischen Ordnung verpflichtet bleibt. Bei einem performativen Selbstwiderspruch wird etwas geäußert, das, wenn es wahr sein sollte, sich *direkt*, im *Vollzug* der Äußerung selbst *ad absurdum* führt. Das Paradebeispiel hierfür ist das sogenannte Kreter-Paradox, das da lautet: „Ein Kreter sagt: ‚Alle Kreter lügen'." Sollte die Aussage wahr sein, so muss der Kreter lügen, denn er ist ja selbst ein Kreter, also muss die Aussage falsch sein. Der Kreter begeht hier einen performativen Selbstwiderspruch: *Indem* er etwas als wahr behauptet, zeigt es sich als falsch. Oder genauer: Indem der Kreter einen Wahrheitsanspruch für seine Aussage erhebt, unterminiert er diesen Wahrheitsanspruch zugleich, weil er die prinzipielle Gültigkeit des Wahrheitsanspruches in und mit seiner Aussage selbst *ad absurdum* führt.

Das lässt sich auch auf andere Aussagen übertragen. Behauptet man etwa, alles sei Lüge, dann hat man dasselbe Problem. Denn: Wenn dem so wäre, müsste das ja auch auf diese Aussage zutreffen. Also müsste die Behauptung,

---

[99] Diese Kritik begleitet McLuhan im Übrigen bereits seit den 1960er Jahren, verhinderte aber nicht McLuhans (anhaltende) Popularität in den Medien- und Kulturwissenschaften. Siehe hierzu auch: Weingart, Alles, S. 220f.

dass alles Lüge sei, selbst eine Lüge sein. Der Satz, dass alles eine Lüge sei, könnte folglich nicht wahr sein. Ähnliches gilt für Aussagen wie: „Es gibt keine Wahrheit", „Alles ist relativ", „Alles ist Schein" oder auch McLuhans Slogan „Das Medium ist die Botschaft." Letzteres ist vielleicht nicht sofort einsichtig, darum werde ich darauf etwas näher eingehen.

McLuhan behauptet mit dem Satz ‚Das Medium ist die Botschaft': Nicht die Inhalte, die vermeintlichen Botschaften, die durch Medien übermittelt werden, sind ausschlaggebend für die Effekte, die bei den Empfängern ausgelöst werden. Dafür ist das jeweils verwendete Medium sehr viel entscheidender.[100] Der Inhalt, die Absicht, die dem Vermittelten zugrunde liegen mag, ist letztlich irrelevant. Darum sollte man auch nicht mehr die Absichten der Sender untersuchen, sich nicht mit Medieninhaltsanalysen aufhalten, sondern die Form des Mediums untersuchen. Das Problem an dieser Aussage ist nun zunächst einmal schlicht: Sollte die Aussage zutreffen, dass der Inhalt des Mediums keinerlei Relevanz hat, dann müsste das eben auch auf McLuhans Slogan selbst zutreffen: Denn auch der Satz „Das Medium ist die Botschaft" ist ja der Inhalt eines Mediums. Und wenn der Inhalt eines Mediums irrelevant sein soll, dann muss folglich auch McLuhans Slogan irrelevant sein. Sollte der Satz also wahr sein, dann gerät er zu sich selbst in Widerspruch: Behauptet er doch, dass Inhalte irrelevant sind. Aber um das zu verstehen, darf der Inhalt nicht irrelevant sein, sonst könnte ich niemals etwas darüber erfahren. Die Aussage unterminiert sich selbst.

Das lässt sich noch grundsätzlicher wenden: Wenn es zutreffen sollte, dass Medien Effekte jenseits der Inhalte und Intentionen erzielen, bleibt die Frage, wie wir davon wissen, geschweige denn, wie wir das versehen können sollten. Friedrich Kittler formuliert das Problem sehr präzise: „Medien zu verstehen, bleibt – trotz UNDERSTANDING MEDIA im Buchtitel McLuhans – eine Unmöglichkeit, weil gerade umgekehrt die jeweils herrschenden Nachrichtentechniken alles Verstehen fernsteuern."[101] Jedoch löst Kittler das Problem ebenfalls nicht. Vielmehr nimmt in seiner Formulierung ein grundsätzliches Problem jeder Medientheorie in Tradition von McLuhan noch klarer Kontur an. Denn, wenn es so wäre, dass ‚die jeweils herrschenden Nachrichtentechniken' alles Verstehen fernsteuern, also das Medium die Botschaft ist, um es mit McLuhan zu formulieren, dann könnten wir nicht nur nicht Medien verstehen. Darüber hinaus wäre ja auch die These selbst, eben dass die ‚jeweils herrschenden Nachrichtentechniken alles Verstehen fernsteuern', selbst ferngesteuert durch die vorherrschende Nachrichtentechnik, also Effekt der Medien. Es bleibt dabei Kittlers (und McLuhans) Geheimnis, wie wir davon wissen können sollen, da

---

[100] Zu einer alternativen Deutung dieses Slogans siehe → 2. Lesart: Hermeneutik, These 3.
[101] Friedrich Kittler, Grammophon Film Typewriter, Berlin 1986, S. 5.

unser Wissen doch von den Medien ferngesteuert wird. Über die Medien ließe sich so nicht einmal sagen, dass sie uns fernsteuern, denn die Medien machen es uns ja unmöglich, dass wir das tatsächlich wissen können. Auch in Kittlers Fassung haben wir es mit einem performativen Selbstwiderspruch zu tun: Wenn Medien uns fernsteuern, dann steuern sie auch fern, ob wir das verstehen können oder nicht. Der Wahrheitsanspruch, der mit der Aussage „Die jeweils herrschenden Nachrichtentechniken fernsteuern unser Verstehen" kann somit nicht aufrecht gehalten werden. Es gibt keinen Standpunkt mehr, von dem aus solch ein Wahrheitsanspruch formuliert werden könnte. Damit haben sich McLuhan und Kittler in eine erkenntnistheoretische Sackgasse manövriert.

Das Ende der Kritik

Anstelle von Absichten, Medieninhalten und überzeitlichen Wahrheiten, werden bei McLuhan die Medientechniken gesetzt. Diese sollen die Menschen (fern-)steuern und den Weltenverlauf hinter unserem Rücken strukturieren. Doch untergräbt solch ein Deutungsmuster sich selbst und führt in prinzipielle erkenntnistheoretische Aporien. Wenngleich das nach dekonstruktivistischer Prämisse bei jeder Ordnungsfiktion so sein muss, dürfte das kaum ein Trost sein für McLuhan und die Medientheorie, die in seiner Tradition steht.[102] Vor allem auch deswegen nicht, weil hier ja immer wieder mit der Auflösung der Formen traditioneller Wissenschaft kokettiert wird. Bei genauem Hinsehen aber zeigt sich, dass McLuhans Texte nicht nur in keiner Weise wissenschaftstheoretischen Minimalanforderungen gerecht werden, keinerlei kritischen Impetus bereithalten, sondern auch noch – trotz avantgardistischem Gestus und Feier des wilden Denkens – an antiquierten und unterkomplexen Ordnungs- und Strukturmustern festhalten, die es unmöglich machen, McLuhan wissenschaftlich in ir-

---

[102] Die Dekonstruktion wählt hier im Übrigen einen eleganteren Ausweg. Derrida ist sich sehr wohl bewusst, dass auch die Dekonstruktion nicht um das Problem des performativen Selbstwiderspruchs herumkommt. Der Ausweg wird jedoch nicht in purer Ignoranz gesucht, sondern in die dekonstruktive Arbeit mit aufgenommen, als eine unendliche und unmögliche Aufgabe: „Diese destruktiven Diskurse [...] sind aber allesamt in einer Art von Zirkel gefangen. Dieser Zirkel ist einzigartig; er beschreibt die Form des Verhältnisses zwischen der Geschichte der Metaphysik und ihrer Dekonstruktion: es ist sinnlos, auf die Begriffe der Metaphysik zu verzichten, wenn man die Metaphysik erschüttern will. Wir verfügen über keine Sprache [...], die nicht an dieser Geschichte beteiligt wäre. Wir können keinen einzigen destruktiven Satz bilden, der nicht schon der Form, der Logik, den implizierten Erfordernissen dessen sich gefügt hätte, was er gerade in Frage stellen wollte." (Jacques Derrida, Die Schrift und die Differenz, Frankfurt am Main 1976, S. 424.) Genau deshalb ist die Dekonstruktion eben keine bloße Destruktion und ebenso wenig bloße Konstruktion, sondern eine Lektürepraxis, die der permanenten dekonstruktiven Bewegung, die sich am Text vollzieht, nachgeht und dennoch zu keiner endgültigen Deutung kommen kann.

gendeiner Weise ernst zu nehmen. So bleibt am Ende – und zumindest hierin dürften sich denn auch Ideologiekritiker und Dekonstruktivisten einig sein – nur ein Ratschlag an den kritischen Leser: ‚Zerstöre McLuhans Medien- und Kulturtheorie!'

4. Lesart: Pragmatismus – McLuhan nutzen

Eine *pragmatische Haltung* einzunehmen, bedeutet zunächst einmal nicht mehr und nicht weniger, als einen „klugen Umgang [...] mit praktischen Situationen und Problemen"[1] zu pflegen. Ein Pragmatiker fordert demgemäß „Vorstellungen aller Art im Hinblick auf ihre möglichen praktischen Wirkungen zu beurteilen"[2] und damit eben nicht im Hinblick auf moralische Erwägungen oder auf Wahrheit. Ein bestimmter *philosophischer Pragmatismus* kritisiert darüber hinaus überhaupt die Ausrichtung am Wahrheitsbegriff und dem Streben nach Gewissheit als erkenntnis- und handlungsanleitendem Impuls.[3] Beispielsweise plädiert Richard Rorty dafür, „den Begriff [der Wahrheit] überhaupt aufzugeben und durch den des ‚Nutzens' zu ersetzen: ‚wahr' ist, was unseren Zielen nützt". Es kommt Rorty zufolge *nicht* darauf an, daß wir entdecken, „wie die Dinge wirklich sind, sondern daß wir eine bessere Welt erfinden."[4] ‚Nicht darauf achten, wie Dinge wirklich sind, statt dessen eine bessere Welt zu erfinden' soll in diesem Kontext zunächst einmal einfach bedeuten: Es wird kein Wert darauf gelegt, wie McLuhan richtig zu interpretieren ist[5] bzw. ob er von anderen Autoren richtig interpretiert wurde oder ob seine Beschreibungen die Dinge richtig darstellen oder nicht.[6] Vielmehr geht es darum nachzuvollziehen, wie seine Texte, Argumente und Aphorismen nutzbar gemacht wurden bzw. nutz-

---

[1] Eintrag: praktisch, in: Enzyklopädie Philosophie und Wissenschaftstheorie, Band 3, hrsg. von Jürgen Mittelstraß, Stuttgart/ Weimar 1995, S. 324-325, hier: S. 324.
[2] Eintrag: Pragmatismus, Neopragmatismus, in: Metzler Lexikon Philosophie. Begriffe und Definitionen, hrsg. von Peter Prechtl/ Franz-Peter Burkard, Stuttgart/ Weimar ³2008, S. 477f., hier: S. 477.
[3] Zu unterscheiden sind: Pragmatik in einem alltagssprachlichen Sinne, Pragmatik als philosophisches Projekt sowie der Pragmatismus und seine Unterformen. Ich werde mich bei meiner Darstellung auf eine der Unterformen des Pragmatismus beschränken, nämlich auf denjenigen Richard Rortys, den dieser in Tradition von John Dewey und Williams James entwickelt hat. Der zeichentheoretisch, analytisch und formallogisch ausgerichtete Pragmatismus eines Charles S. Peirces oder Georg Herbert Meads wird hingegen keine Berücksichtigung finden.
[4] Eintrag: Neo-Pragmatismus, in: Metzler Lexikon Literatur- und Kulturtheorie, Ansätze – Personen - Grundbegriffe, Stuttgart/ Weimar ³2004, S. 470f., hier: S. 470.
[5] Siehe dazu → 2. Lesart: Hermeneutik.
[6] Siehe dazu → 3. Lesart: Kritik.

bar zu machen sind, um interessante Perspektiven auf Medien, Kultur oder gleich die gesamte Welt zu (er-)finden. ‚Interessant' sind solche Perspektiven aus einer pragmatischen Sicht genau dann, wenn sie uns nicht nur helfen, Medien, Kultur und die Welt besser zu verstehen, sondern sie zu verändern oder doch zumindest einen klügeren Umgang mit ihnen ermöglichen.[7]

‚What if he is right?'

Als Ausgangspunkt meiner pragmatischen Sondierungen McLuhans dient ein Artikel von Tom Wolfe. Wolfe veröffentlichte im November 1965 ein längeres Porträt im NEW YORK-MAGAZIN unter dem Titel WHAT IF HE IS RIGHT?. Unter anderem vergleicht Wolfe dort McLuhan mit Isaac Newton, Charles Darwin, Sigmund Freud und Albert Einstein. McLuhan wird also ins Verhältnis zu einigen der einflussreichsten Forscher überhaupt gesetzt. Wolfes Artikel machte Karriere. In Rückblicken auf McLuhans Wirken wird er bis heute gern zitiert.[8] Zu Recht, war er doch maßgeblich daran beteiligt, McLuhan einer größeren Leserschaft bekannt zu machen. Darüber hinaus ist er wunderbar als Ausgangspunkt geeignet, um die unterschiedlichen Rezeptionsweisen und Nutzbarmachungen McLuhans nachzuzeichnen.

Denn: Der Artikel ist erstens Katalysator wie Zeugnis des Hype, der vor allem in den 1960er Jahren um McLuhan in den *Massenmedien* veranstaltet wurde. McLuhan ist dort in unterschiedlicher Weise ‚nutzbar' gemacht worden. Vor allem für und im Fernsehen zeigte er sich dabei in einer Weise, die stilbildend werden sollte für kommende ‚Pop- und Medienphilosophen'. Zweitens ist der Artikel von einem Reporter mit schriftstellerischen Ambitionen verfasst. Damit ist der Adressatenkreis benannt, den McLuhan, zumindest für eine gewisse Zeit, am meisten fasziniert haben dürfte, nämlich Künstler. McLuhans Ideen werden im künstlerischen Milieu vor allem für *avantgardistische, auf Weltveränderung abzielende Projekte* nutzbar gemacht. Drittens wird McLuhan in Wolfes Porträt, wie das obige Zitat zeigt, in die Ahnenreihe einiger Höhenkammforscher gestellt. Jedoch wählt Wolfe für diese Genealogie nicht die Form eines Behauptungssatzes. Vielmehr ziert, nach einem langen Gedankenstrich, in dem McLuhan mit Newton, Freud und anderen revolutionären Wissenschaftlern verglichen wird, das Ende des Satzes ein Fragezeichen: „[...] – *what if he is right?*". So markiert der Satz einerseits eine Verunsicherung – eine Verunsicherung, die sich tatsächlich

---

[7] Siehe zu diesem Impetus der Veränderung bspw.: Richard Rorty, Kontingenz, Ironie und Solidarität, Frankfurt am Main 1992, S. 14ff.
[8] Siehe bspw.: Marchand, McLuhan S. 248f.

durch die Rezeptionsgeschichte McLuhans ziehen wird.⁹ Anderseits – und hier entscheidender – lässt sich die Frage auch als eine nach der *Potenzialität* der McLuhan'schen Zugriffsweise lesen: ‚What if he is right?' wäre dann nicht die Frage danach, ob McLuhan nun tatsächlich recht hat oder nicht, sondern vielmehr: Welche Konsequenzen hätte es, wenn wir uns McLuhans Perspektive zu eigen machten, uns auf einige seiner seltsamen Ideen, sein Vokabular und seine Metaphern einließen, diese vielleicht sogar weiterspinnen würden? So verstanden geht es dann nicht mehr darum, ob McLuhan wahre Sätze formuliert über den Gegenstand x oder y, ob er Beweise hat für seine Aussagen etc., sondern ob er eine nützliche, interessante, *fruchtbar zu machende (Neu-)Perspektivierung* vermittelt oder doch zumindest eine solche anstoßen kann, so wie eben Darwin, Freud oder Einstein vor ihm.

Anhand einiger Beispiele möchte ich solchen Nutzbarmachungen McLuhans in den drei genannten Bereichen nachgehen, die in Wolfes Text virulent sind. Zunächst soll die *massenmediale Berichterstattung* über McLuhan kurz beleuchtet werden (Kap. 4.1), bevor die Aufnahme von McLuhans Ideen im *künstlerischen Milieu* thematisiert wird (Kap. 4.2). Anschließend verfolge ich diverse Nutzbarmachungen von McLuhans Thesen im *wissenschaftlichen Diskurs* (Kap. 4.3). Am Ende soll darüber hinaus nach dem Nutzen McLuhans für das Leben überhaupt gefragt werden (Kap. 4.4), ganz im Sinne der pragmatischen Fragerichtung: Liefert McLuhan Hinweise und Möglichkeiten, um mit praktischen Situationen und Problemen klug umzugehen?

4.1 McLuhan und die Massenmedien

McLuhan wollte wirken, keine Frage, auch über die engen akademischen Zirkel hinaus und nicht nur mittels Texten und Vorträgen auf Fachkongressen. Dafür fand er schnell Kooperationspartner. Man lud McLuhan häufig als Gastredner außerhalb des akademischen Elfenbeinturmes ein. In Wirtschaftskreisen war man von McLuhan augenscheinlich so angetan, dass man ihn häufig bat, vor Unternehmensverbänden oder vor Managern von Firmen wie IBM zu sprechen. Ab Mitte der 1960er Jahren war er zudem Dauergast in Fernsehtalkshows und im Radio, gab etliche Interviews für sehr unterschiedliche Zeitschriften und

---

[9] Oszilliert doch die Rezeption zwischen höchster Bewunderung (vor allem für seine vermeintlich visionären, ja geradezu prophetischen Thesen) und massiver Kritik, ja regelrechter Verachtung – siehe dazu ausführlicher → Wege zu McLuhan, v.a.: S.19f.

Zeitungen. Von der NEW YORK TIMES bis zum PLAYBOY reichte die Palette der Interessenten.[10]

Die Marshall-McLuhan-Show

Für die damaligen Verhältnisse war dieses Interesse an einem Forscher, zudem noch einem aus der philologischen Abteilung, recht ungewöhnlich. Warum es aber im Falle McLuhans dennoch bestand, lässt sich wohl nicht zuletzt mit dessen rhetorischen Begabungen erklären. Mit seiner sonoren Stimme konnte McLuhan alle möglichen Phänomene vorstellen und in Zusammenhang bringen. Von prähistorischen Riten über mittelalterliche Lesekultur bis zu LSD, Miniröcken, Magengeschwüren und televisueller Bildabtastung wurde alles Mögliche in Zusammenhang gebracht und prognostisch gewendet.[11] McLuhan kann so als Vorreiter medienaffiner Pop-Philosophen verstanden werden, wie sie heute durch die televisuellen Kanäle, überregionale Zeitungen und deren Internetdienste geistern.[12] Ein medienaffiner Pop-Philosoph zeichnet sich seit McLuhan durch mindestens drei Eigenschaften aus: Erstens spricht er über populärkulturelle und (massen-)mediale Phänomene. Er macht dies zweitens gern in einem populären Medium, allen voran dem Fernsehen. Drittens wählt er dafür einen bestimmten Sprachstil, der dem populärkulturellen Zeitgeist zu entsprechen scheint: cool, ironisierend, überraschend, pointiert, provokativ, polemisch, assoziativ, prognostisch.

McLuhan bot augenscheinlich ein attraktives, weil erfolgreiches Rollenmodell für den Intellektuellen in den Massenmedien. Anführen möchte ich nur kurz zwei Beispiele aus dem deutschsprachigen Raum, die sich bereits seit einigen Jahren erfolgreich dieses Rollenmodells bedienen. Zum einen handelt es sich dabei um den Medienwissenschaftler und Soziologen Norbert Bolz und zum anderen um den Philosophen Peter Sloterdijk. Bolz ist seit den 1990er Jahren ähnlich präsent im deutschen Fernsehen wie McLuhan in den 1960ern im nordamerikanischen. Nicht nur, dass er manche Thesen McLuhans teilweise bis in den Wortlaut hinein aufgreift und für die Gegenwart bzw. die nahe

---

[10] Siehe dazu ausführlicher → Wege zu McLuhan, S. 11ff.
[11] Siehe dazu auch: Weingart, Alles, v.a.: S. 222. Einige Kostproben sind online zugänglich – siehe beispielsweise das CBS-Medienarchiv: URL: http://archives.cbc.ca/arts_entertainment/media/topics/342/ [11.11.10].
[12] Als „Pop-Philosoph" wird McLuhan bereits 1967 vom SPIEGEL tituliert (hier: Anonymus, Übertriebene Generation, in: Der Spiegel, (41) 1967, S. 154-170, hier: S. 168). ‚Medienaffin' meint hier: Den Anforderungen der Massenmedien auf knappe, kurze, pointierte und unterhaltende Formulierungen entsprechend.

Zukunft der Mediengesellschaft wiederholt.[13] Darüber hinaus hat Bolz, ähnlich wie McLuhan, nahezu zu allem etwas zu sagen, ähnlich pointiert und provokativ. So ist Bolz nicht von ungefähr als Experte für vielerlei Themen wie neue Medien, Bildung, Familie, Steuerpolitik in der ZDF-Sendung NACHTSTUDIO Dauergast.[14] In vielen anderen Talkshows meldet er sich ebenfalls immer wieder zu den gerade in der Öffentlichkeit jeweils virulenten Themen zu Wort. So äußerte er sich auch in der Diskussion um die strittigen Thesen über vermeintlich nicht integrierbare Muslime und die Sorge um Parallelgesellschaften, die in dem Buch des ehemaligen Bundesbank-Vorsitzenden Thilo Sarrazin mit dem Titel DEUTSCHLAND SCHAFFT SICH AB formuliert wurden. Sarrazin war für seine Äußerungen nahezu in allen überregionalen Zeitungen und allen voran im öffentlich-rechtlichen Fernsehen heftig für seine Thesen kritisiert worden.[15]

Dagegen bricht Bolz in der politischen Talksendung ANNE WILL eine Lanze für den gescholtenen Sarrazin.[16] Dabei lässt er sich nicht auf eine Diskussion ein, ob Sarrazin nun tatsächlich, wie häufig behauptet, rassistisch sei oder nicht, ja es geht ihm überhaupt nicht um einzelne Argumente, sondern vor allem um die Reaktionen, die auf das Buch von Sarrazin folgten. Zunächst beginnt Bolz sein Statement mit einer überraschenden Wendung. Das Wort ‚Parallelgesellschaft' wurde in dieser Diskussion zumeist auf das Problem von muslimischen Immigranten bezogen. Bolz folgt dem nicht. Er sagt: „Es gibt sehr viele Parallelgesellschaften in Deutschland, [Pause] beispielsweise die Politiker. Die meisten Politiker leben meines Erachtens auch in einer Parallelgesellschaft. [Applaus aus dem Publikum; Bolz lächelt verschmitzt]." Im selben Statement nimmt Bolz ein Argument auf, das häufig in der Diskussion um die Thesen Sarrazins vorgebracht wurde, nämlich, dass kaum jemand jemals mehr Meinungsfreiheit genossen habe als Sarrazin. Bolz dreht es um, indem er behauptet: „Das ist lächerlich, zur Meinungsfreiheit gehört fundamental der Respekt vor Andersdenkenden und ich sehe nirgendwo auch nur den Ansatz eines Respektes vor dem, was andere, die nicht politisch korrekt sind, sagen und veröffentlichen." Damit hält

---

[13] Siehe zum Beispiel die Aktualisierung von McLuhans Körperextensionsthese für das Internet: Norbert Bolz, Vernetzte Menschheit. Kommunikation von Hirn zu Hirn, in: Spiegel online 10.05.2009, online zugänglich unter: http://www.spiegel.de/wissenschaft/mensch/0,1518, 614991,00.html [11.11.10].

[14] Siehe das Porträt Norbert Bolz' auf der ZDF-Seite zum Nachtstudio: URL: http://www.zdf.de/ZDFde/inhalt/25/0,1872,2018201,00.html [11.12.10].

[15] Inzwischen gibt es Sammelbände zu dieser Debatte: Arno Widmann u.a. (Hg.), Sarrazin – Eine deutsche Debatte, München 2010; Patrik Schwarz (Hg.), Die Zeit: Die Sarrazin Debatte. Eine Provokation – alle Antworten, Hamburg 2010.

[16] Siehe Anne Will (5.9.10), online zugänglich unter: http://www.youtube.com/watch?v= EllJHgm3es [11.12.10].

Bolz einer Gesellschaft, die auf ihr Grundrecht auf Meinungsfreiheit stolz ist, vor, genau dieses Grundrecht zu missachten. Im weiteren Verlauf wird er dann zunehmend prognostisch. Bolz spricht davon, dass sich immer mehr Menschen gegen diese Art auferlegter politischer Korrektheit wehren werden. Dabei fallen Wendungen wie „Ich kann Ihnen voraussagen", „Ich bin fest davon überzeugt, dass das eine Art Geschichtszeichen ist, dieses Buch..." und Ähnliches. Hier ist nicht so sehr von Interesse, ob man Bolz inhaltlich zustimmen sollte oder nicht. Vielmehr wird daran augenscheinlich, was seine Art zu kommunizieren ausmacht: kurze pointierte Thesen, die sich von der vorherrschenden Meinung absetzen oder genauer noch: dieser diametral entgegenstehen, gewitzt wie pointiert provozieren und wie bei McLuhans Fernsehauftritten ins Prognostische gewendet werden.

Sloterdijks Fernsehauftritte wiederum sind mit McLuhans vor allem aufgrund ihrer kulturhistorischen und ideengeschichtlichen Assoziationen vergleichbar, die derzeitige gesellschaftliche Probleme aus sehr ungewöhnlichen Perspektiven zu betrachten erlauben. Wie McLuhan bedient sich Sloterdijk dabei gern eines metapherngesättigten und damit extrem konnotationsreichen Vokabulars. So spricht (und schreibt) der Philosoph häufig von „kopernikanischer Mobilmachung",[17] wenn es um den Beginn der Neuzeit geht. Provokativ imaginiert er mit Bezugnahme auf Martin Heidegger „Regeln für den Menschenpark" bei Fragen nach Veränderbarkeit des menschlichen Erbgutes.[18] Oder er entwirft eine „Sphärologie", in der er die ontogenetische wie die phylogenetische Entwicklung des Menschen beschreibt, indem er ihnen unterschiedliche Formen zuweist, die maßgeblich für den jeweiligen Weltzugang gewesen seien: „Blasen", „Globen" und „Schäume".[19]

Sloterdijk ist im Übrigen eine Institutionalisierung der Methode McLuhans gelungen, die McLuhan selbst verwehrt blieb. Während die MARSHALL MCLUHAN SHOW – eine Art Late-Night-Talkshow, in der Marshall McLuhan Gäste aus Kunstkreisen, Wissenschaft und Wirtschaft empfangen und in lockerer Atmosphäre mit diesen über die wichtigen Dinge der Zeit plaudern sollte –, über das Konzeptionsstadium nicht hinauskam,[20] moderiert Sloterdijk seit Jahren die Talkshow DAS PHILOSOPHISCHE QUARTETT, in der genau das erfolg-

---

[17] Siehe: Kopernikanische Mobilmachung und ptolemäische Abrüstung, Frank-furt am Main 1987.
[18] Siehe: Regeln für den Menschenpark. Eine Antwort zu Heideggers Brief über den Humanismus, Frankfurt am Main 1999.
[19] Siehe: Sphärologie (Bd. I: Mikrosphärologie: Blasen; Bd. II: Makrosphärologie: Globen; Bd. III: Plurale Sphärologie: Schäume), Frankfurt am Main 2004.
[20] Siehe zum Plan für eine MARSHALL MCLUHAN SHOW: Marchand, McLuhan, S. 285.

reich praktiziert wird.[21] Auch wenn McLuhan niemals seine eigene Fernsehshow erhielt, lässt sich wohl dennoch durchaus behaupten: Mit McLuhan erschien zum ersten Mal ein medienaffiner Pop-Philosoph im Fernsehen, dessen Auftreten sich deutlich von dem unterschied, wie Akademiker vorher in den Medien auftraten. Kein tunlichst auf Korrektheit bedachter, vor Fachtermini strotzender Redner, mitsamt zurückhaltenden Schlussfolgerungen und vor allem einer gehörigen Verachtung für populärkulturelle Phänomene wie dem Medium, in dem er gerade auftritt, war im Fernsehen zu sehen. Vielmehr trat ein buddhistisch verschmitzter und gleichzeitig provokativer Universitätsgelehrter in Erscheinung, voller Visionen, Prognosen und Vorschläge für die Zukunft. Dieses Modell hatte augenscheinlich Zukunftspotenzial.

McLuhan und der anti-amerikanische Impuls

Gegen Ende der 1960er Jahre schien McLuhan so hoch im Kurs zu stehen, dass ein deutscher Rezensent, der Schriftsteller Helmut Heißenbüttel, 1968 in einem Radio-Feature über McLuhan von einem „Zeitalter des McLuhanismus"[22] sprechen konnte. Doch bereits der Begriff ‚McLuhanismus' verrät eine gewisse skeptische Distanz des deutschen Rezensenten zum Phänomen – und zwar nicht nur hinsichtlich McLuhans Auftritten im Fernsehen, sondern auch zu seinen textuellen Produkten. Während die Rezeption in Nordamerikas Zeitschriften und Zeitungen zu dieser Zeit noch vornehmlich positiv ausfiel, so war sie in der Bundesrepublik Deutschland von Anfang an zumindest skeptisch, wenn nicht ablehnend. Einige Artikel aus DER SPIEGEL zeigen das mustergültig: McLuhans Thesen und Argumente werden dort als krude, widersprüchlich oder wahlweise banal abgetan. So heißt es etwa in einer Rezension zur ersten deutschen Übersetzung von UNDERSTANDING MEDIA abschließend: „Die Fragen, die McLuhan aufwirft, sind keine Scheinfragen. Die Antworten aber, die er gibt, sind von desolater Nichtigkeit: Scheinantworten, die von einem Scheindenken produziert wurden."[23]

Interessant an dieser Rezension ist nicht nur, dass McLuhan für seine Argumentation, genauer die fehlende Argumentation kritisiert wird. Mindestens ebenso wichtig ist die Differenz, die zwischen deutscher respektive europäischer Rezeption und nordamerikanischer gemacht wird: „*Drüben* wurde McLuhan mit Freud und Einstein verglichen."[24] ‚Drüben', in Nordamerika, allen voran den

---

[21] Siehe zur Themenvielfalt der Sendung: http://www.zdf.de/ZDFde/inhalt/8/ 0,1872,1021352, 00.html [11.12.10].
[22] Heissenbüttel [sic!], Totale Vermittlung, S. 2.
[23] Jean Améry, Hitler und der Spucknapf. Jean Améry über Marshall McLuhan: DIE MAGISCHEN KANÄLE, in: Der Spiegel, (22) 1968, S. 178-180., hier: S. 180.
[24] Ebd., S. 178; Hervorhebung von mir.

USA, heißt das implizit auch, sind die Leute bereits so verblendet, dass sie Antworten nicht mehr von ‚Scheinantworten' unterscheiden können, im Gegensatz zu den Rezensenten und Lesern ‚hier' (in Europa bzw. der BRD). Dieser Rezension liegt eine kritische Haltung gegenüber dem ‚American Way of Life' zugrunde. Noch deutlicher wird solch eine Einstellung in einem Artikel über McLuhan, der ein Jahr früher in DER SPIEGEL erschienen ist: „Daß McLuhans Schlüsse und Kurzschlüsse den US-Bürger begeistern, erklärt sich nicht zuletzt daraus, daß sie sein liebstes Hobby bestätigen und mit philosophischen Würden ausstatten: das Fernsehen."[25] In diesen Zeilen manifestiert sich eine generelle Kritik populärkultureller Phänomene, deren Ursprungsort vorrangig in der amerikanischen Unterhaltungsindustrie gefunden wird, über die nun eben auch amerikanische Intellektuelle affirmativ schreiben. Dies war ein durchaus gängiger anti-amerikanischer Impuls unter deutschsprachigen Intellektuellen, der sich im Zuge der Rezeption ideologiekritischer und (neo-)marxistischer Positionen in den späten 1960ern und frühen 1970ern durchgesetzt hatte.[26] McLuhans Thesen werden hier als eine Art intellektuelles Äquivalent zu Disney World nutzbar gemacht. Wird er doch im deutschen Feuilleton als *pars pro toto* instrumentalisiert für den Verfall der (nord-)amerikanischen Kultur und Intelligenz und damit die Differenz zwischen alter und neuer Welt auch und gerade auf intellektuellem Gebiet pointiert.[27]

McLuhan als Schutzheiliger des Internet-Zeitalters

Obwohl McLuhan weiterhin Bücher veröffentlichte, Vorträge hielt und im Fernsehen auftrat, wurde seine Popularität immer geringer und Mitte der 1970er verschwand er fast gänzlich aus der öffentlichen Wahrnehmung.[28] In den 1990er Jahren erlebte er jedoch eine fulminante Renaissance: McLuhan wird retrospektiv zum Visionär globaler Vernetzung erkoren, der seiner Zeit weit voraus war. An der Millieniumsschwelle ist beispielsweise in der NEW YORK TIMES zu lesen: „Marshall McLuhan Is Back From the Dustbin of History; With the Internet, His Ideas Again Seem Ahead of Their Time".[29] Ganz ähnlich ist McLuhan auch im deutschsprachigen Feuilleton seit den 1990ern wieder virulent,

---

[25] Anonymus, McLuhan: Globales Dorf, in: Der Spiegel (21), 1967, S. 118-120, hier: S. 120.
[26] Siehe zur Ideologiekritik ausführlicher → 3. Lesart: Kritik, Kap. 3.2.1.
[27] Siehe zu dieser Art der Konstruktion von ‚Amerikanizität' auch: Weingart, Alles, S. 219.
[28] Als Hinweis darauf siehe die Studie: Everette E. Dennis, Post-Mortem on McLuhan. A Public Figure's Emergence and Decline as Seen in Popular Magazines [1974], S. 177-189, in: Genosko, Marshall McLuhan (Volume I). Siehe dazu (und zur deutschsprachigen Verabschiedung McLuhans) auch: Weingart, Alles, S. 218f.
[29] Stille, Marshall McLuhan Is Back.

diesmal aber nicht als affirmativer Denker, sondern als Visionär des Internets.[30] Bereits 1993 hatte ihn das Computermagazin WIRED im Editorial der ersten Ausgabe gar zu ihrem „patron saint", also zu ihrem Schutzheiligen erkoren.[31] So wurde der „high priest of popcult",[32] wie ihn das PLAYBOY-Magazin in den 1960er Jahren nannte, unversehens zum Schutzheiligen des Computerzeitalters am Ende des Jahrtausends und damit zum Signum eines neuen Zeitalters.

McLuhan, the Holy Fool

In WIRED findet sich auch ein fiktives Interview, das McLuhan „after his death, as electronic culture's immortal saint"[33] mit der Zeitung geführt haben soll, um darin die neusten technologischen und gesellschaftlichen Prozesse zu kommentieren. Hieran sind mindestens vier Aspekte interessant. Erstens wird die Vorstellung von McLuhan als Visionär unseres Zeitalters auf die Spitze getrieben. Das Orakel spricht aus dem Reich der Toten noch einmal zu uns. Zweitens macht es das eben in Form eines Interviews (und nicht, indem es uns einen Text zukommen lässt), also genau in der Form, in der McLuhan in den 1960er in den Zeitungen, im Radio wie im Fernsehen am häufigsten ausfindig zu machen war. Drittens wird diese Positionierung McLuhans als Visionär ins Ironische gewendet. Nicht nur, dass das Interview, die Form des authentischen Ausdrucks schlechthin, fiktiv bleibt. Darüber hinaus wird McLuhan in derselben Ausgabe von WIRED als „Holy Fool" tituliert, also als jemand, der Visionen und Einsichten hat und weitergibt, ohne selbst genau zu verstehen, was er da überhaupt von sich gibt. Er ist Werkzeug höherer Mächte, nicht Herr seiner (vielen) Gedanken – und dabei ziemlich fröhlich unbedarft. Genau in diesem Sinne platziert WIRED McLuhan, viertens, als Schutzheiligen des Magazins: als einen Spinner, der assoziativ und fröhlich spielerisch visionäre Ideen kundtut. So verstanden geht es dann nicht einfach nur darum, dass oder ob McLuhan tatsächlich ein Visionär war, den man sich als Vorbild nimmt. Sehr viel mehr geht es darum, in welcher Weise er als Vorbild in Szene gesetzt wird: WIRED-Texte, so wird nahegelegt, sind genauso wie die McLuhans – spielerisch, versponnen, irrational, ungewöhnlich, innovativ und dabei extrem selbstironisch. McLuhan steht hier für eine bestimmte Haltung, eine Weltsicht, weniger für konkrete Formulierungen und Thesen über Medien.

---

[30] Siehe jüngst: Wenzel, Ausdehnung des Nervensystems oder auch: Bolz, Vernetzte Menschheit.
[31] Zur näheren Erklärung dieser Wahl siehe: Wolf, The Wisdom.
[32] McLuhan, Geschlechtsorgan der Medien.
[33] Wolf, The Wisdom. Siehe auch das fiktive Interview mit Marshall McLuhan in derselben Ausgabe: Gary Wolf, Channeling McLuhan. The Interview with the magazine's patron saint, auch online zugänglich unter: http://www.wired.com/ wired/archive/4.01/channeling.html [12.12.10].

4.2 McLuhan und die Avantgarde

Aber McLuhan geistert nicht nur seit Jahrzehnten durch die Massenmedien. Auch den Künstlern hatte er es früh angetan. Primär Künstlerbewegungen der 1960er Jahren, die inzwischen in der Kunstgeschichte unter dem Begriff der (Neo-)Avantgarde versammelt sind, waren fasziniert von McLuhans Ideen. Nicht zuletzt wird ihnen McLuhans wertschätzende Beschreibung des (avantgardistischen) Künstlers gefallen haben und die Rolle, die er diesen zuweist.[34] Brigitte Weingart beschreibt diese Rezeption mit Blick auf die deutschen Verhältnisse der 60er Jahre sehr eindrücklich:

> Während die ‚kritische Intelligenz' sich alarmiert zeigt durch diese neueste Welle, die aus den USA überschwappte, und Ideologiekritik reklamiert, gilt zumindest für diejenigen Teile der Kunst- und Literaturszene, die PopArt und Medienkunst nahe standen, was Tom Wolfe für die amerikanische Situation formulierte: ‚The artists [...] they are all *for* McLuhan.' [...] Ein Aufsatz [McLuhans] über die Zukunft der Sexualität im elektronischen Zeitalter wird nicht nur gemeinsam mit Texten anderer Vertreter der ‚Neuen amerikanischen Szene' in der Kult-Anthologie ACID abgedruckt, sondern vorab auch in *Konkret*, und die – wie eine Reihe von Autor/-innen, die – wie Rolf Brinkmann oder Elfriede Jelinek – in der Situation ‚um 68' *high/low*- und Mediengrenzen überschreitende Experimente machen, sind bekennende Fans. Kein Wunder: Denn Künstler und Literaten – und vor allem solche, die auf das Ende des Gutenberg-Zeitalters mit multimedialen Produktionen und ‚Bastardisierungen' reagierten – schmeichelten McLuhan nicht nur als Avantgardisten in Nachfolge von Joyce, Mallarmé, Pound etc., sondern auch als dem einzig wirksamen Frühwarnsystem im Hinblick auf mediale Umbruchsituationen [...].[35]

Künstler waren diesseits und jenseits des Pazifiks tatsächlich äußerst fasziniert von einigen Ideen McLuhans. Gerade seine Beschäftigung mit der Gegenwartskultur als einer durch technische Medien geprägten und multimedial organisierten, wurden aufgegriffen und nutzbar gemacht in den Werken und Aktionen der Neoavantgardisten. Das soll an zwei Beispielen kurz skizziert werden.

Nam June Paiks Fernseh-Installationen

Ein aufsehenerregendes Beispiel für eine sehr direkte Nutzbarmachung McLuhans findet sich in Arbeiten des Künstlers Nam June Paik.[36] Einige Zeit

---

[34] Siehe zu McLuhans Beschreibung der Rolle des Künstlers ausführlicher → 1. und 2. Lesart, S. 56ff. und S. 86ff.
[35] Weingart, Alles, S. 219f.
[36] Siehe dazu ausführlicher: Andreas Broeckmann, Maschine – PAIK – Medium. Einige Resonanzen zwischen Nam June Paik und Marshall McLuhan, in: de Kerckhove u.a., McLuhan neu lesen, S. 338-344. Paik hat sich auch in Texten mit McLuhan auseinandergesetzt. Beispielsweise

experimentierte dieser mit neuen Darstellungsmöglichkeiten des Fernsehbildes. So störte er beispielsweise das Fernsehbild durch Magnete, die an das Gehäuse des Fernsehapparats angebracht wurden und schuf damit dynamische Fernsehbildskulpturen.[37] Fasziniert war Paik von der Idee McLuhans, dass das Fernsehbild eine ganz andere Rezeptionsweise ermöglichen sollte. Laut McLuhan steht das Fernsehbild im fundamentalen Gegensatz zum kinematografischen Filmbild, weil es elektronische Signale sendet und durch Zeilenabtastung, statt durch Reihung von Einzelaufnahmen, ein Bild kreiert.[38] Genau das wird durch den Einsatz eines Magneten visualisierbar: Die elektromagnetischen Fernsehsignale werden manipuliert und deformiert. So wird Marshall McLuhans Axiom von dem Medium, das die Botschaft ist, höchst anschaulich praktisch umgesetzt:[39] Indem die gesendeten Signale deformiert werden, wird vom Inhalt, der vermeintlich direkten Botschaft, buchstäblich abgelenkt hin auf die technischen Bedingungen und neuen visuellen Bildgebungsmöglichkeiten des Fernsehens.

Die Bezugnahme auf McLuhan baut Paik mitunter selbst in seine Fernsehinstallationen ein. Beispielsweise in dem Werk MCLUHAN CAGED von 1967 werden eine Fernsehsendung mit McLuhan auf Video abgespielt und die elektronischen Signale durch eine um den Fernsehapparat angeordnete magnetische Spule gestört. Der Rezipient, der Stärke und Ausrichtung der Magnetspule regulieren kann, wird dabei zu einer Art visuellem DJ, der das gesendete Bild von McLuhan nach eigenem Ermessen verändern kann (siehe: Abb. 6a-c). Hier zeigt sich Paik als sehr gelehriger Schüler McLuhans: Nicht nur, dass er noch einmal, nun am Beispiel von Fernsehbildern, die McLuhan zeigen, die eigentliche Botschaft des Mediums in einer Installation sichtbar macht. Darüber hinaus: Paik wird in dieser Installation vorstellig als Künstler *par excellence* im Sinne McLuhans. Zeigt uns Paik doch zum einen Möglichkeiten, mit einem neuen Medium umzugehen, wie McLuhan vom Künstler fordert, „noch ehe ein neuer Anschlag der Technik bewusste Vorgänge betäubt".[40] Zum anderen ermöglicht er uns, in das mediale Geschehen *aktiv* einzugreifen; es also zu steuern.[41] Mediale Prozesse werden so rückgebunden an *Praktiken* des Umgangs mit Medien und damit als in und durch Praxis *veränderbar* vorgeführt.

---

hat er McLuhans Ideen mit Norbert Wieners Kybernetik verglichen – siehe: Nam June Paik, Norbert Wiener and Marshall McLuhan, New York 1967.
[37] Siehe bspw.: MAGNET TV (1965).
[38] Siehe bspw.: McLuhan, Magische Kanäle, S. 471ff.
[39] Zu einer ausführlichen Deutung dieser These siehe → 2. Lesart: Hermeneutik, 3. These.
[40] McLuhan, Magische Kanäle, S. 109.
[41] Damit ist die durchaus naheliegende Lesart, nämlich McLuhan als Mediendeterministen zu lesen, ausgespart – siehe zu dem Zwiespalt zwischen Mediendeterminismus und Freiheit des Einsatzes der Medien in McLuhans Texten: → 3. Lesart: Kritik, S.154ff.

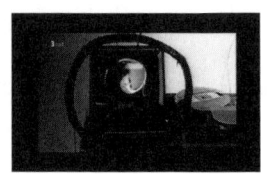

Abb. 6 a-c: Morphing McLuhan[42]

Techno-tribale Avantgarde

Daneben gab es aber nicht nur Experimente mit neuen technischen Medien wie Fernsehen und Video. Andere Künstler und Intellektuelle der 1960er Jahren waren fasziniert von der Idee des Zusammenwirkens unterschiedlicher Medien überhaupt, egal ob alt oder neu, ebenso wie von der Idee einer tribalen Organisation, einer Wiederkehr früher Vergemeinschaftungsformen, die McLuhan in seinen Schriften thematisierte und mitunter enthusiastisch feierte.[43] So entstanden Veranstaltungen, die erstens um ein *Zusammenspiel* unterschiedlicher *Künste* und *technischer Medien* bemüht waren. Damit sollten zweitens einzelne *Sinne* in ein *Wechselverhältnis* gesetzt werden. Drittens lag dem Ganzen die Idee zugrunde, *vor Ort* ein *tribales Gemeinschaftsgefühl* herzustellen. So entwickelten sich mit direktem Bezug zu McLuhan regelrechte multimediale Happenings einer „techno-tribalen Avantgarde".[44] McLuhans Biograf Philip Marchand beschreibt ein so geartetes Happening sehr anschaulich:

> Rogatnick [ein Architekturprofessor an der University of British Columbia] und einige seiner Kollegen beschlossen, McLuhans Theorien unter dem Titel ‚Das Medium ist Massage' theatralisch in Szene zu setzen und konzipierten eine multimediale Installation. Dann trieben sie etwa 30 Diaprojektoren auf, die sie überall im Gebäude verteilten [...]. Sobald Besucher das Labyrinth aus riesigen Kunststoffsegeln durchwanderten, gerieten sie in ein Sperrfeuer aus bunt zusammengewürfelten fotografischen Motiven und abstrakten Mustern, die auf dem Boden, Wände, Plastiksegel und manchmal auch auf sie selbst projiziert wurden. [...] Der komplette menschliche Sinnesapparat wurde bei diesem Event angesprochen: Um den Geruchssinn anzuregen versprühte man Parfüm [...] und auf einem Podium hämmerte ein Mann auf einem Holzklotz ein, um das Publikum aufzuschrecken. In Form einer ‚plastischen Wand' galt die Hauptattraktion der Taktilität. Diese lebendige Skulptur bestand aus einem riesigen Stück Stoff, das auf einen Rahmen aufge-

---

[42] Bilder entnommen der Dokumentation: NAM JUNE PAIK. PORTRÄT DES VIDEOKÜNSTLERS (TV-Ausstrahlung: 30. Okt. 2010, 22.25h, 3sat).
[43] Siehe dazu genauer → 2. Lesart: Hermeneutik, S. 104ff. und die Kritik einer solchen Vorstellung in → 3. Lesart, S. 161ff.
[44] Fred Turner, Marshall McLuhan, Stewart Brand und die kybernetische Gegenkultur, in: de Kerckhove u.a., McLuhan neu lessen, S. 105-116, hier: S. 114.

zogen war. Dagegen preßten sich Tänzer, deren windende Körper die Zuschauer durch den Stoff hindurch ertasten konnten.[45]

Die Eröffnungsansprache zu diesem Happening hielt McLuhan höchstselbst.[46] Das Ereignis soll, laut Marchand, gewirkt haben „wie ein Signal und löste eine regelrechte McLuhan-Hysterie aus, für deren Verbreitung in erster Linie Künstler sorgten."[47]

Einer dieser Künstler war Gerald Emanuel Stearn, einer der Pioniere der ‚techno-tribalen Avantgarde'.[48] Ging es bei der oben beschriebenen multimedialen Installation vorrangig um ein Wahrnehmungsexperiment, so wird in Stearns Aktionen noch sehr viel stärker auf die *mystische Gemeinschaftsbildung* abgehoben, wie sie beispielsweise in McLuhans Buch DIE MAGISCHEN KANÄLE als Zielvorstellung der Menschheits- und Medienentwicklung deutlich zum Ausdruck gebracht wird.[49] Eine solche Aktion, an der Stearn als Kopf der Künstlergruppe USCO federführend beteiligt war, sei kurz angeführt:

> 1965 schließlich hatte diese Performance sich in ein Programm namens WE R ALL ONE verwandelt, in dem USCO Dia- und Filmprojektionen einsetzte und darüber hinaus Oszilloskope und Stroboskope sowie Live-Tänzer und Tänzerinnen, um eine Kakofonie der Sinne herzustellen. Am Ende der Performance erlosch das Licht und zehn Minuten lang hörten die Zuschauer nichts als vielfache ‚Ohms' aus den Lautsprechern. [...] In der letzten Phase der Performance sollte das Publikum jene mystische Einheit erfahren, die angeblich auch die Mitglieder von USCO miteinander verband.[50]

Daran sieht man auch: Es ging um Einwirkung der Kunst auf das Leben via multimedialer Happenings, ja um dessen Transformation. Diese psychedelische Neoavantgarde wollte – mit Ideen McLuhans – die Welt und/ oder das Bewusstsein der Rezipienten verändern.

68er-Bewegung

Diese Art der Avantgarde hatte also ebenfalls ihre psychedelischen Einheitsfantasien, wie etwa auch die Hippie-Bewegung. Damit war sie auch Teil subkultureller Bewegungen, die von gesellschaftlichen Veränderungen träumten, wie sie in der sogenannten 68er-Bewegung kulminierte.[51] In dieser Jugendbe-

---

[45] Marchand, McLuhan, S. 245f.
[46] Wenngleich er danach sofort verschwunden sein soll, denn, so schreibt sein Biograf Marchand: „[S]olche Dinge interessierten ihn einfach nicht." (Ebd., 246.)
[47] Ebd.
[48] Siehe dazu: ebd.
[49] Siehe bspw.: McLuhan, Magische Kanäle, S. 16.
[50] Turner, McLuhan, S. 111.
[51] Stearn schreibt Ende der 1960er Jahre sogar: „ By now a kind of McLuhan avantgarde has formed, becoming in the process a self-contained subculture." (Gerald Emanuel Stearn,

wegung wurden auch McLuhans Ideen über die engen Zirkel neoavantgardistischer Zirkel hinaus aufgegriffen. Seine Vorstellungen neuer Vergemeinschaftung und Solidarität im Zeitalter der Elektrizität, die die Entfremdungen der abstrakten Schriftkultur hinter sich lassen kann, fand auch hier begeistert Abnehmer. McLuhans Aphorismen wurden gegen tradierte Vorstellungen von Bildung und kapitalistischen Wertvorstellungen ins Feld geführt. Ein Cartoon aus dem NEW YORKER MAGAZINE von 1966 bringt das sehr anschaulich auf den Punkt (siehe Abb. 7):[52] Wir verfolgen eine Art Inversion des Vater-Sohn-Verhältnisses. Der Vater, als Repräsentant der traditionellen Schriftkultur, ausgestattet mit dem Signum Buch, wird von seinem Sohn, ausgestattet mit dem Signum elektrische Gitarre (oder Bass), über die neuen gesellschaftlichen Verhältnisse aufgeklärt, von denen der Vater sichtlich irritiert ist. Der Sohn ist – dem Hippie-Diktum entsprechend – nicht aggressiv, sondern erklärt seinem etwas begriffsstutzigen Vater sehr freundlich die Ideen des ‚Professor McLuhan', die zumindest aus Sicht des Sohnes die neuen gesellschaftlichen Verhältnisse angemessen beschreiben. Während der Vater sich hinter seinem Buch zu verstecken scheint (also in der Pose verharrt, in der man denkt und eben nicht handelt), so sind die Gesten des Sohnes auf seinen Vater ausgerichtet. Er handelt also, aber nicht irrational, sondern wohlüberlegt. Der Vater muss belehrt werden, da er trotz seines ganzen Bücherwissens keine Ahnung von zeitgenössischen gesellschaftlichen und medialen Prozessen hat. Der Vater ist ein Abkömmling der antiquierten Gutenberg-Galaxis; der Sohn hingegen ist der Vertreter des globalen Dorfes. Diese Differenz, die McLuhan eingeführt hat, ist in diesem Kontext eine Differenz zwischen Generationen.

Computeravantgarde

Die Ideen McLuhans wurden aber nicht nur in den künstlerischen Avantgarden bzw. in diversen hippieesken und popkulturellen Spielarten der 68er-Bewegung genutzt, sondern drangen auch ein in dezidiert technologische Kontexte:

> Auch bei den Computertechnikern halten McLuhan und die psychedelische Neo-Avantgarde Einzug. In der Nachfolge der militärischen Forschungslabors der 1940er/1950er Jahre entwickelt sich in den 1960/70er Jahren eine zivile Computerforschung, in der es zu Überschneidungen zwischen der *Counterculture*-Bewegung und Computertechnikern in den staatlichen Labors kam.[53]

Introduction, in: ders. (Hg.), McLuhan: Hot & Cool. A Primer for the Understanding of & a Critical Symposium with a Rebutal by McLuhan, in: New York 1967, S. xiii-xvi, hier: S. xiv.).
[52] Wiederabgedruckt auch in: McLuhan, Medium is Massage, S. 156f.
[53] Martina Leeker, Camouflagen des Computers. McLuhan und die Neo-Avantgarden der 1960er Jahre, in: de Kerckhove u.a., McLuhan neu lesen, S. 345-375, hier: S. 366.

McLuhan lieferte technisch versierten Akteuren Ideen, Metaphern und Szenarien, mit deren Hilfe sie das, was sie am Computer taten, anders und vor allem *gesellschaftsrelevant* und *politisch* beschreiben konnten, ohne dass McLuhan selbst viel Ahnung von Computern hatte. Er selbst schrieb sehr viel mehr über das Fernsehen als Leitmedium des neuen Zeitalters; der Computer kommt in seinen Schriften sehr selten vor. Nichtsdestotrotz wurden McLuhans Ideen in ingenieurtechnischen Kreisen virulent, die sich gerade damit intensiv beschäftigten:

> [...] Ende der 1960er Jahre wird der Computer von der [...] Hackergeneration nicht mehr als [...] riesiger Kalkulator begriffen, sondern als Medium. *Dabei ist die Lektüre der Schriften McLuhans entscheidend* [...]. Eine Theorie, die die technischen Details weiträumig umfährt, lieferte die Konzepte für technische Virtuosen, die bislang die Theorie weiträumig umfahren hatten. Das Experimentieren mit Medienfunktionen wird plötzlich als ‚Medientheorie' artikulierbar, weil McLuhans medientheoretische Diagnose des Computerzeitalters von Leuten gelesen wird, die technisches Verständnis für das Potential des Computers hatten, und nun plötzlich merkten, dass sie es mit einem Medium zu tun haben.[54]

Abb. 7: Endlich Teil einer (globalen) Jugendbewegung sein!

---

[54] Claus Pias, Schmoo, S. 146f.; Hervorhebung von mir.

Vom Nutzen McLuhans für die (Neo-)Avantgarde

In den 1960er Jahren war McLuhan also einer der Intellektuellen, auf die man Bezug nahm, wollte man Avantgarde sein und die Welt verändern, sei es mit künstlerischen, politischen oder technologischen Mitteln und Aktionen oder präziser noch: in der Verbindung dieser Sphären. McLuhan lieferte hierfür augenscheinlich Begriffe, Metaphern und Phrasen, kurz ein Vokabular, in dem solche Tendenzen und Bestrebungen pointiert formulierbar wie reflektierbar wurden und das es erlaubte, auch widerstrebende Tendenzen zu integrieren. Beispielsweise wird dadurch möglich, technologische Entwicklungen und tribale Gemeinschaft nicht – wie davor üblich – als Gegensatz zu denken, sondern Kybernetiker und Hippies finden hier zusammen. Genauso werden elektronische Medien nicht mehr nur als Manipulationsinstrument in den Blick genommen, sondern als Mittel solidarischer Vergemeinschaftung und/ oder aktiver Partizipation. Selbst Konsum und Kritik werden hier zusammengebracht: „McLuhan bot eine Vision an, nach der junge Menschen Rock 'n' Roll, Fernsehen und die damit assoziierten Vergnügungen des Konsums sogar dann nicht aufgeben mussten, wenn sie die Erwachsenengesellschaft ablehnten, die diese Formen hervorgebracht hatte."[54]

4.3 McLuhan und die Forschung

Jedoch nicht nur Jugendbewegungen, Künstler und die Massenmedien nahmen sich der Ideen McLuhans an. Auch in der Forschung waren und sind seine Ideen virulent. Im Folgenden werde ich aber keinen umfassenden Überblick über die weitläufige wie wechselhafte wissenschaftliche Rezeptionsgeschichte der Ideen McLuhans geben.[55] Stattdessen möchte ich anhand einiger Beispiele aus der Rezeptionsgeschichte zeigen, wie McLuhans Ideen in unterschiedlichen Feldern produktiv gemacht wurden bzw. gemacht werden können. Dabei wird es nicht darum gehen, ob McLuhans Ideen jeweils richtig oder angemessen gelesen werden (was immer das auch genau bedeuten soll). Vielmehr: Gerade die Rezeptionsweisen, die McLuhan augenscheinlich modifizieren bzw. für ihre eigenen Zwecke in Beschlag nehmen, sind von besonderem Interesse, zeigt sich

---

[54] Turner, Marshall McLuhan, S.114f.
[55] Siehe dazu bereits → Wege zu McLuhan, S. 11ff. Oder ausführlicher: Gordon, McLuhan; Martina Leeker/ Kerstin Schmidt, Einleitung. McLuhan neu lesen. Zur Aktualität des kanadischen Medientheoretikers, in: de Kerckhove u.a., McLuhan neu lesen, S. 19-48, v.a.: S. 21ff.

doch gerade dort, wie fruchtbar, aber ebenso wie *unterschiedlich* fruchtbar Ideen McLuhans zu machen sind.

Unterteilen werde ich die ‚Übernahmen' zum einen nach deren Bezugnahmen auf mediale Konstellationen. So sind zunächst Forschungsansätze von Interesse, die sich vor allem mit McLuhans Thesen zu elektrischen Medien wie Radio und Fernsehen befassen. Daran anschließend werden Ansätze in den Blick genommen, die McLuhans Schriften hinsichtlich digitaler Medien interpretieren. Zum anderen möchte ich drei, von den einzelnen medialen Konstellationen losgelösten, übergreifende Perspektivierungen vorstellen. Erstens handelt es sich dabei um die Inthronisation McLuhans als ‚Gründungsvater' der (deutschsprachigen) Medientheorie. Zweitens ist zu zeigen, wie McLuhans These, dass der Inhalt eines Mediums ein anderes Medium ist, ein universelles und dynamisches Medialitätskonzept vorwegnimmt, das heute zumeist mit Bezug auf Niklas Luhmanns Unterscheidung von Medium und Form diskutiert wird. Drittens lässt sich McLuhans Medienanthropologie im Lichte der derzeitigen Diskussion um die sogenannte Akteur-Netzwerk-Theorie neu verstehen.

Das Zeitalter elektrischer Medien

Das Hauptaugenmerk von McLuhans Kultur- und Mediengeschichte gilt einer Epochenschwelle: So ist der Übergang von der sogenannten Gutenberg-Galaxis, in der das Buch das Leitmedium gesellschaftlicher und psychosozialer Prozesse gewesen sein soll, ins Zeitalter der Elektrizität, das durch Medien wie dem Radio und mehr noch durch das Fernsehen bestimmt ist, *die* dramatische Zäsur in McLuhans Kulturgeschichte überhaupt.[57] Diese Art der Gegenüberstellung wurde in sehr unterschiedlicher Weise für einige Autoren in Nachfolge McLuhans wichtig, ja, für ihren Blick auf die Kultur- und Mediengeschichte konstitutiv. Und das ist nicht nur der Fall bei glühenden Verehrern McLuhans, sondern mitunter auch bei einigen seinen Kritikern.

Sekundäre Oralität (Walter Ong)

Der Jesuit und Altphilologe Walter Ong, der noch bei McLuhan studiert hat, gehört sicherlich eher der ersten Sorte von Rezipienten an. In Nachfolge McLuhans setzt er eine harte Differenz zwischen mündlichem und schriftlichem Sprachgebrauch. Das gesprochene Wort wird als eine Artikulationsform verstanden, mit der zumeist konkrete Situationen benannt werden, weniger abstrakte Ideen und emotionale Befindlichkeiten ihren Ausdruck finden. Der Schrift hingegen werden – analog zu McLuhan – Attribute zugeordnet wie

---

[57] Siehe dazu ausführlicher → 2. Lesart: Hermeneutik, These 2.

Steigerung des Abstraktionsvermögens, Formalisierungsprozesse, reflexive Distanzierung sowohl von äußeren wie inneren Geschehnissen.[58] Geschichtlich gewendet wird diese Differenz „zu einer Epochenschwelle zwischen traditionellen und modernen Gesellschaften."[59]

Die zweite zentrale epochale Schwelle wird von Ong, ebenfalls in Nachfolge von McLuhan, mit dem Zeitalter der Elektrizität gesetzt. Genauer noch wird sie von Ong ein wenig verschoben: Es geht ihm nicht so sehr um die elektrisch fundierte Vernetzung der Menschen ganz allgemein, sondern vorrangig um die Rückkehr der gesprochenen Sprache in und durch die elektronischen Medien. Augenscheinlich hat er dabei das Radio als zentrales Verbreitungsmedium im Sinn. Ong selbst nennt diese Phase – um die Rückkehr der Stimme deutlicher zu markieren als McLuhan – „sekundäre [...] Oralität"[60]. In dieser Phase sollen Merkmale des gesprochenen Wortes zurückkehren.

Mit dieser Konstruktion der Medien- und Kulturgeschichte, in der eine Phase primärer Oralität, von einer der literalen abgelöst wird, die dann wieder in eine Phase sekundärer Oralität mündet, verfolgt Ong eine Strategie, die sich auch in McLuhans Medien- und Kulturgeschichte prominent finden lässt: Es geht um die *Aufwertung* nichtliteraler Medien und Kulturen. Genauer noch: Bei Ong geht es um die Aufwertung *mündlicher Kommunikation.* Die wertende Beschreibung von oralen Kulturen als primitiv und defizitär, die laut Ong in der vorhergehenden ethnologischen Forschung ausfindig zu machen gewesen sein soll, wird nämlich, unter anderem mit Bezug auf McLuhan, „durch eine positivere Anschauung früherer Bewußtseinsformen ersetzt".[61] Somit ist denn auch eine ‚Wiederkehr der Stimme' in den elektrischen Medien extrem positiv zu besetzen. Ja noch mehr: Genau genommen werden nämlich in der sekundären Oralität Merkmale oraler Kulturen wie auch schriftlicher Kulturen synthetisiert.[62] Aus einer Rückkehrgeschichte wird somit eine dialektische Bewegung der Kulturgeschichte hin zu einer immer umfassenderen Entfaltung kognitiver, emotionaler und kommunikativer Potenziale des Menschen. Ong macht also McLuhan produktiv für eine Vervollkommnungsgeschichte des Menschen anhand der Leitlinie des gesprochenen Wortes.[63]

---

[58] Siehe zu dieser Gegenüberstellung bei McLuhan ausführlicher → 2. Lesart: Hermeneutik, S. 106ff.
[59] Sybille Krämer, Eintrag: Mündlichkeit/ Schriftlichkeit, S. 192.
[60] Walter Ong, Oralität und Literalität, Die Technologisierung des Wortes [1984], Opladen 1987, S. 10; siehe auch: ebd., S. 136.
[61] Ebd., S. 172.
[62] Siehe dazu sehr deutlich: ebd., S. 135ff.
[63] Unverkennbar trägt ein so geartetes Konzept heilsgeschichtliche Züge – siehe dazu ausführlicher → 2. Lesart, S. 104ff. oder auch → 3. Lesart: Kritik, S. 161ff.

Simulationstheorie (Jean Baudrillard)

Der französische Denker Jean Baudrillard indes kritisiert jegliche Art von medienutopischer Perfektionsgeschichte. Konsequent kritisiert er denn auch explizit McLuhan.[64] Jedoch zeigt sich Baudrillard nichtsdestotrotz äußerst fasziniert von einigen Ideen McLuhans. Zunächst ist er vor allem angetan von der Idee, dass nicht die vermittelten Inhalte das Entscheidende seien, sondern die Medien, genauer noch die *technische Form* der Medien. Gesellschaft sei nicht so sehr verändert worden durch „content (ideology, information, science)," wie Baudrillard in einer Rezension zu McLuhans UNDERSTANDING MEDIA zustimmend schreibt, „*as by the fundamental constraint of systematization which it exercises across its technical essence.*"[65]

Wichtig ist mir zunächst an dem Zitat die Bezeichnung *„constraint"* (also in etwa: Beschränkung und Zwang). Die technische Essenz der Medien zeugt demgemäß von einem Zwang zu einer spezifischen Systematisierung. Geht es bei McLuhan sehr viel idealistischer meist um die neuen Möglichkeiten, die die jeweils jüngsten Medien mit sich bringen, so ist Baudrillards Interesse von Anfang an sehr viel mehr auf deren Zwang, auf deren Restriktion gerichtet. Was aber meint genau ‚Zwang zur Systematisierung' und welche Konsequenzen haben diese? Aufgrund ihrer technischen Form verhindern Medien, laut Baudrillard, jegliche Art des kommunikativen Austausches und führen damit eben nicht zu einer globalen kommunikativen Vernetzung, geschweige denn zu einer umfassenden Solidarität, wie es McLuhans Medienutopie nahelegt.[66]

Um diese Wendung von McLuhans These bei Baudrillard nachvollziehen zu können, sollte man sich klar machen, was Baudrillard unter Kommunikation versteht: Kommunikation findet bei ihm nur genau dann statt, wenn sie einen „Austausch" ermöglicht, einen „reziproke[n] Raum von Rede und Antwort" öffnet.[67] Regulatives Prinzip für die Kommunikation ist somit der *face-to-face Dialog*.[68] Medien negieren nun nach Baudrillard *per se* genau diese Dialogsituation und zwar weil sie *einseitige* und *abstrahierende* Distributionsmittel sind. Medien versteht Baudrillard hier als technische Medien: Sie sind Kommunikationskanäle, die erstens von einem abstrakten und somit selektiven Kommunikations*code* ‚beherrscht' werden und zweitens sind es Systeme, die eine technische

---

[64] Siehe: Jean Baudrillard, Requiem für die Medien [1972], in: ders., Kool Killer oder Der Aufstand der Zeichen, Berlin 1978, S. 83-118.
[65] Jean Baudrillard, Review of Marshall McLuhan's Understanding Media, in: Genosko, McLuhan, S. 100-105, hier: S. 103.
[66] Siehe dazu ausführlicher → 2. Lesart: Hermeneutik, S. 99ff.
[67] Baudrillard, Requiem für die Medien, S. 91.
[68] Siehe zur näheren Bestimmung dieser dialogischen Situation: ebd., S. 91f. und S. 101.

Kontaktunterbrechung zwischen Gesprächsteilnehmern implizieren. So gesehen ist jede materielle raum- und zeittranszendierende Informationsübermittlung, von der Schrift bis zum Computer, medial und somit keine ‚echte', dialogische *face-to-face*-Kommunikation.[69] Deshalb kann Baudrillard schreiben: „[D]ie Medien sind dasjenige, welche [sic!] die Antwort für immer untersagt, das, was jeden Tauschprozess verunmöglicht [...]. Darin liegt ihre wirkliche Abstraktheit."[70] Das Medium ist die Botschaft heißt hier also: Medien verunmöglichen aufgrund ihrer technischen Struktur ‚echte' Kommunikation. An deren Stelle werden abstrakte Codes übertragen.

Dabei greift der französische Medienkritiker eine weitere Beobachtung McLuhans auf, nämlich die, dass unsere Welt inzwischen aufgrund der elektrischen Medien zu einem global vernetzen Dorf geworden ist. Baudrillard interessiert daran die kultur- und medienhistorische Seite der Argumentation McLuhans. Aber auch hier wendet er die Perspektive gegen die Grundintuition McLuhans.

> [M]an [muss] sich die Medien so vorstellen, als seien sie in einer äußeren Erdumlaufbahn, einem Orbit, eine Art genetischer Code, der die Mutation des Realen und Hyperrealen bestimmt. Und genau wie der genetische so erweist sich auch dieser Code als bestimmend: nämlich bestimmend für den Übergang von der repräsentativen Sphäre zur genetischen Sphäre des programmierten Signals.[71]

Medien geben so vor, wie und was wir zu sehen und zu hören haben. Wie bei McLuhan spielen bei Baudrillard die technischen audiovisuellen Medien dabei die entscheidende Rolle, allen voran das Fernsehen. Jedoch spielen sie eine etwas andere Rolle als bei McLuhan. Aus Baudrillards Sicht sind diese audiovisuellen Medien besonders geeignet, den Rezipienten die unmittelbare Abbildung von Realität vorzugaukeln. Stattdessen aber bauen sie ihre eigene, auf abstrakten Codes basierende Wirklichkeit auf. Nach Baudrillard entsteht so eine Simulationswelt, die er auch Hyperrealität nennt, weil sie anstelle der ‚realen Realität' gesetzt wird, diese jedoch nicht mehr abbildet, sondern immer mehr durchdringt und kontaminiert. Genau das meint Baudrillard, wenn er vom ‚Übergang von der repräsentativen Sphäre zur genetischen' spricht: Bald werden wir vollständig in einer Simulationswelt leben, egal welchen Inhalt diese haben wird und welche Interessen damit verbunden sein werden. In diese Welt haben uns die technischen Medien aufgrund ihrer technischen Form geführt. So wird denn McLuhans Medienutopie einer globalen Solidaritätsgemeinschaft auf

---

[69] Auch dann ist dies im Übrigen im Sinne Baudrillards der Fall, wenn eine Rückkanaloption technisch implementiert ist, weil auch dann der *abstrakte, auf technischer Basis generierte Code* dialogische Kommunikation verhindert.
[70] Baudrillard, Requiem für die Medien, S. 91.
[71] Jean Baudrillard, Die Präzession der Simulakra, in: ders., Agonie des Realen, Berlin 1978, S. 7-69, hier: S. 49.

Grundlage elektrischer Medien bei Baudrillard *unter Rückgriff* auf McLuhans Grundintuition zur Mediendystopie umgepolt und in eine Simulationstheorie überführt.

Medienkritik (Neil Postman)

Eine Umpolung anderer Art nimmt Neil Postman vor. Auch er zeigt sich fasziniert von McLuhans These, dass das Medium die Botschaft ist. Jedoch will Postman Medien nicht nur – wie Baudrillard – als reine Restriktionscodierungen auffassen, sondern wählt lieber (wie McLuhan vor ihm)[72] den Vergleich mit der Metapher: Medien „gleichen [...] Metaphern, die ebenso unaufdringlich wie machtvoll ihre spezifischen Realitätsdefinitionen stillschweigend durchsetzen."[73] Diese Deutung der These McLuhans osziliert zwischen zwei Optionen: Einerseits *ermöglicht* eine Metapher eine neue Sichtweise, einen neuen Zugang zur Welt; anderseits definiert die Metapher nach Postmans Überzeugung überhaupt erst, was Realität ist bzw. sein kann und was nicht; damit ist sie *restriktiv*. Medien ermöglichen so verstanden neue Erfahrungen und Betrachtungsweisen; gleichzeitig beschränken sie aber auch die Erfahrungsmöglichkeiten und Wahrnehmungsweisen.

Postman bezieht sich jedoch nicht nur auf McLuhans Grundaxiom. Weiterhin übernimmt er dessen mediengeschichtliches Phasenmodell. Vor allem bei der Zäsur zwischen der Gutenberg-Galaxis und dem Zeitalter der Elektrizität hält er McLuhan die Treue. Auch bei Postman ist der Übergang von der Gutenberg-Galaxis in das Zeitalter der Elektrizität die unsere Gegenwart entscheidend prägende Zäsur. Ebenso wie McLuhan markiert Postman die Gegenüberstellung der Zeitalter mit den beiden Leitmedien Buchdruck und Fernsehen.[74] Die Effekte des Buchdrucks werden dabei wie folgt beschrieben:

> Im 18. und 19. Jahrhundert brachte der Buchdruck eine Definition von Intelligenz hervor, die dem *objektiven, rationalen* Gebrauch des *Verstandes* Vorrang gab und gleichzeitig Formen eines öffentlichen Diskurses mit *ernsthaftem, logisch geordnetem* Inhalt förderte. Es ist kein Zufall, daß die Aufklärung, das Zeitalter der Vernunft, auch das Aufblühen einer von Buchdruck geprägten Kultur erlebte, zunächst in Europa, dann in Amerika. Die Ausbreitung des Buchdrucks entfachte die Hoffnung, die Welt und ihre mannigfaltigen Geheimnisse seien zumindest *verstehbar, voraussagbar, beherrschbar.* In diesem 18. Jahrhundert beginnt die Naturwissenschaft – hervorragendes Beispiel für die *analytische* Verarbeitung von Wissen – damit, ein neues Bild der Welt zu entwerfen. In diesem 18. Jahrhundert wird demonstriert, daß der Kapitalismus ein *rationales, liberales* System des Wirtschaftslebens ist; der religiöse Aberglaube gerät unter heftigen Angriff, das Gottesgnadentum der Könige wird als Vorurteil entlarvt, es

---

[72] Siehe dazu ausführlicher → 2. Lesart: Hermeneutik, S. 137ff.
[73] Postman, Wir amüsieren uns, S. 20.
[74] Siehe dazu ausführlicher → 2. Lesart: Hermeneutik, S. 92ff.

> setzt sich die Idee eines *kontinuierlichen Fortschritts* durch, und die Notwendigkeit der Verbreitung von Lesen und Schreiben durch allgemeine Schulbildung wird offenkundig.[75]

Diese Passage könnte so oder zumindest so ähnlich auch bei McLuhan zu finden sein. Beschreibt dieser doch ganz ähnlich die historischen Effekte des Buchdrucks. Jedoch – und das ist ein entscheidender Unterschied zu Postman – würde McLuhan mit Sicherheit nicht vergessen, diese Effekte zu kritisieren, als Entfremdungsentwicklung zu brandmarken und den Buchdruck als zentralen Faktor einer kulturellen Verfallsgeschichte zu präsentierten. Ganz anders nun Postman: In einem seiner populärsten Bücher, WIR AMÜSIEREN UNS ZU TODE, beschreibt er sehr deutlich die Zielsetzung, die er mit diesem Buch (und letztlich mit allen seinen Arbeiten) verfolgt:

> Ich mache keinen Hehl aus meiner Ansicht, daß die vierhundertjährige Vorherrschaft des Buchdrucks weit mehr Nutzen gebracht als Schaden angerichtet hat. Die modernen Ideen vom Gebrauch des Verstandes sind überwiegend durch das gedruckte Wort geprägt worden, ebenso unsere Vorstellungen über Erziehung, Wissen, Wahrheit und Information. Ich werde nachzuweisen versuchen, daß in dem Augenblick, da der Buchdruck an die Peripherie unserer Kultur gedrängt wird und das Fernsehen seinen Platz einnimmt, die Ernsthaftigkeit, die Klarheit und vor allem der Wert des öffentlichen Diskurses in Verfall geraten.[76]

Die Mediengeschichte wird hier eindeutig als eine Verfallsgeschichte beschrieben, die eben zu dem Zeitpunkt beginnt, als der Buchdruck nicht mehr das kulturelle Leitmedium darstellt. Postmans Perspektive ist der McLuhans an dieser Stelle genau entgegengesetzt: Durch das Fernsehen gibt es eben keine neue globale Vergemeinschaftung, samt neuem Verantwortungsbewusstsein, wie McLuhan es aufkommen sehen will, sondern schlicht Fragmentarisierung und Auflösung jeglicher Ordnung. Sobald das Fernsehen das Leitmedium geworden ist, etabliert sich etwas, was Postman als „Und-jetzt-Weltanschauung" beschreibt:

> Der Ausdruck ‚Und jetzt...'-Weltanschauung umfaßt das Eingeständnis, dass die von den blitzschnellen elektronischen Medien entworfene Welt keine Ordnung und keine Bedeutung hat und nicht ernst genommen werden muß. [...] [D]as Fernsehen hat diese Weltanschauung genährt und zu einer pervertierten Reife gebracht. Denn im Fernsehen haben wir es ungefähr alle halbe Stunde mit einem separaten Ereignis zu tun, das seinem Inhalt seinem Kontext und seiner Gefühlslage nach mit dem Vorangegangenen und dem Folgenden nichts gemein hat.[77]

Nach Postman amüsieren wir uns mit dem Fernsehen regelrecht zu Tode. Statt eine globale Gemeinschaft zu etablieren, werden Welt und Mitmenschen, inso-

---

[75] Postman, Wir amüsieren uns, S. 69; Hervorhebungen von mir.
[76] Ebd., S. 42f.
[77] Ebd., S. 123f.

fern sie uns nicht unterhalten, bedeutungslos; argumentative Bezugnahmen immer bedeutungsloser. Ähnlich wie bei Baudrillard wird McLuhans Hauptaxiom von der zentralen Bedeutung der Medien als Mittel zur Präfiguration des Welt- und Erkenntniszugangs adaptiert. Ebenso werden McLuhans kultur- und medienhistorische Zäsuren aufgenommen, jedoch hinsichtlich der Bewertung umgepolt. Sehen wir bei Baudrillard die Schreckensherrschaft der durch die Medien hervorgebrachten Simulationswelt, hinter der die wirkliche Welt allmählich verblasst und verschwindet, so sind wir laut Postman Zeugen, wie im und durch das Fernsehen rationale Argumentationsfähigkeit verabschiedet wird und wir zunehmend zu zerstreuten, vereinzelten und passiven *couch-potatoes* degenerieren.

Um es noch einmal zu wiederholen: Hier geht es nicht darum, ob Baudrillard, Postman oder Ong McLuhan richtig lesen bzw. ob ihre Variationen die Sachlage unter Umständen klarer beschreiben als das McLuhan tut. Vielmehr ist hier wichtig, wie McLuhan bei den einzelnen Autoren produktiv gemacht wird, um eine eigene Position zu entwickeln. Dieses Produktiv-Machen kann dann im einen oder anderen Fall, wie gesehen, so weit gehen, dass das Resultat McLuhans Einschätzung der Dinge auf den Kopf stellt.

McLuhan im digitalen Zeitalter

Viele Forscher und Denker verstehen McLuhan dezidiert als Vordenker des digitalen Computerzeitalters, der uns über das allgemeine Axiom von dem Medium, das die eigentliche Botschaft sei, hinaus und jenseits des Buchdrucks, des Radios und des Fernsehens, etwas über unsere digitale Gegenwartskultur zu sagen hat. McLuhan liefert aus dieser Sicht Werkzeuge, die er selbst vielleicht nur auf technisch analoge Medien wie Radio und Fernsehen beziehen konnte, die sich aber bestens eignen, um sie auf die digitale Gegenwart anzuwenden oder von dort aus zur Neujustierung der Kultur- und Mediengeschichtsschreibung zu verwenden sind.[78] Solche Neujustierungen möchte ich anhand von vier Konzepten aufzeigen, die maßgeblich von McLuhan geprägt wurden und von anderen Forschern zur Beschreibung der gegenwärtigen Kultur aufgegriffen wurden: (1) die Körperausweitungsthese, (2) die Unterscheidung von rechter und linker Gehirnhemisphäre, (3) die Gegenüberstellung heißer und kalter Medien, (4) die These vom Inhalt eines Mediums, das immer ein anderes Medium sein soll.

---

[78] Solche Aktualisierungen finden sich beispielsweise bei: Levinson, Digital McLuhan; Robert K. Logan, Understanding New Media. Extending Marshall McLuhan, New York u.a. 2010.

Der Computer als Körperausweitung

Dass der Computer Denkprozesse genau abbilden kann und dementsprechend als technische Ausweitung des menschlichen Gehirns zu verstehen ist, diese These findet sich bereits bei McLuhan selbst (wie so vieles) zumindest angedacht.[79] Wiederzufinden und tatsächlich ausbuchstabiert wird diese These dann beispielsweise bei Vilém Flusser[80] und – wohl am prominentesten und mit engem Bezug auf McLuhan – bei dessen Schüler und Nachfolger am Forschungsinstitut an der Universität in Toronto, Derrick de Kerckhove. Auf die Ausführungen von de Kerckhove möchte ich mich hier konzentrieren.[81] Er schreibt ganz im Geiste der Körperausweitungsthese McLuhans: „Er [der Computer] veräußert und mechanisiert unsere wichtigsten kognitiven Strukturen."[82] Diese Körperausweitung mechanisiert aber laut de Kerckhove nicht nur kognitive Prozesse, sondern strukturiert und moduliert auch umgekehrt die menschlichen kognitiven Prozesse, beispielsweise durch Einübung von Reaktionsabläufen beim Spielen von *computer games*.[83]

Bei McLuhan selbst tritt der Computer vor allem in Form einer Art allumfassender Überwachungsinstanz auf: Der Computer kann die Befindlichkeit unterschiedlicher Kulturen ‚berechnen', reguliert und sendet zur Aufrechterhaltung der Sinnesharmonie bzw. der emotionalen Stabilität unterschiedliche mediale Reize.[84] An dieser Stelle geht de Kerckhove sehr viel weiter und stellt die Medientheorie, wie Friedrich Kittler anmerkt, mit dem Aufkommen des Computers *generell* dezidiert auf „neurophysiologische Grundlagen um".[85] Medien haben demzufolge nicht nur Einfluss auf kommunikative Prozesse oder Wahrnehmungsweisen, sondern modulieren ganz konkret die Neurophysiognomie.

Um diese These zu untermauern, greift de Kerckhove auf ein weiteres Konzept McLuhans zurück. McLuhan unterscheidet die Operationsweisen der linken und

---

[79] Siehe dazu ausführlicher → 2. Lesart: Hermeneutik, S. 95ff. und → 3. Lesart: Kritik, S. 153f.
[80] Siehe bspw.: Vilém Flusser, Die Schrift. Hat schreiben Zukunft?, Frankfurt am Main 1992, S. 29.
[81] Zu einer ausführlicheren und sehr instruktiven Einführung in die Medientheorie de Kerckhoves siehe: Simone Mahrenholz, Derrick de Kerckhove – Medien als Psychotechnologien, in: Lagaay/ Lauer, Medientheorien, S. 69-95.
[82] Derrick de Kerckhove, Schriftgeburten. Vom Alphabet zum Computer, München 1995, S. 195.
[83] Ebd.
[84] Siehe dazu ausführlicher → 2. Lesart: Hermeneutik, S. 96ff.
[85] Friedrich Kittler, Nachwort, in: de Kerckhove, Vom Alphabet zum Computer, S. 199-200, hier: S. 199.

der rechten Gehirnhemisphären. Die erste sei vorrangig für analytische und logische Vorgänge zuständig, die letztere für synthetisierende und intuitive Prozesse. Nach McLuhans Auffassung – und de Kerckhove folgt ihm hier – stimuliert die alphabetische Schrift vor allem die linke Gehirnhemisphäre, während die elektrischen Medien wie Radio und Fernsehen vor allem die rechte ansprechen.[86] Dementsprechend können wir Kulturen, in denen vor allem gelesen wird, von denen, wo man vor allem Fernsehen schaut, klar unterscheiden: Es bilden sich je sehr unterschiedliche Denk- und Gefühlswelten aus.

De Kerckhove geht noch einen Schritt weiter: Mit dem Computer haben wir nämlich nun aus seiner Sicht zum allerersten Mal in der Kulturgeschichte ein Medium, das beide Prinzipien synthetisieren kann. Der Computer ist die „endgültige Versöhnung zwischen der Herrschaft der Schrift und der der Elektrizität."[87] Die Versöhnungsmöglichkeit, die McLuhan selbst vor allem auf das Fernsehen projiziert hatte,[88] wird also von de Kerckhove auf den Computer übertragen. Sieht er doch im Gegensatz zu McLuhan die Gefahr des Fernsehens darin, dass die linke Gehirnhemisphäre überbetont wird. Die Folge ist: Wir werden unserer Fähigkeit zur Kritik und zur Ausbildung von Individualität beraubt.[89] So ergibt sich bei dem Schüler McLuhans in der kulturgeschichtlichen Bewegung vom „Alphabet zum Computer", wie der Untertitel eines seiner bekanntesten Bücher heißt, eine dialektische Mediengeschichte: Das Alphabet modulierte das Gehirn in Richtung Abstraktion und Rationalität, die elektronischen Medien brachten dann im Gegenzug die Intuition und die Fähigkeit zur Synthese zurück. Mit dem Aufkommen der digitalen Codierung des Computers besteht nun die Chance, beides in eine „endgültige [...] Versöhnung"[90] zu übertragen.

Zum einen gelingt es de Kerckhove damit, „McLuhans Medientheorie, deren aktuelles Paradigma ja Fernsehen hieß, in die Gegenwart und das heißt, bis zum Universalmedium Computer fortzuschreiben."[91] Zum anderen aktualisiert McLuhans Schüler ein Konzept, das in der Rezeption McLuhans zuvor kaum eine Rolle spielte und wenn, dann zumeist kritisch beurteilt wurde.[92]

---

[86] Siehe dazu bspw.: McLuhan, Probleme der Kommunikation.
[87] De Kerckhove, Vom Alphabet zum Computer, S. 163.
[88] Siehe dazu ausführlicher → 2. Lesart: Hermeneutik, S. 92ff.
[89] Siehe bspw. sehr deutlich: de Kerckhove, Vom Alphabet zum Computer, S. 137f.
[90] Ebd, S. 163.
[91] Kittler, Vorwort, S. 200.
[92] Siehe dazu bereits: Miller, McLuhan, S. 24ff.

Pragmatische Verwendung des Internet

McLuhans Unterscheidung von heißen und kalten Medien wird unter anderem von Mike Sandbothe aufgegriffen und *pragmatisch* gewendet. Diese Aktualisierung möchte ich vor allem deshalb näher darstellen, weil hieran zu zeigen ist, wie die Gegenüberstellung von heißen und kalten Medien trotz vieler Schelte, die McLuhan dafür einstecken musste,[93] produktiv gemacht werden kann.

McLuhan unterscheidet kalte und heiße Medien wie folgt: Heiße Medien stimulieren einen Sinn, sind detailreich und verlangen nur ein „geringes Maß an persönlicher Beteiligung".[94] Dagegen regen kalte Medien mehrere Sinne an, sind dabei detailarm und verlangen dementsprechend ein hohes Maß an persönlicher Beteiligung. D.h.: Der Rezipient muss das Wahrgenommene selbst vervollständigen, um es zu verstehen. So ist etwa die Schrift im Sinne McLuhans ein heißes Medium, weil sie nur einen Sinn stimuliert (das Sehen) und detailreich ist (diskrete, klar konturierte Zeichen). Zudem ist kaum eine Ergänzung nötig, um zu verstehen, was bezeichnet werden soll, wenn man die Folge B A U M liest (vorausgesetzt freilich, man hat die deutsche Sprache gelernt). Ein kaltes Medium hingegen ist im Sinne McLuhans beispielsweise ein Cartoonfilm. Dieser spricht mehrere Sinne an (Sehen und Hören), ist detailarm und verlangt so nach aktiver Beteiligung des Rezipienten. Beispielsweise sind nur abstrakte Strichmännchen zu erkennen, die man in der Fantasie mit spezifischen Eigenschaften ‚vervollständigen' muss.

Jedoch dürfte bereits an diesem einfachen Beispiel klar werden, dass die Unterscheidung von kalten und heißen Medien durchaus problematisch ist. Denn: Nicht jeder Cartoonfilm ist *per se* detailarm. Es kommt eher darauf an, welcher *Zeichenstil* verwendet wird. Genau aus diesem Grund wendet Sandbothe die Unterscheidung McLuhans in pragmatischer Weise, was zunächst einmal heißt, er lockert die statische, essentialistisch fundierte Gegenüberstellung von Medien. Er schreibt: „‚Kühl' und ‚heiß' bezeichnen vielmehr *Mediennutzungsstile*, die sich [...] innerhalb unterschiedlicher technischer und kultureller Konstellationen auf je spezifische Weise realisieren."[95] Der Cartoonfilm, die Schrift oder auch das Fernsehen sind dann nicht an und für sich heiß oder kalt, sondern je nachdem, in welcher Weise sie genutzt werden bzw. welche Nutzungspraxis

---

[93] Zur kritischen Diskussion dieser Unterscheidung siehe jüngst: Jens Schröter, Von Heiß/Kalt zu Analog/Digital. Die Automation als Grenze von McLuhans Medienanthropologie, in: de Kerckhove u.a., McLuhan neu lesen, S. 305-320.
[94] McLuhan, Magische Kanäle, S. 30.
[95] Mike Sandbothe, Pragmatische Medienphilosophie, S. 158; Hervorhebung von mir.

sich historisch etabliert hat, habitualisiert wurde und in welches Verhältnis das jeweilige Medium zu anderen Medien steht.

> Ein Medium ist nicht von sich aus kühl oder heiß, sondern immer in Relation zu einem anderen Medium. Eine explizit pragmatische Wendung erfährt dieser Aspekt, wenn man sich klarmacht, daß die Relation zwischen zwei oder mehreren Medien erst von einer Gemeinschaft der Mediennutzer hergestellt wird. Die Nutzerinnen und Nutzer konstruieren durch sozial habitualisierte Weisen des Mediengebrauchs das, was ein Medium (in Relation zu einem anderen Medium) jeweils ist. Medien sind aus dieser gebrauchsorientierten Sicht [...] als soziale Konstruktionen zu verstehen.[96]

Jedoch gibt es auch aus Sandbothes Sicht unterschiedliche technische und materielle Eigenschaften von Medien, die aufgrund dieser Charakteristika bestimmte Nutzungsweisen zumindest nahelegen. In diesem Zusammenhang interessiert sich Sandbothe vor allem für das Internet. Dieses ist für ihn von besonderer Bedeutung, weil „es bereits auf der technischen Ebene transmedial verfaßt"[97] ist. D.h.: Auf Grundlage der technischen Struktur kann das Internet erstens unterschiedliche mediale Eigenschaften vorhergehender Medien annehmen (man kann dort schreiben, einen Film sehen, sich Cartoons anschauen, spielen, telefonieren etc.). Genau mit dieser Eigenschaft ist es zweitens auch besonders geeignet zur Ausbildung unterschiedlicher Nutzungsstile. So macht Sandbothe folgerichtig heißere und kältere Nutzungsoptionen und -praktiken im Internet aus. Am Beispiel heißer und kalter Nutzungsoptionen kollektiv und simultan gespielter Computerspiele, sogenannter MUD's, verdeutlicht er dies.[98] Die einen Rezipienten geben sich den im MUD gebotenen Simulationen und sinnlichen Effekten einfach passiv hin. Diese Rezeptionsweise steht in Tradition einer heißen Rezeption des Fernsehens. Ein so gearteter ‚User'

> versucht nicht, die Welt der medialen Simulakren auf die nichtmediale Realität hin zu durchbrechen, sondern sein Ziel ist es, Teil der Welt der Simulakren zu werden. Er nutzt das MUD als eine Möglichkeit, um mit Hilfe des Internet in die simulatorische Logik des Fernsehens als Akteur einzusteigen, das heißt, wie ein Schauspieler im simulierten Raum des Mediums zu agieren bzw. Aktion zu simulieren. Tatsächlich sind es häufig die imaginären Welten von Fernsehsendungen, von denen die Räume, Rollen und Handlungskontexte von MUDs geprägt sind. So ist beispielsweise das Szenario von STAR TREK eines der beliebtesten MUD-Motive.[99]

Wie vor ihm McLuhan beurteilt Sandbothe solch eine heiße Rezeption negativ. Der Rezipient ist passiv, lässt sich berieseln und flüchtet vor der Realität. Die

---

[96] Ebd., S. 162f.
[97] Ebd. S. 167.
[98] MUD ist die Abkürzung für *Multi User Dungeon*. Es handelt sich dabei um ein (zumeist textbasiertes) Rollenspiel, das von mehreren Spielern simultan an miteinander vernetzten Computern gespielt wird.
[99] Sandbothe, Pragmatische Medienphilosophie, S. 178f.

couch-potato lässt grüßen. Sehr viel interessanter findet Sandbothe den kühlen Rezeptionstypus, der sich bei diesen Spielen ebenfalls ausmachen lässt:

> Ein anderer MUD-Nutzungsstil ergibt sich, wenn das MUD aus der Perspektive der Fernsehsozialisation erfahren wird, für die das Fernsehen nicht als in sich geschlossene Simulationsmaschine, sondern als mediale Kontaktstelle zur realen Welt fungiert. [...] Das Augenmerk dieses kühlen Nutzertyps liegt nicht auf der Teilhabe an der Simulation, sondern auf der Funktionalisierung der virtuellen Gemeinschaft zur Bildung von realen Gemeinschaften.[100]

Dieser kühle Nutzungsstil, der vor allem kühl zu nennen ist, weil er aktive Teilnahme des Rezipienten erfordert, präferiert Sandbothe nicht nur. Er gibt ihm darüber hinaus eine pragmatische Wendung: Das MUD – oder allgemeiner: Das Internet soll aus dieser Sicht als Instrument für „Kooperation und Durchführung gemeinsamer sozialer Handlungen eingesetzt"[101] werden. Das Internet eignet sich besonders gut dafür, nicht nur, weil es transmedial angelegt ist, sondern weil dabei – im Gegensatz zu den traditionellen Massenmedien – ein synchroner Austausch möglich ist: Handlungen können unmittelbare Reaktionen bei den Rezipienten auslösen, die wiederum an den Sender übermittelt werden können, dessen Handlungen wiederum...

Das Internet ist aus dieser pragmatischen Sicht Sandbothes eine Art Trainingslager für gemeinsames soziales Handeln und damit ebenfalls eine ganz praktische Einübung einer bestimmten philosophischen Position, die besagt: Kommunikation stellt Realität zuallererst her, verändert sie und hat also Konsequenzen für und in der Realität. „Das Besondere liegt darin, daß durch das Web die pragmatische Dimension unseres Zeichengebrauchs durch die unmittelbare Antwort [...] explizit und bewußtgemacht wird."[102] Das ist eine der fundamentalen Grundlagen pragmatischer Philosophie: Es wird nicht danach gefragt, ob Zeichen Realität abbilden, sondern wie sie nutzbar gemacht werden können, um (soziale) Realität herzustellen. Da das Internet, laut Sandbothe, besonders geeignet ist, dies zu veranschaulichen und vor allem ein nützliches Werkzeug darstellt, kooperative Praktiken konkret umzusetzen, sollte auch der kühle Rezeptionsmodus, der im und mit dem Internet möglich ist, auf allen möglichen Ebenen unterstützt werden (sei es in didaktischen, rechtlichen, philosophischen oder eben auch medientechnischen Praktiken). Hier wird also McLuhans Gegenüberstellung heißer und kalter Medien einer „pragmatischen Reinterpretation"[103] ausgesetzt, um sie für einen ‚klugen' Umgang mit dem Internet nutzbar zu machen.

---

[100] Ebd., S. 179.
[101] Ebd., S. 190.
[102] Ebd., S. 192.
[103] Ebd., S. 167.

Remediation (Jay D. Bolter / Richard Grusin)

In DIE MAGISCHEN KANÄLE schreibt McLuhan: „Der Inhalt eines Medium [ist] immer ein anderes Medium. Der Inhalt der Schrift ist Sprache, genauso wie das geschriebene Wort Inhalt des Buchdrucks ist und der Druck wieder Inhalt des Telegrafen."[104] Jay D. Bolter und Richard Grusin geben dieser These in ihrem Buch REMEDIATION eine spezifische Deutung: „We call the representation of one medium in another remediation and we will argue that remediation is the defining characteristic of the new digital media."[105] Daran sind zwei Aspekte wichtig: Erstens verstehen Bolter und Grusin die Aussage, dass der Inhalt eines Mediums immer ein anderes ist, als einen Prozess der Remediation. Zweitens soll dieser Vorgang die digitalen Medien auszeichnen, ja das definierende Merkmal dieser Medien überhaupt sein. Doch was genau ist Remediation und warum soll dieser Prozess vor allem die digitalen Medien charakterisieren?

Mit Remediation meinen Bolter und Grusin zunächst einmal eine *spezifische Bezugnahme* eines Mediums auf ein anderes. Es geht dabei aber *nicht* um konkrete inhaltliche Repräsentation. Wenn beispielsweise in einem Film ein Buch gezeigt und/oder dieses zum Thema gemacht wird, ist das noch keine Remediation. Vielmehr sind mit Remediation universale und formale Bezugnahmen eines Mediums auf ein anderes gemeint. Drei Arten von Bezugnahmen lassen sich mit Bolter und Grusin unterscheiden: eine *nachahmende*, eine *rivalisierende* und eine *revidierende*, die zumeist gemeinsam und sich gegenseitig überlagernd auftreten.[106] An einem einfachen Beispiel erläutert: Der Computer kann die Textseiten einer wissenschaftlichen Arbeit, die einem gedruckten Buch entstammen, *nachahmen* (linearer Verlauf des Textes, mehr oder minder konsistenter Argumentationsverlauf, Fußnotenapparat etc.). Er kann sich dabei als *Rivale* des gedruckten Buches herausstellen, der dieselbe Funktion besser erfüllen kann (beispielsweise lässt sich der digitale Text besser transportieren, was die Zugänglichkeit des Textes erheblich erleichtert). Außerdem können mit einem Textverarbeitungsprogramm Computer Hyperlinks gesetzt werden, durch die die lineare Struktur des Textes zugunsten anderer Verbindungsmöglichkeiten durchbrochen wird. Das wäre ein die Lese- und Schreibpraxis *revidierender* Aspekt.

Diese Remediation lässt sich in allen medialen Konstellationen ausfindig machen, ja sie ist für jedes Medium konstitutiv. Egal ob die Fotografie die zentralperspektivische Zeichnung ‚remediert', oder der Film das Theatersetting oder das Fernsehen das Radio – in allen medialen Prozessen ist ein Prozess der

---

[104] McLuhan, Magische Kanäle, S. 22.
[105] Jay D. Bolter/ Richard Grusin, Remediation. Understanding New Media. London/ Massachusetts ⁵2002, S. 45.
[106] Siehe dazu: ebd., S. 15f.

Remediation auszumachen. So definieren Bolter und Grusin folgerichtig auch allgemein: „ a medium is which remediates".[107] Zum alles entscheidenden Merkmal wird die Remediation aber erst mit den digitalen Medien. Das soll genau deshalb der Fall sein, weil die digitalen Medien die Art und Weise, wie wir Realität wahrnehmen, fundamental verändern. In und mit diesen neuen Medien werden nämlich *alle* vorhergehenden Medien auf Grundlage digitaler Codierung *imitierbar* und können *vernetzt* werden. Der Computer ist im beruflichen Alltag zunehmend unerlässlich, wird aber auch für private Kommunikationsprozesse verwendet, um einen Text zu schreiben, E-Mails zu verschicken oder die *facebook*-Seite zu pflegen. Der digitale Flachbildfernseher steht bereit für die Rezeption der großen Sportevents; der Laptop, das Mobiltelefon oder der iPod für die Information und Kommunikation unterwegs etc. Remediation wird so zum omnipräsenten Operationsmodus, der alle Lebensbereiche durchdringt, vernetzt und damit verändert.

Mit ihrem Konzept der Remediation spezifizieren Bolter und Grusin erstens McLuhans Axiom, dass der Inhalt eines Mediums immer ein anderes Medium ist. Zweitens bringen sie es buchstäblich *up to date*. Wo es McLuhan noch um Telegrafen, Buchdruck, Schrift und elektrisches Licht ging, verhandeln Bolter und Grusin die neuen digitalen Medien. Aus McLuhans Projekt des UNDERSTANDING MEDIA machen sie das Projekt UNDERSTANDING NEW MEDIA, wie sie es wiederum mit deutlichem Verweis auf McLuhans Publikation im Untertitel ihres gemeinsam verfassten Buchs formulieren.

McLuhan als Diskursbegründer, Philosoph, Anthropologe

Es wäre ein Missverständnis, wenn hier der Eindruck entstünde, dass McLuhans Thesen im wissenschaftlichen Diskurs nur entweder für die neuen, digitalen Medien dienstbar gemacht werden oder aber für einzelne Medien wie Radio, Fernsehen oder Buchdruck. Um zu zeigen, dass einige von McLuhans Thesen bis heute auch für noch sehr viel umfassendere Zwecke nutzbar gemacht werden, sollen noch drei weitere Anwendungen vorgestellt werden. Erstens möchte ich zeigen, wie McLuhans Thesen zur Legitimation einer neuen Forschungsrichtung, ja, wie Jochen Hörisch es nennt, einer neuen „diensthabenden Fundamentaldisziplin",[108] nämlich der *Medientheorie*, genutzt wurde. Zweitens lässt sich vor dem Hintergrund von McLuhans Thesen eine umfassende Medialitätstheorie entwickeln, also *Medienphilosophie* betreiben. Drittens fundiert McLuhan

---

[107] Ebd., S. 65.
[108] Hörisch, Eine Geschichte der Medien, S. 18.

bereits eine Art von *Medienanthropologie*, die derzeit im Kontext der sogenannten Akteur-Netzwerk-Theorie viel Aufsehen erregt.[109]

Die Geburt der Medienwissenschaft

Während McLuhan in den 1970er Jahren kaum mehr wahrgenommen wurde, sowohl innerhalb und außerhalb der Wissenschaft, so darf für die 1980er und 1990er Jahre mit dem Aufkommen der Diskussion um den Computer und die digitalen Medien mit einigem Recht von einer Renaissance McLuhans gesprochen werden.[110] Gerade in der deutschsprachigen Forschungslandschaft – insbesondere in der sich konstituierenden Medienwissenschaft – spielte er eine wichtige Rolle als Gewährsmann für einen spezifischen Blick auf Kultur und Gesellschaft. Ja, in einigen Einführungsbändchen zur Medientheorie spielt er inzwischen gar die Rolle der *Gründungsfigur* oder auch des *Diskursbegründers* medienwissenschaftlicher Forschung. So heißt es etwa in Rainer Leschkes EINFÜHRUNG IN DIE MEDIENTHEORIE:

> Mit McLuhans These, dass die Medien selbst die Botschaft bildeten, und mit dem dadurch evozierten Übergang des Erkenntnisinteresses auf die Form von Medien ist [...] von McLuhan erst das *Terrain für eine eigenständige Medienwissenschaft* geschaffen worden. [...] Die[se] Umstellung auf die Form der Medien geht dabei von der Annahme aus, dass das Wesentliche des Mediums in seiner Form und nicht in den von ihm distribuierten Inhalten liegt und dass die Form der Medien nicht abgeleitet ist, sondern dass es sich um eine autonome Qualität handelt, die sich nicht über irgendwelche Motive aufschlüsseln lässt, sondern die einer eigenständigen Theorie bedarf.[111]

Als eine frühe, exemplarische wie wirkmächtige Indienstnahme McLuhans als Diskursbegründer einer spezifischen Medienwissenschaft sei nur auf den ehemaligen Germanisten Friedrich Kittler verwiesen, dessen materialistische Medienarchäologie selbst inzwischen wiederum international als Inbegriff einer *German Media Theory* figuriert.[112] In einer Vorlesung Kittlers heißt es zur Vorreiterrolle McLuhans ähnlich deutlich und mit derselben Begründung wie in Leschkes Einführungsband: Ohne die „berühmte [...] Formel" von dem Medium, das die Botschaft ist, hätte sich die Medienwissenschaft „nicht als solche" entwickeln können.[113] Indes gibt Kittler dieser Formel eine klare Richtung: Die

---

[109] Siehe dazu bspw. die Textsammlung: Andréa Belliger/ David J. Krieger (Hg.), ANThology. Ein einführendes Handbuch zur Akteur-Netzwerk-Theorie, Bielefeld 2006.
[110] Siehe dazu bereits → Wege zu McLuhan, S. 16ff.
[111] Leschke, Einführung in die Medientheorie, S. 245f.; Hervorhebung von mir.
[112] Siehe dazu: Geoffrey Winthrop-Young, Friedrich Kittler zur Einführung, Hamburg 2005, S. 80ff. oder auch ders., Kittler in the Anglosphere: „German Media Theory" and other Collateral Damage in Trans-Atlantic Theory Wars, online abrufbar unter: http://www.mediatrans.ca/ Geoffrey_Winthrop.html [10.1.11].
[113] Friedrich Kittler, Optische Medien. Berliner Vorlesung 1999, Berlin 2002, S. 23f.

Materialität der Medien setzt die Operationsweisen des Speicherns, Übertragens und Verarbeitens von Daten unter ihre je spezifischen Bedingungen und determiniert somit jegliche Wahrnehmung, Kommunikation und Erkenntnis, völlig unabhängig von den jeweils transportierten Inhalten. Diese Bedingungen gilt es laut Kittler – und hier geht er weit über McLuhan hinaus – mittels informationstheoretischen Beschreibungen der jeweiligen Operationsweisen der Medientechniken zu eruieren.

Mit diesem Schritt ist zum einen eine Differenz zu traditionellen Geisteswissenschaften gesetzt, die sich zumindest aus Kittlers Perspektive bis dato nicht um diese Art Materialität gekümmert haben. Stattdessen habe man sich dort vorrangig um Sinnverstehen sprachlicher Artikulationsformen gekümmert. Zum anderen ergibt sich daraus: Die Medienwissenschaft beansprucht ihren *eigenen* Gegenstandsbereich, nämlich die Materialität medialer Prozesse. Aber nicht nur einen eigenen Gegenstand findet die Medienwissenschaft damit. Nimmt man nämlich die These, dass das Medium die Botschaft ist, in dieser Lesart ernst, dann ist die medientechnische Operationsweise eben auch *der* entscheidende Faktor *aller* Kommunikations-, Erkenntnis- und Wahrnehmungsprozesse und somit auch der entscheidende, nämlich ursächliche Faktor *aller* kultureller und geistiger Prozesse. Wenn dem so ist, dann kann eine Medienwissenschaft, die auf Grundlage einer solchen Prämisse operiert, nur eine Wissenschaft sein, der größte Relevanz zukommt.

Damit ist McLuhans Formel, von dem Medium, das die Botschaft ist, zur Grundlage für ein Projekt geworden, das nicht weniger als die „Austreibung des Geistes aus den Geisteswissenschaften"[114] fordert, um es mit Kittlers eigenen Worten zu formulieren. Wird doch McLuhans These in seiner medienmaterialistischen Reformulierung zur Grundlage eines fundamentalen Paradigmenwechsels. Medienwissenschaft wäre so nicht nur eine Disziplin mit einem eigenen Gegenstand, sondern überdies die Disziplin, die andere Geisteswissenschaften methodisch wie theoretisch reformiert. Damit wäre die Medienwissenschaft als Institution zu situieren, die die Geisteswissenschaften über die neue medientechnische Lage informiert und gleichsam die Geisteswissenschaften neu ausrichtet.

Jedoch setzt Kittler seine Medienwissenschaft in zwei zentralen Punkten in harschen Gegensatz zu McLuhans Positionen. Erstens ist sein Blick auf die Medien- und Kulturgeschichte ein anderer. Wo McLuhan das Aufkommen eines heilsgeschichtlich aufgeladenen globalen Dorfs sehen wollte, steht bei Kittler die digitale und zunehmend sich autonomisierende Organisationsform des *Com-*

---

[114] Friedrich Kittler (Hg.), Austreibung des Geistes aus den Geisteswissenschaften. Programme des Poststrukturalismus, Paderborn 1980.

puters. Hier verwechsle der bereits in den 1930er Jahren zum Katholizismus konvertierte Medienforscher schlicht den „Heiligen Geist und Turings Maschine".[115] Zweitens verabschiedet Kittler McLuhans Bezugnahme auf den Menschen als maßgebliche Instanz und Vorbild der Medienentwicklung. Medien sind laut Kittler keine Körperausweitungen, wovon McLuhan noch überzeugt war.[116] Vielmehr muss man die Autonomie medientechnischer Entwicklungen und Prozesse beschreiben lernen, die quasi hinter unserem Rücken ablaufen.

Mit der Entwicklung des Computers verbindet Kittler denn auch konsequenterweise das Ende des (aktiv an der technischen Entwicklung beteiligten) Menschen. „Mehr und mehr Datenströme vormals noch aus Büchern und später aus Platten oder Filmen verschwinden in den schwarzen Löchern und Kästen, die als künstliche Intelligenzen von uns Abschied nehmen [...]."[117] Kittlers Mediengeschichte ist so gesehen eine sukzessive Entkopplung von der menschlichen Lebenswelt oder – dramatischer ausgedrückt – eine „Verschwindensgeschichte des Menschen".[118] Die Vorstellung einer vollständigen Auslagerung von Körperfunktionen zur Regulation einer globalen Vergemeinschaftung, wie sie noch McLuhan mit dem Computer verband, ist dem diametral entgegengesetzt.

Auch bei Kittler findet, ganz ähnlich wie bei Baudrillard eine gravierende Umpolung der Ideen McLuhans statt. So geht Kittler zwar ebenfalls von McLuhans Slogan, ‚Das Medium ist die Botschaft' aus. Er schreibt ihn aber erstens in ein informationstheoretisches Vokabular um. Zweitens wird die These von der zentralen Rolle der Medientechniken für Kommunikation und Denken radikalisiert. Drittens ist damit ein Anspruch der Medienwissenschaft auf ‚Austreibung des Geistes aus den Geisteswissenschaften' formuliert und so eben auch der Anspruch auf einen radikalen Paradigmenwechsel innerhalb geisteswissenschaftlicher Forschung. Viertens wird McLuhans Blick auf Medien auf die Computertechnik hin verlängert bzw. die Mediengeschichte so perspektiviert, dass sie auf den digitalen Rechner zuläuft, wo sich die vollständige Autonomisierung der Maschine und also die Verabschiedung vom Menschen zeigen wird.

Diese Reinterpretation McLuhans ist deutlich in Formen der Überbietung und Radikalisierung geschrieben und mit apokalyptischen Zügen versehen. Rückblickend lässt sich diese Strategie wissenschaftshistorisch jedoch als durchaus angemessen interpretieren: Ging es doch vor allem im letzten Drittel des 20. Jahrhunderts (zumindest im deutschsprachigen Forschungsmilieu) über-

---

[115] Kittler, Optische Medien, S. 23.
[116] Siehe dazu ausführlicher → 2. Lesart: Hermeneutik, These I.
[117] Kittler, Grammophon, S. 3f.
[118] Sybille Krämer, Friedrich Kittler – Kulturtechniken der Zeitachsenmanipulation, in: Lagaay/Lauer, Medientheorien, S. 201-224, hier: S. 223.

haupt erst einmal darum, einen dezidiert medientheoretischen Blickwinkel in die Geisteswissenschaften einzuführen. Denn der Ausweis von Relevanz und Legitimität einer eigenständigen Wissenschaft ist nun mal vor allem durch Differenzbildung zu tradierten Disziplinen und Forschungsrichtungen zu erreichen. Dass gerade McLuhan als Ausgangspunkt der Überbietungen und Radikalisierungen gewählt wurde, ist so verwunderlich wiederum nicht, denn sind doch gerade McLuhans Schriften nicht nur ein riesiger Steinbruch medientheoretischer Thesen *in spe*. Die Schriften sind auch voller Überbietungsgesten, Radikalisierungen und Zuspitzungen. Bestes Beispiel hierfür ist McLuhans für die Konstitution der Medientheorie herangezogenes Aperçu vom Medium, das die Botschaft ist. McLuhan selbst behauptet in diesem Kontext recht forsch, dass die gesamte Philosophiegeschichte der letzten 2500 Jahre blind für diesen Sachverhalt gewesen sei.[119] Inhalt und Form scheinen sich hier aufs Beste zu entsprechen, um den Anspruch einer Medientheorie als einer ‚diensthabenden Fundamentaldisziplin' zu erheben.

Medienphilosophie:

Mit Bezug auf das Konzept der Remediation von Bolter und Grusin wurde bereits eine Deutung von McLuhans Satz ‚Der Inhalt eines Mediums ist immer ein anderes Medium' gegeben. Dieser Satz ließe sich aber auch in einer etwas anderen Richtung deuten als es Bolter und Grusin tun. Man kann ihn als Ausgangspunkt einer allgemeinen Medialitätstheorie verwenden. Solch eine Deutungsrichtung schlägt der Medienphilosoph Dieter Mersch ein. Zunächst macht Mersch ein epistemologisches Problem bei McLuhan aus. Sollte es zutreffen, dass das Medium präfiguriert, wie kommuniziert, gedacht und wahrgenommen werden kann, stellt sich freilich die Frage: Wie lässt sich nun wiederum dasjenige beobachten, das überhaupt erst Kommunikation, Denken und Wahrnehmung ermöglicht? Oder wie Kittler dieses Problem formuliert: „Medien zu verstehen, bleibt – trotz UNDERSTANDING MEDIA im Buchtitel McLuhans – eine Unmöglichkeit, weil gerade umgekehrt die jeweils herrschenden Nachrichtentechniken alles Verstehen fernsteuern."[120]

Mersch zeigt aber darüber hinaus die Richtung, in der die Lösung dieses Problems bei McLuhan selbst angelegt ist:

> Aufgeworfen ist so allerdings die erkenntnistheoretische Frage, wie das, was derart im Rücken bleibt, dennoch erkannt werden kann. Alle systematischen Medientheorien nach McLuhan haben sich an dieser Problematik abgearbeitet [...]. McLuhan löst das

---

[119] Siehe: McLuhan, Letters, S. 429.
[120] Kittler, Grammophon, S. 5.

> Problem durch den ‚zweiten Hauptsatz' seiner Medientheorie [...], nämlich dass jedes Medium immer der Inhalt eines weiteren Mediums ist. Das bedeutet [...] dass sich Medien ineinander verschränken und wechselseitig interpretieren [...].[121]

Dabei geht es dann eben nicht mehr nur darum, wie noch bei Bolter und Grusin, dass jeweils neue Medien sich auf ältere beziehen. Es geht dann sehr viel grundsätzlicher darum, dass Medien andere Medien interpretieren und dass Medien so eben überhaupt nur aus der Interpretationsperspektive anderer Medien beobachtbar werden können. Das heißt dann eben auch: Die Beobachtung von Medien ist standortgebunden und immer nur relational zu denken. Das Sein jedes Mediums kann nur relativ aus der Perspektive eines anderen Mediums bestimmt werden, dessen Sein wiederum nur aus der Perspektive eines dritten Mediums bestimmt werden kann usf. Es gibt keinen Ausgangspunkt und kein zu erkennendes Wesen der Medialität. Es gibt nur wechselseitige Interpretationen. „Der Prozess der Medialisierung erweist sich als eine ununterbrochene Rückkopplung, als Autoreferentialität. Man könnte von einer *epistemologischen Intermedialität* sprechen [...]."[122] McLuhan hat damit aber nicht nur ein erkenntnistheoretisches Problem gelöst, das er sich mit seiner These von der Präfigurationskraft des Medialen selbst eingehandelt hat. Darüber hinaus bereitet er ebenfalls den Weg für einen Medienbegriff oder genauer einen *Medialitätsbegriff*, der nicht materiell oder gar essentialistisch gedacht wird, sondern relational und variabel – einen Medialitätsbegriff, wie ihn später – jedoch ohne Bezug auf McLuhan – Niklas Luhmann mit seiner Unterscheidung von Medium und Form prominent gemacht hat.

Luhmann differenziert *Medium* und *Form*. Mit diesem Unterscheidungskonzept geht eine sehr universale wie abstrakte Bestimmung von Medialität einher. Konzeptualisiert wird Mediliät nämlich als lose Kopplung von Elementen, die ein kombinatorisches Potential für festere Kopplungen, d.h. für Formbildungen bereitstellen.[123] Ein Medium wird also verstanden als *Bedingung* potentieller *Sinn*zuweisungen (‚lose Kopplungen'), die sich in spezifischen *Formen* aktualisieren (‚feste Kopplungen'). Martin Seel gibt hierfür ein anschauliches Beispiel: „Die Worte einer Sprache können in die Gestalt einzelner Sätze gebracht werden; sie fungieren dabei als *Medium* eines Vokabulars, dem die *Form* eines bestimmten Satzes gegeben wird."[124] Das Medium selbst dagegen ist *formlos*: Das Vokabular

---

[121] Mersch, Medientheorien, S. 116f.
[122] Ebd., S. 117.
[123] Siehe: Niklas Luhmann, Gesellschaft der Gesellschaft, 2 Tb., Frankfurt am Main 1999, S. 198f.
[124] Martin Seel, Medien der Realität und Realität der Medien, in: Sybille Krämer, Medien, Computer, Realität. Wirklichkeitsvorstellungen und neue Medien, Frankfurt am Main 1998, S. 244-268, hier: S. 247.

ermöglicht Sätze, ist aber selbst nicht satzförmig. Überdies ist das Medium auch *nicht formgebend*: Das Vokabular ermöglicht die Bildung von Sätzen, gibt aber *nicht* vor, welche *spezifischen* Sätze gebildet werden sollen. Mit der formalen Unterscheidung von Medium und Form hält Luhmann eine Pointe bereit, die für die gesamte Architektur seiner Systemtheorie konstitutiv ist, nämlich „daß nicht mehr von Objekten die Rede ist, sondern von Unterscheidungen"[125] und dass diese Unterscheidungen von Beobachtern gemacht werden.[126] Medien sind Medien also nur aufgrund spezifischer Beobachtungs- und Differenzoperationen. Ein Vokabular kann als Medium für Sätze fungieren, genauso gut aber als Form des Mediums Phonem, und Phoneme können wiederum als Form des Mediums physikalische Schwingungen beobachtet werden usf. Folglich ist dieser Medienbegriff Luhmanns *beobachtungsrelativ* und somit auch *nicht materialistisch* oder *substantialistisch* konzeptualisiert.

McLuhans Satz vom Medium, dessen Inhalt immer ein anderes Medium ist, sagt genau bereits dies – zumindest wenn man Merschs Interpretation weiterdenkt: Jedes Medium beinhaltet ein anderes Medium. Es gibt kein letztendliches, alles umfassendes Medium, es gibt nur Medien-in-Medien-Kaskaden. Dabei nehmen wir immer nur den Inhalt eines Mediums wahr, eben ein anderes Medium, was in Luhmanns Vokabular die Form ist. Das Medium selbst, das das andere Medium als Medium wahrnehmbar macht, bleibt hingegen unbemerkt oder wieder näher an Luhmann formuliert: Es macht sichtbar, bleibt aber selbst unsichtbar. Es wird erst genau dann sichtbar, wenn man die Beobachtungsperspektive wechselt und das heißt, wenn das Medium wiederum das Medium eines anderen Mediums wird, das es sichtbar macht, jedoch selbst unsichtbar bleibt usf.

Damit ließe sich auch eine Aussage McLuhans anders verstehen, als sie gemeinhin aufgefasst wird. Er schreibt: „Ja, es ist nur zu bezeichnend, wie der ‚Inhalt' jedes Mediums der Wesensart des Mediums gegenüber blind macht."[127] Gern wird das so verstanden: Die Inhalte sind nicht entscheidend; man muss sich das Medium selbst anschauen, um zu verstehen, wie das Medium funktioniert und welche Effekte es zeitigt.[128] Aus der hier gewählten Perspektive ergibt sich jedoch eine andere Deutung: ‚Blind' macht der Inhalt, weil das Medium konstitutiv unsichtbar bleiben muss, wenn es als Medium für einen Inhalt resp. für eine Form fungiert. ‚Blind *gegenüber seiner Wesensart*' heißt dann: Es gibt überhaupt keine Wesensart eines Mediums. Es gibt nur Phänomene, die als Medien

---

[125] Luhmann, Gesellschaft der Gesellschaft, S. 60.
[126] Siehe: ebd., S. 197.
[127] McLuhan, Magische Kanäle, S. 23.
[128] Siehe zu dieser Deutung auch → 2. Lesart: Hermeneutik, These 2.2.

für Inhalte fungieren können, aber auch selbst wiederum Inhalte für andere Medien sein können. Je nach Beobachtungsperspektive und Interesse. So ginge es denn auch nicht mehr um einzelne Medien, sondern um die prinzipielle Funktionsweise von Medialität.

Diese besteht in zwei fundamentalen Operationsweisen. Erstens: Medialität bringt etwas zur Erscheinung, ohne selbst zu erscheinen. Medialität ist das, was immer und konstitutiv entzogen bleibt, während es etwas vermittelt. Zweitens: Es gibt keine Essenz der Medialität; was als medial bestimmt wird, ist eine Frage der Perspektive und der Funktion, nicht der Materialität irgendwelcher Artefakte oder Apparaturen. Mit solch einer Wendung ins Allgemeine wäre McLuhan durchaus auch in einem traditionellen Verständnis *(Medien-)Philosoph*. Es ginge ihm darum, wie bereits vor ihm Georg Friedrich Wilhelm Hegel mit seinen dialektischen Vermittlungsprozessen und nach ihm Niklas Luhmann mit seiner Medium-Form-Unterscheidung, unser prinzipiell medial vermitteltes Weltverhältnis darzulegen, aus dem wir niemals aussteigen können, um zu fragen, wie es sich denn nun letztendlich mit der Welt (und den Medien) tatsächlich verhält. Es gibt nur Vermittlungen von Vermittlungen, nur Medien in Medien ...

Medienanthropologie: Externalisierung/ Internalisierung

McLuhans Externalisierungsthese besagt, dass Medien Ausweitungen des menschlichen Körpers bzw. seiner Sinnesorgane sind. Diese Ausweitungen haben aber auch umgekehrt Rückwirkung auf den Menschen und verändern diesen.[129] Medien werden also nicht nur externalisiert, sondern so gesehen eben auch internalisiert. Hier wird eine *Rückkopplungsschleife* zwischen Ausweitung des Menschen in die Technik und Rückwirkung der ausgeweiteten Technik auf den Menschen gedacht. Aus dieser Sicht hat der Mensch keinen festen Kern, den man zu enthüllen hätte. Vielmehr *transformieren* die Ausweitungen den Menschen.[130] Damit wird bei McLuhan das menschliche Wesen radikal historisch und dynamisch verstanden; er ist ein permanent sich wandelndes, von Technik durchdrungenes und sich in Technik entäußerndes Wesen, kurz: ein sich permanent wandelnder Hybrid.

Hierbei muss man aber nicht zukünftige Cyborgs, also Mensch-Maschinen-Hybride, imaginieren, um den Gedanken Gehalt zu verleihen.[131] Er kann viel-

---

[129] Siehe: McLuhan/ McLuhan, Laws of Media, S. 96; Hervorhebung von mir.
[130] Siehe dazu ausführlicher → 2. Lesart: Hermeneutik, These 1.
[131] Siehe dazu bspw.: Donna Haraway, A Cyborg Manifesto: Science, Technology, and Socialist-Feminism in the Late Twentieth Century, in: dies, Simians, Cyborgs and Women: The Reinvention of Nature, New York 1991, S. 149-181.

mehr nützlich gemacht werden, um überhaupt eine universelle (Medien-)Anthropologie zu entwerfen. In dieselbe Richtung weist beispielsweise die derzeit viel diskutierte „symmetrische Anthropologie" Bruno Latours, die dieser im Rahmen der sogenannten Akteur-Netzwerk-Theorie entfaltet hat, ohne sich jedoch auf McLuhan zu beziehen.[132] Auf diese symmetrische Anthropologie werde ich kurz eingehen, um zu zeigen, wie einige der dort formulierten Perspektiven in McLuhans Texten bereits angelegt sind.

Zunächst zu Latours Symmetriepostulat. Es besagt: Man soll die „apriorische Begrenzung der Definition des Akteurs auf sinnhaft-intentional handelnde Menschen" aufgeben, um „die Realität der verändernden Wirksamkeit von Objekten zu berücksichtigen."[133] Einfacher formuliert: Nicht mehr der Mensch allein verursacht Veränderungen, sondern andere Dinge, beispielsweise Medientechniken werden ebenfalls als Kandidaten für Veränderungen angesehen – und zwar als prinzipiell *gleichberechtigte* Kandidaten der Veränderung. Genau deshalb spricht Latour in diesem Zusammenhang von Symmetrie. Unmittelbar damit einher geht ein Hybridpostulat: Latour behauptet nicht nur, dass es unterschiedliche Faktoren für Veränderungen gibt, sondern darüber hinaus: sie wirken gegenseitig aufeinander ein und durchdringen sich. Das muss aber nicht materiell verstanden werden. Der Mensch muss nicht einen Greifarm aufgepfropft oder einen Chip eingepflanzt bekommen, um von Technik durchdrungen zu sein. Es geht um sehr viel Grundsätzlicheres: Menschliche oder technische Akteure inskribieren, wie Latour schreibt, Handlungsprogramme in andere Akteure.

Dieses Einschreiben von Handlungsprogrammen muss jedoch keine materielle Amalgamierung bedeuten. Beispielsweise ist das „Handlungsprogramm der Ingenieure [...] in Beton inskribiert."[134] Der Ingenieur setzt seinen Wunsch, ein Haus zu bauen, dadurch um, dass er beispielsweise ökonomisch potente Auftraggeber gefunden hat, die ihm dies ermöglichen. Das Betonhaus ist das Inskribierte dieses Austauschprozesses und die Stabilisierungsinstanz zur Fortsetzung dieses Austauschprozesses. Jedoch nicht nur der Ingenieur inskribiert sein Handlungsprogramm in den Beton, sondern auch der Beton kann sein Hand-

---

[132] Siehe bspw.: Bruno Latour, Wir sind nie modern gewesen. Versuch einer symmetrischen Anthropologie [1991]. Frankfurt am Main 2008; oder auch: ders., Eine neue Soziologie für eine neue Gesellschaft. Einführung in die Akteur-Netzwerk-Theorie, Frankfurt am Main 2007.
[133] Ingo Schulze-Schaeffer, Technik in heterogener Assoziation. Vier Konzeptionen der gesellschaftlichen Wirksamkeit von Technik im Werk Latours, in: Georg Kneer u.a. (Hg.), Bruno Latours Kollektive. Kontroversen zur Entgrenzung des Sozialen, Frankfurt am Main 2008, S. 108-152, hier: S. 111.
[134] Bruno Latour, Technik ist stabilisierte Technik [1991], in: Belliger/ Krieger, ANThology, S. 369-397, hier: S. 373.

lungsprogramm in den Architekten einschreiben. Das geschieht in dem Sinne, dass der Ingenieur bei seinen Häuserentwürfen die Regeln der Statik, die Ästhetik der bisher gebauten Häuser und die Widerständigkeit des Betons usf. beachten muss. Diese Dinge sind seinem Handeln eingeschrieben, richten dieses aus. Wie auch umgerht seine Handlungen in den Beton eingeschrieben sind und diesen ausrichten.

Durch Veränderung der Akteure oder eine Veränderung der Konstellation der Akteure können diese eingeschriebenen Handlungsprogramme sich verändern. Entscheidend ist hier, dass die jeweiligen Akteure *keine* stabilen Entitäten sind, die so bereits vor der Vernetzung mit anderen Akteuren existierten. Es gibt, heißt das auch, keine Essenz des Menschen als Akteur, genauso wenig wie es eine solche der Medientechnik geben kann. Die Akteure sind wandelbar und *per se* Hybride. Der Mensch ist gebildet aus unterschiedlichen Bereichen, neuronaler Verschaltungen, biologischen Dispositionen, kultureller Praktiken wie der ‚Handlungsmacht' von Medientechniken. Er verändert sich permanent. Solch eine symmetrische Anthropologie ist im Grunde genommen bereits in McLuhans Körperexternalisierungsthese angelegt, denn sie ist eben nicht nur eine Externalisierungsthese, sondern beinhaltet auch eine Internalisierungsthese, die den Menschen – analog zu Latours ANT – als sich wandelndes Hybrid denkt.

4.4 McLuhan und das Leben

McLuhans Ausführungen wurden, das sollten die vorhergehenden Passagen zeigen, sehr unterschiedlich interpretiert, genutzt bzw. lassen sich (immer wieder neu) unterschiedlich nutzen und deuten. Diese Vielzahl an extrem heterogenen Deutungen, die McLuhans Werk ausgelöst hat, lässt sich zumindest zu einem großen Teil auch auf die *Darstellungsform* zurückführen, die McLuhan gewählt hat. Ihm selbst ging es augenscheinlich nicht primär darum, eine bestimmte These zu vertreten oder gar eine Großtheorie zu entwickeln. Sehr viel eher lässt sich McLuhans Schaffen verstehen (und nutzbar machen) als Praxis zur Entwicklung von Ideen oder auch allgemeiner formuliert: Es geht um eine Art Anleitung zum Auffinden und Neujustierung von Problemlösungsstrategien.[134] Folgende Anekdote bringt das auf den Punkt:

---

[134] Siehe dazu auch → I. Lesart: Rhetorik, S. 56ff.

Im Juli 1968 gab McLuhan auf Initiative eines Unternehmers namens Eugene Schwarz, der in den 50er Jahren als einer der ersten sein Geld damit verdiente, Bücher über Selbsthilfe und Finanzfragen *per* Postversand zu verkaufen, die erste Ausgabe des MCLUHAN DEW-LINE NEWSLETTER heraus. Schwarz hatte mit diesem Newsletter durchaus große Ziele. Damit konnte er McLuhan die Unternehmung schnell schmackhaft machen, der, wie so viele Intellektuelle aus dem universitären Elfenbeinturm, den Traum träumte, endlich doch einmal Einfluss auf die Geschicke der Welt zu nehmen, anstatt diese immer nur zu beschreiben. Der McLuhan-Biograf Philip Marchand veranschaulicht den Kontext dieses Newsletters und die Ziele, die Schwarz damit verfolgte, sehr anschaulich:

> Der Newsletter wurde zu einem Preis von 50 Dollar pro Jahr angeboten. Mehr als 4000 Abonnenten hatten sich gefunden. Schwarz hielt diese Zahl für ‚relativ gering'. Er versicherte McLuhan, daß das nur Anlaufschwierigkeiten seien und die Zahlen bald in die Höhe schnellen würden. Die Leser waren vor allem Topmanager aus den Werbeabteilungen großer Firmen wie IBM. Schwarz kümmerte sich persönlich darum, daß auch das Weiße Haus beliefert wurde (Empfänger war ein obskurer Berater von Nixon namens Fred Panzer). [...] Die erste Ausgabe im Juli 1968 bestand aus mehreren Blättern im DIN A4-Format mit Vinylcover und Spiralbindung [...]. Weitere Ausgaben erschienen [...] mit Plakaten, Schallplatten und Dias von Werbeanzeigen (zusammen mit einer Broschüre, in der die Anzeigen analysiert wurden).[136]

1970 wurde das Projekt zwar wieder eingestellt (wohl mangels Abonnenten). Aber zumindest enthielt die letzte Ausgabe des Jahres 1969, gegen einen geringen Aufpreis von fünf Dollar, noch ein spezielles Feature, das hier von Interesse ist. Es handelt sich um einen Satz Kartenspiel „mit einem Sinnspruch auf jeder Karte – ähnlich der Botschaft in einem chinesischen Glückskeks."[137] Auf der Pik 5 etwa war zu lesen: „Propaganda ist Kultur in Aktion."[138] McLuhan selbst beschreibt den Sinn dieser Karten in einem Brief wie folgt: „[I]f a single card is picked by the Chairmen, the request is: ‚Relate this aphorism to your top hang-up.'"[139] Der Aphorismus einer zufällig gezogenen Karte soll also auf ein aktuelles Problem angewendet werden. Dies geschieht im vollen Vertrauen darauf, dass gerade dadurch Lösungen zustande kommen können, weil derjenige, der das Problem hat, nicht ohne Hilfe selbst darauf gekommen wäre, die aber auch der Verfasser des Aphorismus nicht gedacht haben mag.[140] Der Sinn-

---

[136] Marchand, McLuhan, S. 284 und S. 306.
[137] Ebd., S. 307
[138] Zitiert nach: ebd.
[139] McLuhan, Letters, S. 393.
[140] Dementsprechend schrieb McLuhan auch in demselben Brief: „unexpected by the narrator" (ebd., S. 394).

spruch soll festgefahrene Standpunkte durchbrechen helfen.[141] Dies ist Kreativität durch Irritation, wenn man so will. Die Zahl der möglichen Problemlösungsstrategien lässt sich beliebig vergrößern, beispielsweise dadurch, dass man nicht nur eine Karte auf sein Problem bezieht, sondern mehrere Karten zieht; diese wiederum aufeinander bezieht und dann auf das Problem anwendet oder eine Karte zieht, auf das Problem anwendet und dann wieder eine Karte zieht, um ein in dieser Problemlösung vielleicht wieder auftauchendes Problem lösen zu können usf.

Die einzelnen Sinnsprüche dieses Kartenspiels sind jedoch nicht irgendwelche Sinnsprüche. Sie sollen durch rhetorische Mittel wie Wortspiele, Übertreibung, Paradoxie, Metaphorik – und damit also durch Irritation und Mehrdeutigkeit den Denkprozess des Rezipienten in Gang setzen. McLuhan erweist sich auf dem Gebiet der Aphoristik auch außerhalb dieses Kartenspiels als regelrechter Meister des pointierten Slogans. Wenn man von McLuhan irgendetwas kennt, dann den ein oder anderen von ihm geprägten Slogan. Besonders angetan haben es ihm (und seinen Rezipienten, wie in vorliegendem Kapitel zu sehen war) Paradoxien, wie beispielsweise ‚Das Medium ist die Botschaft'. Des Öfteren werden solche Paradoxien in Metaphern gekleidet, McLuhans ‚globales Dorf' wäre dafür so ein Beispiel. Eine besonders schöne Wortschmuckverdichtung findet sich in McLuhans Slogan vom Ende der Gutenberg-Galaxis. Dort kreuzen sich eine Metapher (‚Galaxis' steht bildlich für eine gesellschaftliche Konstellation) und eine Synekdoche (der Erfinder ‚Gutenberg' steht für seine Erfindung, die Druckerpresse) und zusätzlich wird das Ganze noch angereichert mit einer Alliteration (‚Gutenberg-Galaxis'). Diese Slogans sind an sich schon sehr mehrdeutig und harren eindeutiger Sinnzuweisungen. Man stelle sich vor, welche Konnotationsgewalt ausbricht, wenn man sie aufeinander bezieht und darüber hinaus auch noch auf Probleme der Welt.

Wichtig ist mir hieran vor allem das Relationierungsprinzip: Zufälliges Material bzw. unkontrollierte Kombinatorik sollen ungewohnte Vernetzungsprozesse auslösen, damit eingeschränkte Perspektiven überwunden werden, zu neuen Problemlösungen führen oder doch zumindest neue kreative Sichtweisen öffnen. Das ist, wenn man so will, eine Art erweitertes Glückskeks-Prinzip. Oder, wenn man es ehrwürdiger haben möchte: Dieses Prinzip ist einer surrealistischen Methode nicht unähnlich. Dieser zufolge zeigt sich das Schöne bzw. das traumhaft Wahre in Konstellationen, die sich erst jenseits des logischen Funktionszusammenhangs ergeben, etwa in einer „zufällige[n] Begegnung eines

---

[141] „What is needed is a great collection of anecdotes, minus any point of view whatever." (Ebd.)

Regenschirmes mit einer Nähmaschine auf dem Seziertisch",[142] wie es in einer berühmten Formulierungen Lautréamonts heißt. Man kann auch an die frühromantischen ATHENÄUMS-Fragmente Friedrich Schlegels denken. Diese Fragmente sind in sich schon so enigmatisch und korrespondieren überdies untereinander in semantisch nicht letztendlich fixierbarer Weise, wodurch immer wieder neue Interpretationen provoziert werden. Ob nun McLuhans Methode eher als ein Glückskeks-Prinzip beschrieben wird oder doch eher in die Tradition der ATHENÄUMS-Fragmente gesetzt wird: es geht um Öffnung, Erweiterung und Vernetzung von Sinnhorizonten.

Hier findet man den Kern des Denk- und Schreibprinzips McLuhan'scher Provenienz: Mit seinen Einfällen, seinen permanenten Verbindungen unterschiedlicher Ideen aus unterschiedlichen Gebieten, seinem sprunghaften Experimentieren stellt McLuhan nicht nur mehr oder minder plausible Thesen auf, sondern sucht permanent neue Aspekte ausfindig zu machen. Durch Mischung und Neujustierung versucht er, etwas Neues und unter Umständen Interessantes zu erfahren. Und genau diese Herangehensweise stellt McLuhan in seinen Texten auch aus. Vielleicht sind demgemäß *nicht* die Ergebnisse das Interessante an McLuhan, oder wie man seine heterogenen, unterschiedlich zu deutenden Thesen weitergedacht hat oder weiterdenken könnte. Vielmehr ist es die Art und Weise, auf das Leben, die Welt, die Medien zu blicken, die McLuhan vor allem interessant macht.

Diese Perspektive ist eine durch und durch pragmatische, zumindest wenn man den Beschreibungen Richard Rortys folgt. Nach Rorty zeichnet sich eine pragmatische Philosophie durch Folgendes aus:

> Diese Art der Philosophie arbeitet nicht schrittweise, analysiert nicht ein Konzept nach dem anderen, prüft nicht eine These nach der anderen. Sie arbeitet vielmehr holistisch und pragmatisch. Sie sagt zum Beispiel: ‚Versuchen wir, uns dies auf folgende Weise zu denken' – oder, genauer: ‚Versuchen wir, die offensichtlich fruchtlosen traditionellen Fragen durch folgende neue und möglicherweise interessantere Fragen zu ersetzen.'[143]

So ließe sich denn auch eines der legendären Bonmots McLuhans neu verstehen. Auf Kritik reagiert McLuhan häufig mit dem Satz: „Wenn Ihnen das nicht gefällt, erzähle ich Ihnen etwas anderes."[144] Aus einer pragmatischen Sicht der Dinge ist dies jedoch kein Ausdruck der Kapitulation oder der Flucht vor ernsthafter Diskussion, wie es so häufig gedeutet wurde, sondern Ausdruck einer pragmatischen Wendung, ja einer pragmatischen Philosophie. Denn aus dieser

---

[142] Comte de Lautréamont, Die Gesänge des Maldoror [1869], München 1976, VI,3.
[143] Rorty, Kontingenz, S. 30f.
[144] Zitiert nach: Postman, Vorwort, S. 8.

Sicht geht es nicht um kohärente Argumentation oder Kritik, sondern um die Herstellung neuer Perspektiven oder, mit Richard Rorty gesprochen, um neue Erzählungen, die sich gegen systematische Theorien sträuben und zwar aus guten Gründen:

> Eine solche Wendung [von der Theorie zur Erzählung] wäre das Zeichen dafür, daß wir den Versuch aufgegeben haben, alle Seiten unseres Lebens in einer einzigen Version zusammenzusehen, sie mit einem einzigen Vokabular zu beschreiben. Sie würde darauf hinauslaufen, daß wir akzeptieren [...], daß wir keine Möglichkeit haben, uns außerhalb der diversen Vokabulare in unserem Gebrauch zu stellen und ein Metavokabular zu finden, das irgendwie *alle möglichen* Vokabulare, alle möglichen Weisen des Denkens und Urteilens umfasst. [...] Mehr noch: sie würde die Verwirklichung von Utopien und die Vorstellung noch fernerer Utopien als einen unendlichen Prozess auffassen [...], nicht als Konvergieren gegen eine schon existierende Wahrheit.[145]

McLuhan wehrt sich gegen solch ein abschließendes Vokabular und entwirft permanent neue Erzählungen, Erzählstränge, Erzählperspektiven. Dementsprechend entspricht er auch Rortys Vorstellung eines pragmatischen *Ironikers*. Einem solchen ist bewusst, dass alle (also auch seine) Überzeugungen historisch und kontingent sind und dementsprechend relativ.[146] McLuhans Methode besteht darin, daraus die Konsequenz zu ziehen, dass es nicht mehr darauf ankommt, eine konsistente Position zu beziehen, sondern eine *experimentell-ironische*. Vor allem macht er dies, indem er permanent Vokabulare mischt und aufeinander bezieht, aus der Medizin, der Philosophie, den Ingenieurwissenschaften, der Popkultur, der Theologie usf.[147]

Laut Rorty entstehen große Innovationen wie folgt: „[E]s ist typisch für revolutionäre Leistungen in den Künsten, den Wissenschaften, im moralischen oder politischen Denken, daß sie zustande kommen, wenn jemand Interferenzen zwischen zwei oder mehreren unserer Vokabulare erkennt und dann dazu übergeht, ein neues Vokabular zu erfinden, das beide ersetzen kann."[148] Bezüglich McLuhan müsste man präzisieren: Innovationen entstehen aus Interferenzen, aus denen Überraschendes hervorgeht oder Neues angestoßen wird. Denn: Bei McLuhan geht es vielleicht weniger um die revolutionären Leistungen einzelner Thesen, eines Denkmodells oder eines spezifischen Vokabulars (und sei es auch noch so neu). Vielmehr haben wir es in McLuhans Veröffentlichungen, in seinen Briefen und Interviews mit einer multiperspektivischen, zutiefst ironischen Zugriffsweise auf Gott und die (Medien-)Welt zu tun. So gesehen hätten

---

[145] Rorty, Kontingenz, S. 16f.
[146] Ebd., S. 14.
[147] Siehe dazu ausführlicher → 1. Lesart: Rhetorik, S. 56ff. und → 2. Lesart: Hermeneutik, S. 72f. und S. 88f.
[148] Rorty, Kontingenz, S. 35.

Pragmatismus

McLuhans Schriften keine wirklich wichtige inhaltliche Botschaft. Die eigentliche Botschaft läge dann erstens in der *Art und Weise*, wie man alles Mögliche nützlich machen kann und zweitens in der *Absage* an das Bestreben, alles richtig verstehen zu wollen.

Literatur

Werke, auf die im Text nur einmal referiert wird, sind im Literaturverzeichnis nicht eigens angeführt. Siehe hierfür die genaue Literaturangabe an den jeweiligen Stellen im Text.

Barck, Karlheinz: Harold Adam Innis – Archäologie der Medienwissenschaft, in: Innis, Kreuzwege, S. 3-13.

Baudrillard, Jean: Requiem für die Medien [1972], in: ders., Kool Killer oder Der Aufstand der Zeichen, Berlin 1978, S. 83-118.

Belliger, Andréa/ David J. Krieger (Hg.): ANThology. Ein einführendes Handbuch zur Akteur-Netzwerk-Theorie, Bielefeld 2006.

Bolter, Jay D./ Richard Grusin: Remediation. Understanding New Media. London/Massachusetts ^{5}2002.

Bolz, Norbert: Vernetzte Menschheit. Kommunikation von Hirn zu Hirn, in: Spiegel online 10.05.2009, online zugänglich unter: http://www.spiegel.de/wissenschaft/mensch/0,1518,614991,00.html [11.11.10].

Carpenter, Edmund/ Marshall McLuhan: Introduction, in: dies. (Hg.): Explorations in Communication. An Anthology [1960], London 1970, S. ix-xii.

Carpenter, Edmund: That Not-So-Silent-Sea, in: Theall, Virtual McLuhan, S. 236-261.

de Kerckhove, Derrick: Schriftgeburten. Vom Alphabet zum Computer, München 1995.

de Kerckhove, Derrick u.a. (Hg.): McLuhan neu lesen. Kritische Analysen zu Medien und Kultur im 21. Jahrhundert, Bielefeld 2008.

Deleuze, Gilles/ Felix Guattari: Anti-Ödipus. Kapitalismus und Schizophrenie. Bd. 1 [1972], Frankfurt am Main 1977.

Derrida, Jacques: Grammatologie [1967], Frankfurt am Main 1983.

Derrida, Jacques: Signatur, Ereignis, Kontext [1972], in: ders.: Randgänge der Philosophie, Wien S. 291-314.

Derrida, Jacques: Die différance. Ausgewählte Texte, Stuttgart 2004.

Eco, Umberto: Vom Cogito interruptus [1977], in: ders.: Über Gott und die Welt. Essays und Glossen, München 1988, S. 245-266.

Enzensberger, Hans Magnus: Baukasten zu einer Theorie der Medien [1970], in: ders.: Baukasten – Kritische Diskurse, in: ders., Baukasten zu einer Theorie der Medien. Kritische Diskurse zur Pressefreiheit, hrsg. von Peter Glotz, München 1997, S. 97-13.

Faulstich, Werner: Einführung in die Medienwissenschaft, München 2002.

Foucault, Michel: Die Ordnung der Dinge. Eine Archäologie der Humanwissenschaften [1966], Frankfurt am Main 1971.

Gadamer, Hans-Georg: Wahrheit und Methode. Grundzüge einer philosophischen Hermeneutik [1960], Tübingen ⁶1990.

Genosko, Gary (Hg.): Marshall McLuhan. Critical Evaluation in Cultural Theory, Bd. I-III, London/ New York 2005.

Gordon, W. Terrence: Marshall McLuhan. Escape into Understanding. A Biography, New York 1997.

Hartmann, Frank: Medienphilosophie, Wien 2000.

Havelock, Eric A.: Als die Muse schreiben lernte [1986], Berlin 2007

Heißenbüttel [sic!], Helmut: Die totale Vermittlung. Von Walter Benjamin zu Marshall McLuhan. Ein kritischer Vergleich [Manuskriptvorlage zur Sendung vom 25.2.1968 (21.50-23.00 h) auf SENDER FREIES BERLIN].

Hörisch, Jochen: Eine Geschichte der Medien. Vom Urknall zum Internet [2001], Frankfurt am Main 2004.

Horkheimer, Max/ Theodor W. Adorno: Dialektik der Aufklärung [1944/47], Frankfurt am Main ¹⁴2003.

Horkheimer, Max/ Theodor W. Adorno: Kulturindustrie. Aufklärung als Massenbetrug, in: dies., Dialektik der Aufklärung, S. 144-198.

Innis, Harald A.: Kreuzwege der Kommunikation. Ausgewählte Texte, hrsg. von Karlheinz Barck, Wien/ New York 1997.

Innis, Harald A.: Die Eule der Minerva [1951], in: Innis, Kreuzwege, S. 69-94.

Innis, Harald A.: Tendenzen der Kommunikation [1951], aus: Innis, Kreuzwege, S. 95-119.

Iser, Wolfgang: Der Akt des Lesens. Theorie ästhetischer Wirkung, München 1976.

Kapp, Ernst: Grundlinien einer Philosophie der Technik. Zur Entstehungsgeschichte der Cultur aus neuen Gesichtspunkten, Darmstadt 1877 (auch online zugänglich unter: URL: http://vlp.mpiwg-berlin.mpg.de/references?id=lit39532 [01.07.10])

Kittler, Friedrich: Grammophon Film Typewriter, Berlin 1986.

Kittler, Friedrich: Nachwort, in: de Kerckhove, Vom Alphabet zum Computer, S. 199-200.

Kittler, Friedrich: Optische Medien. Berliner Vorlesung 1999, Berlin 2002.

Kogan, Robert K.: Understanding New Media. Extending Marshall McLuhan, New York u.a. 2010.

Krämer, Sybille: Eintrag: Mündlichkeit/ Schriftlichkeit, in: Roesler/ Stiegler, Grundbegriffe der Medientheorie, S. 192-199.

Leschke, Rainer: Einführung in die Medientheorie, München 2003.

Lindner, Martin: Das Fernsehen, der Computer und das Jahrhundert von ‚die Medien'. Zur Konstruktion der *mediasphere* um 1950: Riesman, McLuhan, Bradbury, Orwell, Leinster, in: Archiv für Mediengeschichte – 1950, hrsg. von Lorenz Engell/ Bernhard Siegert/ Joseph Vogl, Weimar 2004, S. 11-34.

Luhmann, Niklas: Gesellschaft der Gesellschaft, 2 Tb., Frankfurt am Main 1999.

Marchand, Philip: Marshall McLuhan. Botschafter der Medien. Biographie, Stuttgart 1999.

McLuhan, Marshall: The Classical Trivium: The Place of Thomas Nashe in the Learning of His Time [Diss. 1943, zunächst unveröffentlicht], hrsg. v. W. Terrence Gordon, Berkeley 2006.

McLuhan, Marshall: Die mechanische Braut. Volkskultur des industriellen Menschen, Amsterdam 1996 (engl. Original: The Mechanical Bride. Folklore of Industrial Man [1951]).

McLuhan, Marshall: Die Gutenberg-Galaxis. Das Ende des Buchzeitalters [1968], Dresden/ Basel ²1995 (engl. Original: The Gutenberg Galaxy. The Making of Typographic Man [1962]).

McLuhan, Marshall: Magische Kanäle. Understanding Media [1968], Dresden/ Basel 1995 (engl. Original: Understanding Media. The Extensions of Man [1964]).

McLuhan, Marshall: Understanding Media. The Extensions of Man [1964], hrsg. v. W. Terrence Gordon, Berkeley 2003.

McLuhan, Marshall/ Quentin Fiore: Das Medium ist Massage [1969], Frankfurt u.a. 1984 (engl. Original: The Medium is the Massage [1967]).

McLuhan, Marshall: Geschlechtsorgan der Maschinen. PLAYBOY-Interview mit Eric Norden, in: ders.: absolute McLuhan, Freiburg 2002, S. 7-55 (engl. Original: A Candid Conversation with the High Priest of Popcult and Metaphysican of Media, in: Playboy 3/16, 1969, S. 53-74, S. 158; auch online zugänglich unter: http://www.digitallantern.net/mcluhan/mcluhanplayboy.htm [16.12.10]).

McLuhan, Marshall: Probleme der Kommunikation mit Menschen mittels Medien [1969], in: ders.: Wohin steuert die Welt? Massenmedien und Gesellschaftsstruktur, Wien/ München/ Zürich 1978, S. 42-72.

McLuhan, Marshall/ Quentin Fiore/ Jerome Angel: Krieg und Frieden im Globalen Dorf, Düsseldorf/ Wien 1971 (engl. Original: ‚War and Peace in the Global Village' [1968]).

McLuhan, Marshall: Letters of Marshall McLuhan, hrsg. von Matie Molinaro u.a., Oxford u.a. 1987.

McLuhan, Marshall/ Eric McLuhan: Laws of Media. The New Science, Toronto 1988.

McLuhan, Marshall: The Medium and the Light. Reflections on Religion, hrsg. von Eric McLuhan/ Jacek Szklarek, Eugene 1999.

McLuhan, Marshall: Das Medium ist die Botschaft – The medium is the message, Dresden 2001.

McLuhan, Marshall: Testen, bis die Schlösser nachgeben. Gespräch mit Gerald Emanuel Stearn [1967], in: ders., Das Medium ist die Botschaft, S. 55-107.

McLuhan, McLuhan: „I ain't got no body..." Gespräch mit Louis Forsdale [1978], in: ders.: Medium ist die Botschaft, S. 7-54.

Miller, Jonathan: Marshall McLuhan [1971], München 1972.

Ong, Walter: Oralität und Literalität, Die Technologisierung des Wortes [1984], Opladen 1987.

Peters, John Durham: McLuhans grammatische Theologie, in: de Kerckhove u.a., McLuhan neu lesen, S. 61-75.

Pias, Claus: Die Welt des Schmoo. „Computer als Medium" – nach, mit und neben McLuhan, in: de Kerckhove u.a., McLuhan neu lesen, S. 140-157.

Postman, Neil: Wir amüsieren uns zu Tode. Urteilsbildung im Zeitalter der Unterhaltungsindustrie [1985], Frankfurt am Main 1988.

Postman, Neil: Vorwort, in: Marchand, McLuhan, S. 7-15.

Roesler, Alexander/ Bernd Stiegler (Hg.): Grundbegriffe der Medientheorie, München 2005.

Rorty, Richard: Kontingenz, Ironie und Solidarität, Frankfurt am Main 1992.

Sandbothe, Mike: Pragmatische Medienphilosophie. Zur Grundlegung einer neuen Disziplin im Zeitalter des Internet, Weilerwist 2001.

Schüttpelz, Erhard: „Get the message through". Von der Kanaltheorie der Kommunikation zur Botschaft des Mediums: Ein Telegramm aus der nordatlantischen Nachkriegszeit, in: Irmela Schneider/ Peter M. Spangenberg (Hg.): Medienkultur der 50er Jahre. Diskursgeschichte der Medien nach 1945, Bd. 1, Wiesbaden 2002, S. 51-76.

Spahr, Angela: Magische Kanäle. Marshall McLuhan, in: Daniela Kloock/ Angela Spahr: Medientheorien. Eine Einführung, München 1997, S. 39-76.

Stille, Alexander: Marshall McLuhan Is Back From the Dustbin of History; With the Internet, His Ideas Again Seem Ahead of Their Time, in: The New York Times, 14.10.2000; auch online zugänglich unter: http://www.nytimes.com/2000/10/14/arts/marshall-mcluhan-back-dustbin-history-with-inter-net-his-ideas-again-seem-ahead.html [12.1210].

Theall, Donald F.: The Virtual Marshall McLuhan, London/ Ithaca 2001.

Turner, Fred: Marshall McLuhan, Stewart Brand und die kybernetische Gegenkultur, in: de Kerckhove u.a., McLuhan neu lesen, S. 105-116.

Weingart, Brigitte: Alles (McLuhans Fernsehen im Global Village), in: Irmela Schneider u.a. (Hg.): Medienkultur der 60er Jahre. Diskursgeschichte der Medien nach 1945. Bd. 2, Opladen 2003, S. 215-240.

Wiener, Norbert: Mensch und Menschmaschine. Kybernetik und Gesellschaft, Frankfurt am Main/ Berlin 1952.

Norbert Wiener: Futurum Exactum. Ausgewählte Schriften zur Kybernetik und Kommunikationstheorie, Wien/ New York 2002.

Winkler, Hartmut: Die magischen Kanäle, ihre Magie und ihr Magier. McLuhan zwischen Innis und Teilhard de Chardin, in: de Kerckhove u.a., McLuhan neu lesen, S. 158-168.

Winston, Brian: Media Technology and Society. A History: From the Telegraph to the Internet, London 1998.

Wolfe, Tom: What if he is right?, in: New York (Sonntagsmagazinsektion von World Journal Tribute), Nov. 1965; auch online zugänglich: http://www.digitallantern.net/mcluhan/course/spring96/wolfe.html [11.12.10].

Personenindex

Aristoteles 79, 89, 136
Adorno, Theodor W. 52, 82, 168f.
Aquin, Thomas v. 19, 65ff., 89, 93, 110
Baudrillard, Jean 201ff, 217
Bolter, Jay D. 212ff.
Bolz, Norbert 186ff., 191
Carpenter, Edmund 10, 33, 43, 76f., 93, 96, 129ff., 136, 145, 147
de Kerckhove, Derrick 207ff.
Derrida, Jacques 25, 149, 173ff.
Eco, Umberto 16, 61, 149
Foucault, Michel 63ff., 72
Freud, Sigmund 13, 81, 85, 184f., 190
Gadamer, Hans-Georg 73ff., 84
Gordon, W. Terrence 21, 106, 145
Grusin, Richard 212ff.
Havelock, Eric A. 112, 121f., 126
Horkheimer, Max 50, 82, 168f.
Innis, Harald A. 11, 19, 71, 122ff., 133, 135, 137
Iser, Wolfgang 34, 40
Joyce, James 19, 40, 60f., 66, 71, 196
Kapp, Ernst 83ff.
Kittler, Friedrich 181, 207, 215ff.
Latour, Bruno 221ff.
Leavis, F. R. 91
Lewis, Wyndham 77, 96, 126
Luhmann, Niklas 199, 219ff.
Marchand, Philip 102, 195, 224
Miller, Jonathan 14ff., 19, 63, 149, 155, 209
Mumford, Lewis 80, 94
Muybridge, Eadweard 36f., 154f.

Nietzsche, Friedrich 131, 143f.
Ong, Walter 200f., 206
Paik, Nam June 193ff.
Peters, John Durham 63, 65f., 71, 145, 160
Popper, Karl R. 149ff.
Richards, I.A. 91
Rorty, Richard 183f., 226ff.
Sandbothe, Mike 174, 177, 209ff.
Sapir, Edward 130f., 143
Seyle, Hans 86f. 110
Sloterdijk, Peter 186, 188f.
Stearn, Gerald E. 25, 195
Teilhard de Chardin, Pierre 104f., 126
Whorf, Benjamin L. 130f., 143
Wiener, Norbert 102f., 126
Wolfe, Tom 12, 184f., 192

Sachindex

68er-Bewegung 187f.
Affirmation 160f.
Alphabet 106ff.
Appellstruktur 31ff.
Avantgarde 57ff., 86f., 184ff., 186f., 188ff.
Begriff, unscharf 147f.
Botschaft 131ff., 134f.
Carpenter-McLuhan-Hypothese 123ff.
Dichotomien 168ff.
Digitalität 197f.
Episteme (der Analogie) 59ff.
Fehler 146ff.
Fernsehen 92ff.
Forschungslogik 141ff.
Gesetze der Medien 129f.
Globalität 92ff., 120
Grammatik 62ff., 137ff.
Gutenberg-Galaxis 108ff.
Heilsgeschichte 111ff., 161ff.
Heiße Medien 130f.
Hermeneutischer Zirkel 68ff.
Heterogenität 154ff.
Holy Fool 183
Homöostasie 84ff.
Impetus, anti-amerikanisch 181f.
Kalte Medien 130f.
Kategorie, grobschlächtig 148ff.
Körperausweitung 74ff., 153ff., 198ff.
Künstler 86ff.
Kybernetik 95ff.

Magische Kanäle 127ff.
Manuskriptkultur 106ff.
Medienanthropologie 212ff.
Mediendifferenz 125ff.
Medienkritik 195ff.
Medienphilosophie 209ff.
Medienreflexion 53ff.
Medienwissenschaft 205ff.
Metapher 135ff.
Methode 122f.
Milieu 129, 134f.
Monokausalität 152f.
Noosphäre 99ff.
Oralität 104ff., 191ff. (sekundäre)
Pop(kultur) 8ff., 46ff.
Remediation 203ff.
Schutzheiliger 182f.
Selbsterkenntnis 85ff.
Simulationstheorie 193ff.
Technikanthropologie 75ff.
Technikhermeneutik 79f.
Tiefenhermeneutik 80ff.
Toronto School of Communication 113ff.
Unmittelbarkeit 164ff.
Verschleierung 158ff.
Widersprüchlichkeit 154f., 170ff. (performative)
Wiederverwertung 72f., 88f.

UVK:Weiterlesen

Klaus Beck
Kommunikationswissenschaft
2., überarbeitete Auflage 2010
254 Seiten, 20 s/w Abb., broschiert
UTB 2964
ISBN 978-3-8252-2964-1

Andrea Beyer, Petra Carl
Einführung in die Medienökonomie
2., überarbeitete und erweiterte Auflage
2008, 260 Seiten, 70 s/w Abb., broschiert
UTB 2574
ISBN 978-3-8252-2574-2

Joan Kristin Bleicher
Internet
2010, 102 Seiten, broschiert
UTB 3425
ISBN 978-3-8252-3425-6

Heinz Bonfadelli, Thomas N. Friemel
Medienwirkungsforschung
4., völlig überarbeitete Auflage
ca. 10-2011, 300 Seiten
ca. 80 s/w Abb., broschiert
UTB 3451
ISBN 978-3-8252-3451-5

Nils Borstnar, Eckhard Pabst,
Hans Jürgen Wulff
**Einführung in die Film-
und Fernsehwissenschaft**
2., überarbeitete Auflage 2008
250 Seiten, 25 s/w Abb., broschiert
UTB 2362
ISBN 978-3-8252-2362-5

Anja Ebersbach,
Markus Glaser, Richard Heigl
Social Web
2., überarbeitete Auflage 2011
316 Seiten, 70 s/w Abb., broschiert
UTB 3065
ISBN 978-3-8252-3065-4

Susanne Femers
**Textwissen für die Wirtschafts-
kommunikation ... leicht verständlich**
Unter Mitarbeit von Marcus Matysiak
2011, 392 Seiten, broschiert
UTB 8446
ISBN 978-3-8252-8446-6

Gerlinde Frey-Vor,
Gabriele Siegert,
Hans-Jörg Stiehler
Mediaforschung
2008, 412 Seiten
80 s/w Abb., broschiert
UTB 2882
ISBN 978-3-8252-2882-8

Werner Früh
Inhaltsanalyse
Theorie und Praxis
7., überarbeite Auflage
2011, 306 Seiten
15 s/w Abb., broschiert
UTB 2501
ISBN 978-3-8252-39-6

Klicken + Blättern

Leseproben und Inhaltsverzeichnisse unter

www.uvk.de

Erhältlich auch in Ihrer Buchhandlung.

UVK
UVK Verlagsgesellschaft mbH

UVK:Weiterlesen

Sven Grampp
Marshall McLuhan
Eine Einführung
2011, 234 Seiten, broschiert
UTB 3570
ISBN 978-3-8252-3570-3

Andreas Hepp
Transkulturelle Kommunikation
2006, 342 Seiten
40 s/w Abb., broschiert
UTB 2746
ISBN 978-3-8252-2746-3

Hans-Jürgen Krug
Radio
2010, 118 Seiten, broschiert
UTB 3333
ISBN 978-3-8252-3333-4

Helmut Küchenhoff et al.
Statistik für Kommunikationswissenschaftler
2., überarbeitete Auflage
2006, 384 Seiten
60 s/w Abb., broschiert
UTB 2832
ISBN 978-3-8252-2832-3

Jan Lies (Hg.)
Public Relations
Ein Handbuch
2008, 634 Seiten, 200 s/w Abb.
gebunden im Großformat
UTB 8408
ISBN 978-3-8252-8408-4

Oliver Marchart
Cultural Studies
2008, 278 Seiten
10 s/w Abb., broschiert
UTB 2883
ISBN 978-3-8252-2883-5

Claudia Mast
Unternehmenskommunikation
Mit Beiträgen u.a. von Simone Huck-Sandhu
4., neue und erw. Aufl.
2010, 487 Seiten, broschiert
UTB 2308
ISBN 978-3-8252-2308-3

Klaus Meier
Journalistik
2., überarbeitete Auflage
2011, 282 Seiten
50 s/w Abb., broschiert
UTB 2958
ISBN 978-3-8252-3589-5

Klicken + Blättern

Leseproben und Inhaltsverzeichnisse unter

www.uvk.de

Erhältlich auch in Ihrer Buchhandlung.

UVK
UVK Verlagsgesellschaft mbH

UVK:Weiterlesen

Lothar Mikos
Film- und Fernsehanalyse
2., überarbeitete Auflage 2008
396 Seiten, 55 s/w Abb., broschiert
UTB 2415
ISBN 978-3-8252-2415-8

Lothar Mikos,
Claudia Wegener (Hg.)
Qualitative Medienforschung
Ein Handbuch
2005, 616 Seiten, 50 s/w Abb.
gebunden im Großformat
UTB 8314
ISBN 978-3-8252-8314-8

Daniel Perrin
Medienlinguistik
2., überarbeitete Auflage
ca. 10-2011, 250 Seiten
UTB 2503
ISBN 978-3-8252-2503-2

Stephan Porombka
Kritiken schreiben
Ein Trainingsbuch
2006, 270 Seiten, broschiert
UTB 2776
ISBN 978-3-8252-2776-0

Manuel Puppis
Einführung in die Medienpolitik
2., überarbeitete Auflage 2010
360 Seiten, 60 s/w Abb., broschiert
UTB 2881
ISBN 978-3-8252-2881-1

Heinz Pürer, Johannes Raabe
Presse in Deutschland
3., völlig überarbeitete
u. erweiterte Auflage 2007
656 Seiten, 76 s/w Abb.
gebunden im Großformat
UTB 8334
ISBN 978-3-8252-8334-6

Heinz Pürer
Publizistik- und Kommunikationswissenschaft
Ein Handbuch
2003, 598 Seiten, 34 s/w Abb.
gebunden im Großformat
UTB 8249
ISBN 978-3-8252-8249-3

Karl Nikolaus Renner
Fernsehjournalismus
Entwurf einer Theorie des
kommunikativen Handelns
2007, 522 Seiten
40 Abb. s/w, broschiert
UTB 2753
ISBN 978-3-8252-2753-1

Klicken + Blättern

Leseproben und Inhaltsverzeichnisse unter

www.uvk.de

Erhältlich auch in Ihrer Buchhandlung.

UVK Verlagsgesellschaft mbH

UVK:Weiterlesen

Patrick Rössler
Inhaltsanalyse
2., überarbeitete Auflage
2010, 290 Seiten
50 s/w Abb., broschiert
UTB 2671
ISBN 978-3-8252-2671-8

Annely Rothkegel
Technikkommunikation
2009, 284 Seiten, broschiert
UTB 3214
ISBN 978-3-8252-3214-6

Bertram Scheufele,
Ines Engelmann
**Empirische
Kommunikationsforschung**
2009, 254 Seiten
60 s/w Abb., broschiert
UTB 3211
ISBN 978-3-8252-3211-5

Armin Scholl
Die Befragung
2., überarbeitete Auflage
2009, 292 Seiten
10 s/w Abb., broschiert
UTB 2413
ISBN 978-3-8252-2413-4

Rainer Schützeichel
**Soziologische
Kommunikationstheorien**
2004, 384 Seiten, broschiert
UTB 2623
ISBN 978-3-8252-2623-7

Barbara Thomaß (Hg.)
**Mediensysteme im
internationalen Vergleich**
2007, 370 Seiten
10 s/w Abb., broschiert
UTB 2831
ISBN 978-3-8252-2831-6

Stefan Weber (Hg.)
Theorien der Medien
Von der Kulturkritik bis
zum Konstruktivismus
2., überarbeitete Auflage
2010, 330 Seiten, 6 s/w Abb., broschiert
UTB 2424
ISBN 978-3-8252-2424-0

Guido Zurstiege
Werbeforschung
2007, 234 Seiten
32 s/w Abb., broschiert
UTB 2909
ISBN 978-3-8252-2909-2

Klicken + Blättern

Leseproben und Inhaltsverzeichnisse unter

www.uvk.de

Erhältlich auch in Ihrer Buchhandlung.

UVK
UVK Verlagsgesellschaft mbH